멘토북 시리즈 4

세상에 빛을 밝힌 인물

Mentor Book Series 4 세상에 **빛**을 밝힌 인물

초판 1쇄 | 2024년 11월 15일

지은이 | 지식의숲 집필위원
펴낸이 | 박명옥
펴낸곳 | 지식의숲 출판사
총괄기획 | 강정진
책임편집 | 조유경
리라이팅 | 고혜경
협력기관 | (사)국제문화기술진흥원

출판등록 | 2021년 3월 12일 제2021-000041호
주소 | 05719 서울특별시 송파구 송파대로 260 502호
전화 | 02)407-7710   **팩스** | 02)407-7740
이메일 | kfbookmn@gmail.com

ⓒ 지식의숲 집필위원, 2024
ISBN 979-11-981547-4-3 (04080)
ISBN 979-11-981547-0-5 (04080) 세트
정가 20,000원

※ 이 책은 저작권법에 따라 보호받는 저작물이므로 무단 전재와 복제를 금합니다.
※ 이 책의 전부 또는 일부를 이용하려면 반드시 지식의숲 출판사의 동의를 받아야 합니다.

아름답고 건강한 사회를 위한

멘토북 시리즈

4

세상에 빛을 밝힌 인물

- 오드리 헵번
- 박경리
- 백남준

지식의숲
집필위원

이 책의 제작 과정

국내외 인물 조사
- 사회 각 분야 카테고리 분류
- 분야별 인물 검색 및 리스트업
- 인물 관련 배경 조사

선정위원회를 통한 인물 선정 — 선정 조건
- 자기 분야에서의 성공
- 사회봉사와 환원
- 사회에 미치는 선한 영향력

선정 인물 관계자 협의 및 원고 집필
- 선정 인물 관계자 협력 요청
- 인물 사진·정보 수집
- 원고 집필

"이 책은 당신이 인생에서 가치 있는 목적을 찾을 수 있도록 돕기 위해 만들어졌습니다.

멘토들이 걸어온 길을 여행하고 내일이 더 뜻깊은 삶을 그려나가 보세요."

서문

이 책은 자기 분야의 성공과 함께 사회봉사와 환원을 통하여, 모든 계층에게 선한 영향력을 끼치는 인성(人性)을 지니며, 누구에게나 인생의 멘토가 되는 '세상에 빛을 밝힌 인물'의 삶을 담았습니다. 그들의 삶의 발자취를 들여다봄으로써 '아름답고 건강한 사회'를 구현하는 첫발을 내딛고자 합니다.

또한 청소년들에게 건강한 꿈과 희망을, 성인들에게는 자신의 삶과 목표를 되돌아보고 변화를 도모하는 전환점(Turning Point)이 되기를 희망합니다.

인간은 태어나 죽을 때까지 결혼 여부에 따라 다소 차이는 있으나, 크게 다섯 차례(출생·20대·40대·60대·영면)의 평가를 받는다고 감히 생각해 봅니다. 본 도서는 '출생~10대', '20~30대', '40~50대', '60~영면' 그리고 '영향, 가치, 정신'으로 구분하여, 인물의 업적과 생각의 변화를 서술했습니다.

자신의 삶을 점검하고 주변을 살피는 묵상의 시간이 누구에게나 필요합니다. 본 도서를 선택하여 읽는 순간 '나의 삶은 무엇을 위해 살아가는가?'라는 생각을 하게 될 것입니다.

'세상에 빛을 밝힌 인물' 도서는 멘토북 시리즈(Mentor Book Series, MBS)로 발간될 예정입니다. 이 작은 MBS 한 권 한 권이 깊은 산골의 어린 아이부터 성공한 부유계층에까지 전달되길 바라는 마음을 담아 기획하였습니다. 이 책이 개인의 생각과 마음을 아름답게 변화시키고, 징답고 건강한 사회로 나아가길 희망합니다.

특별히 공공도서관, 초중고대학생, 기업체 그리고 사회 각 계층에 보급되어, 모두가 '아름답고 건강한 사회 구현'을 위한 지침서로 활용되길 바라오며, 여러분 모두가 건강과 축복된 삶이 되시길 소망합니다.

2023년 1월
(사)국제문화기술진흥원 원장
강정진

추천사

[1] "성공을 토대로 누군가에게
희망을 준 사람들의 발자취를 보라."

지금은 성공을 자랑해도 이웃에게 베풀기는 힘든 시대입니다. 그만큼 각박한 삶을 사는 사람들이 많다는 뜻일 겁니다. 사람이 사는 세상에서 사람을 위하는 일이 어려운 건 아주 슬픈 일입니다.

그리고 여기, 인생의 거친 굴곡을 이겨내고 스스로 빛이 된 사람들이 있습니다. 자신의 성장을 독려하고 꿈을 이루어 세상을 위해, 사회를 위해, 사람을 위해 살아간 사람들입니다. 잘 모르는 이들은 그들의 성공을 노력 없이 얻어낸 것처럼 여기기도 하지만, 그들은 쉽게 부러지지 않는 신념과 열정, 변함없는 노력과 인내로 눈앞에 닥친 역경을 이겨냈습니다.

세상에 빛을 밝힌 사람들이 타인을 위하는 방식은 각기 다릅니다. 누군가는 자신의 노력으로 이룬 성과를 내놓았고, 누군가는 전 재산을 사회에 환원했으며, 누군가는 자신만의 재능으로 나라의 변화와 발전을 이끌었습니다.

그들이 '나'와 다르게 느껴질 수도 있습니다. 다만 여러분들은 알고 계셔야 합니다. 위대함은 특별하지 않다는 사실을요.

앞이 보이지 않는 어두운 터널을 지날 때, 나아가야 할 길을 알 수 없을 때, 벤노북 시리즈 중 한 권을 펼쳐 길라잡이로 삼아보세요. 그들이 얼마나 멋있게 살고 멋있게 떠났는지, 또 '이렇게도 세상을 살아갈 수 있구나'를 알게 될 겁니다.

국가원로회의 상임의장
한국뉴욕주립대학교 명예총장
(전 부총리 겸 과기부장관, 전 KAIST 이사장, 전 건국대학교/아주대학교 총장)
오 명

2 "좋은 나라가 되려면 훌륭한 인물 못지않게 그들을 존중하는 사람이 많아야 한다."

인적자원이 자연자원만큼이나 중요하다는 것은 대부분이 인정하는 사실입니다. 오늘날엔 능력 많고 부지런해서 '큰 것'을 성취하는 사람들이 중요하게 여겨지지만 사실 그런 인물만으로는 부족합니다.

다수가 존경하고 본보기로 삼고 싶은 인물, 자기가 맡은 일을 충실히 감당하되 도덕적으로 흠이 없고 무엇보다도 공익과 약자를 위해서 사익을 희생하는 인물이 많아야 합니다. 또 그런 인물들은 대부분 나라가 큰 고난을 겪을 때 많이 나타납니다. 감사하게도 우리나라에는 국민이 하나같이 존경할 수 있는 위대한 인물들이 적지 않습니다. 그럴 수 있는 문화적 토양이 있는 데다 고난이 극심했던 시절이 많았기 때문일 것입니다.

우리나라에는 본받을 만한 인물들이 많은데도 그 좋은 교육적 자원을 제대로 활용하지 못하고 있습니다. 미국 캘리포니아주에는 "도산 안창호 기념 교차로"가 있고 리버사이드 시의 한복판에 안창호 선생 동상이 서 있는데, 정작 서울 도산로에는 모든 행인이 볼 수 있는 도산 동상은 없습니다. 바로 이런 약점을 보완하는데 최초로 발간되는 '세상에 빛을 밝힌 인물' 시리즈가 꼭 필요하고 중요한 역할을 할 것입니다.

가능한 많은 분들이 여기에 소개된 인물들의 삶과 업적을 읽고 감동을 받아 개인의 건전한 인품과 나라의 건강한 발전에 도움이 되기를 바랍니다. 그것이 그분들을 가장 잘 기리는 일인 동시에 그분들이 가장 원하는 것이라 믿습니다. 적극 추천합니다.

서울대학교 명예교수
재단법인 교육의봄 이사장
성산장기려박사기념사업회 이사장
손봉호

3 "독자의 눈높이에서 배우는 인물 이야기"

 이 책은 한국 사회에서 오랜 기간 귀감이 되어온 인물들의 일생을 소개한 전기입니다. 기업인, 의료인, 법조인, 정치인, 예술인 및 종교인까지 다양한 분야의 인물들이 개인적인 성공과 함께 사회적 영향력을 끼친 과정을 흥미롭게 다루었습니다. 각 인물의 행적을 연령대에 따라 정리하고 생생한 대화를 섞으며 역동적으로 그려내고 있습니다.
 따라서 독자는 인물들의 성장 과정을 자신과 같은 나이대의 눈높이에서 비교해 보며 '자신의 삶'을 되돌아볼 기회를 얻을 수 있습니다.
 인물의 전기는 어린 시절에만 읽는 것이 아닙니다. 청소년들은 고난을 극복하고 스스로 삶을 개척해 나간 인물들의 모습에서 감동과 교훈을 얻습니다.

그러나 어른이 되어 인물전을 읽게 되면 어린 시절과는 다른 심오한 '삶의 지혜'와 남은 미래를 다시금 설계할 '용기'를 얻기도 합니다.

아무쪼록 독자들이 '세상에 빛을 밝힌 인물'들의 삶에서 많은 배움을 얻기를 바랍니다.

동반성장연구소 이사장
(전 국무총리, 전 서울대학교 총장)
정운찬

차례

서문	6
추천사 1·2·3	8
차례	14

1장 "세기의 배우에서 진정한 천사가 된 오드리 헵번" 21

1. 어린 시절(Childhood) 출생~10대(1929~1948)

불행한 공주님	22
전쟁의 참상 속에서	29
소녀 레지스탕스	34
다시 일상으로	37
좌절된 발레리나의 꿈	42

2. 성장과 도약(Growth&Leap) 20대(1949~1959)

당찬 신인 배우	46
스타로의 발돋움	52
<로마의 휴일>과 세기의 연인	58
사랑과 결혼	62
연이은 불행	69

3. 고난(Hardship) 30~40대(1960~1980)

짧은 행복, 영광과 상처	73
이혼과 공백 기간	81

두 번째 이혼과 마지막 연인   86

4. 사랑과 신념(Love&Belief) ^{50대~영면(1981~1993)}

    유니세프 친선대사 활동   91
    어린이들의 날개 없는 천사   96
    제일 행복한 크리스마스   98

5. 가치(Value) ^{현재}   104

2장 "다 비우고 내어준 현대문학 대표 소설가 박경리"   111

1. 어린 시절(Childhood) ^{출생~10대(1926~1946)}

    흰 용의 태몽   112
    눈물로 지낸 어린 시절   114
    돈이 신앙이었던 어머니   118
    진주고녀 진학   120
    책벌레 여학생   123
    취업과 결혼   126

2. 변화(Change) ^{20~30대(1947~1967)}

    작가 수업이 된 독서   132
    6.25 전쟁과 시작된 비극   134
    남편의 행방불명   139
    고향 통영으로   141

두 번째 이별과 습작	143
박경리로 살아가기	145
슬픔도 기쁨도 왜 이리 찬란한가	147
전업 작가의 삶	149
전작 장편 『김약국의 딸들』	153

3. 성장(Growth) 40~50대(1968~1988)

김지하의 방문	156
국사범 사위	158
대를 이은 옥바라지	160
어머니의 죽음과 깊은 회환	162
토지 1부 ~3부 연재	164
원주로 이사	167
반일 작가	169

4. 성과(Result) 60대~영면(1989~2008)

대학 강의와 매지리 호수	172
치유와 힐링의 공간	175
가족에 대한 사랑	177
환경주의자로 살다	180
박경리의 손	184
『토지』 마지막 탈고	185

대하소설의 확산과 정화	189
젊은 작가들을 위한 토지문화관	192
반세기만의 귀향	195

5. 정신(Mind) ^{현재}   202

3장 "한국과 세계를 이어준 문화상인 백남준"   207

1. 어린 시절(Childhood) 출생~10대(1932~1952)

피아노를 사랑한 소년	208
음악을 배우다	212
통역원이 되다	217
조선을 벗어나 세계로	220

2. 도전(Challenge) 20~30대(1953~1973)

조용한 한국 학생	224
독일 유학 생활	227
스승과의 운명적 만남	230
동양에서 온 문화 테러리스트	233
텔레비전의 등장	238
한국인 비디오 아티스트 탄생	240
평생의 조력자를 만나다	244
로봇과 함께 도착한 미국	248
백남준의 인연들	249

더욱 과감해진 예술	252
구보타와의 이별	255
인간화된 예술	256
예술의 중심 뉴욕에서	259

3. 돌풍(Sensation) 40~50대(1974~1994)

사람과 자연을 향한 시선	263
다시 만난 사랑, 떠나는 친구	266
위성 아트의 탄생	270
'한국적'인 예술의 의미	275
비엔날레 첫 등장	277

4. 성과(Result) 60대~영면(1995~2006)

광주 비엔날레 자문과 활약	282
한민족의 호랑이	286
선구안과 전자고속도로	288
구겐하임 회고전	291
한국을 사랑한 미스터 백	294

5. 가치(Value) 현재   301

참고자료	306
출판사의 말	310

본문의 색깔 표시는?

▇ "중요한 내용이나 역사적 배경"
▇ "사람의 이름"
▇ "단체 혹은 회사명"

책 안에 수록된 QR코드를 카메라로 촬영해 인물에 대해 더 자세히 알아 보세요.

인간의 영혼은 사리사욕을
채우기 위한 것이 아니다.
영혼은 남을 돕는 데
사용해야 한다.

1장

오드리 헵번
Audrey Hepburn

세기의 여배우
로마의 휴일
티파니에서 아침을
어린이들의 날개 없는 천사
유니세프 친선 대사

1929~1993

어린 시절 | Childhood |

불행한 공주님 | 〈로마의 휴일〉은 만들어진 지 70년이 지난 지금까지도 많은 이들의 사랑을 받는 고전 영화이다. 이 영화에서 오드리 헵번은 명랑하면서도 우아한 공주 역할을 맡았다. 오드리 헵번은 실제로 왕족까지는 아니더라고 이름 있는 귀족 집안의 후손으로 알려져 있다.

다만 그녀의 어린 시절은 세상 물정 모르고 곱게 자란 영화 속의 공주와는 거리가 멀었다.

네덜란드의 아른험

　오드리 헵번의 외할아버지는 네덜란드 아른험Arnhem에서 법무관과 판사를 지낸 아르나우트 판헤임스트라 남작이었다. 그는 아른험의 초대 시장과 해외 식민지를 관리하는 고위직에 있었으며, 거대한 농장과 저택, 별장을 소유할 정도로 부유했다.

　오드리 헵번의 어머니 엘라 판헤임스트라는 풍족한 환경에서 성장했다. 그녀는 스무 살이 되기 전 영국계 네덜란드 귀족 얀 반 우포드와 결혼해 두 아들을 낳았지만, 답답한 결혼 생활을 견디지 못하고 5년 만에 이혼을 선택했다. 당시는 이혼한 여성을 곱지 않은 시선으로 보던 시대였으나 그녀는 조금도 주눅 들지 않았다.

　얼마 후 엘라 판헤임스트에게 두 번째 인연이 찾아왔다. 아일

랜드 출신의 은행가 조셉 앤서니 러스턴[1], 키가 크고 다부진 몸매의 미남이었다. 그녀는 자신만만한 태도와 화려한 언변을 가진 그에게 단숨에 빠져들어 1926년 9월 7일 결혼식을 올렸다. 그에게 재산이 거의 없다거나 여자들에게 인기가 많다는 점은 큰 걸림돌이 아니었다.

그로부터 3년 후인 1929년 5월 4일, 엘라 판헤임스트는 벨기에 브뤼셀의 외곽 지역에서 사랑스러운 딸을 낳았다. 오드리 캐슬린 러스턴[2], 줄여서 '에다'라 불리는 아기는 머리가 크고 볼이 토실토실했다.

"우리 에다는 샹들리에 보는 걸 좋아하는구나."

어린 시절의 에다

아버지의 팔에 안긴 에다는 천장에 매달린 샹들리에에 자주 마음을 빼앗기고는 했다. 크고 작은 조각들이 반짝거리며 빙글빙글 시선을 끌었다.

부부는 샹들리에처럼 반짝이는 눈동자를 가진 딸을 아끼고 사랑했다. 물론 두 사람의 표현 방식은 조금 달랐다. 귀족 가문에서 자란 어머니는 예의범절을 엄격하게 가르쳤지만, 자유분방한 기질의 아버지는 딸이 어떤 장난을 치든 받아주고 함께 놀아줬다.

그래도 부부는 둘 다 '음악'을 사랑했다. 어린 에다는 음악 감상을 하는 가족들 사이를 오가며 춤추고 재롱을 부렸다. 두 오빠

---

[1] 조셉 빅터 앤서니 헵번 러스턴(Joseph Victor Anthony Hepburn Ruston)
[2] Audrey Kathleen Ruston

도 장난기 많은 동생을 귀여워하며 잘 어울렸다.

"지금 그거 나한테 한 말이에요?!"

그러나 행복한 시간은 길지 않았다. 항상 클래식 음악이 가득하던 집안에서 거친 고성이 들려오기 시작했다. 사랑만 있다면 아무것도 필요 없던 부부 사이는 경제 대공황 이후로 냉랭해졌다. 부부싸움은 경제적 문제가 심해질수록, 또 아버지의 사업이 힘들어질수록 격화되어 갔다.

쨍그랑!

'또 싸우신다.'

어린 에다는 큰소리가 날 때마다 식탁 밑으로 들어갔다. 몸을 웅크리고 두려움에 떨다 보면 어느새 집안이 조용해졌다. 그렇게 눈치를 보는 생활이 길어질수록, 그녀의 성격은 점차 내향적으로 바뀌었다.

"얘들아, 우리 소꿉놀이하자. 내가 엄마 할게."

"그럼 나는 아빠! 에다는 무슨 역할 할래?"

"미안, 난 소꿉놀이가 싫어. 너희들끼리 놀아."

에다는 친구들이 역할 놀이를 시작하면 조용히 무리에서 벗어났다. 부부싸움을 하는 부모님이 떠올랐기 때문이다. 학교 같은 단체 생활은 적응하기 힘들었고, 친구 사귀기도 당연히 어려웠다. 외로운 소녀는 어느덧 '자연'에 관심을 두기 시작했고, 숲속에서 개와 고양이 등을 친구 삼아 뛰어놀았다.

"오늘도 숲에서 놀다가 오니?"

매일 싸우는 부모님, 어색한 학교 친구들과 달리, 세 남매의 사이는 아주 좋았다. 에다는 특히 큰오빠 알렉산더를 동경했는데, 그를 따라 책을 읽다 보니 어느새 독서가 습관이 됐다. 다 읽은 책이 한 권씩 늘어날수록 그녀의 감수성도 나날이 풍부해졌다.

"앉아 있는 자세가 그게 뭐니?"

당시 어린 에다를 힘들게 한 일은 부모님의 싸움 외에도 '어머니의 귀족식 교육방식'이었다. 그녀는 어머니에게 따뜻한 말 한마디, 다정한 포옹 한 번을 받은 적이 없었다. 엄격한 어머니는 늘 예의범절과 바른 몸가짐을 강조했다.

"시간 약속은 반드시 지켜야 한다. 남들을 먼저 배려해야 해."

'또 그 소리야.'

자연스럽게 어린 에다는 '하고 싶은 일은 하자'는 주의인 아버지를 더 잘 따랐다. 그러나 그녀의 아버지는 결코 '좋은 남편', '좋은 아버지'는 아니었다.

'대체 뭘하고 돌아다니길래 지금까지 안 들어오는 거야? 또 그 사람들을 만나는 건가?'

에다의 어머니는 밤늦게까지 집으로 돌아오지 않는 남편을 기다리는 일이 많았다. 부부는 아돌프 히틀러와 나치 정권의 파시즘을 지지한 적이 있었는데, 어머니는 '나치의 실체'를 깨닫고 바로 발을 뺐으나 아버지는 관련 활동을 멈추지 않았다. 실제로 그는 정치 활동에 정신이 팔려 가족도 제대로 돌보지 않고 있었다.

"당장 이 집에서 나가요!"

어느 날 아버지는 에다의 유모와 바람을 피우다 어머니에게 들키고 말았다. 돌이킬 수 없는 사이가 된 부부는 격렬하게 다퉜고, 그날 저녁 아버지는 집을 떠나 다시는 돌아오지 않았다.

여섯 살의 에다는 그 일은 꿈에도 모른 채, 어머니의 손에 이끌려 네덜란드 아른험으로 향했다. 두 오빠는 친척들이 있는 헤이그로 보내졌다.

"아빠, 아빠가 보고 싶어요."

갑작스럽게 변한 상황에 혼란을 느낀 에다는 매일 아빠를 찾으며 눈물을 보였다. 어머니는 환경이 바뀌면 괜찮아질 것이라 기대하고 어린 딸을 영국 엘햄에 있는 기숙학교로 보냈다.

'아빠, 엄마, 오빠들…….'

가족과 떨어져 혼자가 된 소녀는 더욱 우울해졌다. 어설픈 영어 발음 때문에 말수가 적어져 친구를 사귀기 힘들었다. 그녀는 틈만 나면 쿠키와 초콜릿을 찾아서 먹었다. 달콤함은 언제나 가장 효과적으로 우울한 생각을 없앴다[3].

"쟤를 봐, 다 동글동글해."

그 무렵 에다는 외모에 대한 콤플렉스를 느꼈다. 잦은 군것질로 인해 통통해진 그녀는 학교 친구들에게 놀림을 받았다. 그녀는 언제부턴가 자신이 '눈이 튀어나오고 입이 비뚤어진 못난이'라고 여기기 시작했다.

"들었어? 독일이 오스트리아를 합병하고 폴란드를 점령했대!"

---

[3] 전에도 스트레스를 받으면 간식을 찾는 버릇은 있었지만, 어머니가 있어 자제가 되었다. 그러나 기숙학교 안에는 폭식을 막아줄 사람이 없었다.

"뭐? 그게 정말이야?"

유럽 전역에 전쟁의 기운이 돌자, 어머니 엘라는 곧장 아이들을 네덜란드로 불러들이려 했다. '중립을 선언'한 네덜란드라면 전쟁을 피할 수 있을 것이라 여겼다. 그러나 흉흉한 상황 탓인지 비행기 표를 구하기가 쉽지 않았다.

결국 에다의 어머니는 딸을 위해 자존심을 내려 놓았다. 당시 런던 근처에 머물던 전 남편[4]에게 연락해, 영국에 있는 딸이 안전하게 네덜란드로 올 수 있도록 도와달라고 부탁했다.

"아빠가 기다리고 있다고요?!"

에다는 영국에서 어렵게 사귄 친구들과 작별 인사를 할 틈도 없이 갑자기 학교를 나와야 했지만, 아버지를 몇 년 만에 만난다니 무척 설레었다.

"아빠!"

런던 공항에서 아버지를 만난 에다는 눈물을 흘리며 아버지의 품에 매달렸다.

"아빠, 너무 보고 싶었어요. 아빠도 같이 네덜란드로 가는 거예요?"

"나도 에다가 보고 싶었단다. 근데 아빠는 여기서 할 일이 남아서 같이 갈 수가 없구나."

에다는 네덜란드행 비행기에 오르기 전 몇 번이고 뒤돌아 아버지를 찾았지만, 아버지는 오래 머물지 않고 등을 돌려 가 버렸다. 소녀는 그 후로 오래도록 아버지를 만나지 못했다.

[4] 오드리 헵번의 부모님은 1939년 6월 24일 정식으로 이혼했다.

전쟁의 참상 속에서 | 에다의 어머니 엘라는 세 아이를 데리고 네덜란드 아른험의 작은 아파트에 자리 잡았다. 귀족 출신의 집안에 부유했던 과거도 옛말, 전 남편이 나치 활동으로 재산을 탕진한 탓에 그녀의 어머니는 여러 아르바이트를 하며 생활비를 벌었다.

"돈 걱정은 하지 말고 공부하렴."

다행히도 어머니는 생활력이 강한 사람이었다. 그녀는 넉넉지 않은 살림에도 아이들의 뒷바라지, 특히 교육에 있어서 돈을 아끼지 않았다.

'그 연극 재밌어 보였는데…….'

에다는 어머니의 영향을 받아 어려서부터 음악과 연극을 좋아했다. 그녀는 어머니를 따라 수준 높은 뮤지컬과 연극을 관람했는데, 그 당시 소녀들의 필수 교양 중 하나로 꼽히던 '발레'를 배우기 시작했다.

"저 발레를 더 배우고 싶어요."

소녀는 발레와 사랑에 빠졌고, 아른험 음악무용예술학교에 입학해 발레 교습을 받았다. 열 번째 생일을 맞기 전인 1939년부터였다.

당시 에다는 누구보다도 발레를 진심으로 좋아했다. 그녀는 피나는 노력으로 연습을 이어갔고, 날이 갈수록 실력이 늘었다. 발레에 집중하는 동안에는 아버지를 향한 그리움이나 외모에 대한 콤플렉스 같은 '스트레스'로부터 자유로웠다.

또 발레에 열중할수록 자연스럽게 살이 빠지고 표정도 점차 밝아졌다.

"어머니, 새들러스 웰스 발레단이 온다는 소식 들으셨어요?"

1940년 5월, 세계적으로 명성이 자자한 새들러스 웰스 발레단이 아른헴을 방문한다는 소식이 전해졌다. 흥분한 에다는 어머니에게 조잘조잘 이야기를 늘어놓았다.

"제가 존경하는 수석 무용수 폰테인 선생님도 오신다고 해요. 그분의 춤을 직접 볼 수 있다니 너무 행복한 거 있죠?"

에다는 영국 출신 발레리나인 마고트 폰테인을 존경하고 있었는데, 그녀가 자신이 사는 아른헴에 공연을 온다는 사실이 너무나 기뻤다.

'독일과 아른헴 국경 분위기가 삼엄하다던데 괜찮을까.'

언제 전쟁이 터질지 몰라 긴장감이 감도는 상황, 어머니 엘라는 오랜만에 행복해하는 딸을 보며 아무 말도 할 수 없었다. 열한 번째 생일을 맞은 에다는 어머니와 함께 새들러스 웰스 발레단의 공연을 관람한 뒤, 무용수 대기실을 찾아 폰테인에게 직접 꽃다발을 전달했다. 자신의 우상을 마주한 그녀는 마치 세상을 다 가진 것만 같은 기분이었다.

"저도 꼭 당신 같은 발레리나가 되고 싶어요."

"고마워요. 나중에 멋진 발레리나가 되길 기대할게요."

가슴이 벅찬 에다는 밤늦도록 잠을 이루지 못하다 새벽에 겨우 잠들었다.

"에다!"

날이 밝았을 무렵, 그녀는 어머니의 다급한 목소리에 놀라 잠에서 깼다.

"어서 일어나, 전쟁이야! 독일군이 오고 있어! 어서 피신해야 해!"

"네? 그, 그게 정말이에요?"

하룻밤 사이 아른험이 전쟁의 화마에 휩싸였다. 네덜란드는 안전할 것이라는 어머니의 예상은 완전히 빗나갔다. 에다는 가족들과 쥐가 사는 축축한 지하실로 대피했고, 며칠 동안 언제 죽을지 모른다는 두려움에 벌벌 떨었다. 폰테인의 환상적인 공연, 독일군의 무자비한 폭격이 이어진 이틀간은 그녀에게 여러 가지 의미로 잊지 못할 기억으로 남았다.

닷새가 지난 뒤 네덜란드 정부는 독일군의 공격에 굴복해 항복을 표했다. 반면 일부 네덜란드인들은 지하로 숨어들어 레지스탕스Résistance[5]를 결성하고, 끈질기게 저항하기 시작했다. 이들은 기차와 다리를 폭파하고 나치 장교를 암살하는 등 여러 방법으로 독일군을 괴롭혔다.

이에 나치는 '독일에 저항하면 어떻게 되는지' 본보기를 보여주려 했다. 수많은 레지스탕스 단체가 체포되어 잔혹한 방식으로 처형되었다. 레지스탕스와 관련이 있는 사람들도 그들에게 붙잡혀 갔는데, '판사'인 외삼촌은 사회적 명망이 있다는 이유로 함께

---

[5] 제2차 세계대전 무렵부터 사용된 용어로 '저항'을 뜻하는 프랑스어이다. 넓은 의미로 파시즘 정권에 대한 항거이며, 좁은 의미로는 프랑스인의 '독일(나치) 점령군'을 향한 저항운동이었다.

처형당했다.

외할아버지를 비롯한 에다의 외가는 재산을 몰수당하고 일부 친척이 강제로 징용되어 끌려가는 상황을 지켜보며 힘겹게 분노를 삼켰다.

"절대로 굴복해선 안 된다!"

그 무렵 나치는 네덜란드의 모든 학교에 '반드시 독일어를 사용'하라고 통지했고, 교사들을 협박해 아이들에게 나치에 대한 충성심을 주입하도록 했다. 그러나 네덜란드의 어린 학생들은 자신들과 나라에 무슨 일이 일어나고 있는지 정확히 알고 있었다.

"우린 수업을 거부해야 해."

"그래, 우린 네덜란드인이야. 독일인이 아니라고."

몇몇 학생이 독일식 교육을 거부하는 움직임을 주도했는데, 이 중에는 에다의 두 오빠가 있었다. 두 사람은 학교에서 강요하는 네덜란드 민족 교육 단체에 참가하지 않고 있었다.

"알렉산더, 이안! 너흰 왜 출석하지 않는 거니?"

"선생님, 그 단체는 나치의 소년 교육 기관이잖아요. 저희는 나치의 교육을 받고 싶지 않아요."

선생님은 아이들의 생각에 동의했지만, 앞으로 무슨 일이 벌어질지 몰라 안타까움과 걱정을 드러냈다.

"너희들의 말도 맞지만, 나치는 무서운 사람들이야. 너희같이 어린 학생이라도 저항하는 사람들을 그냥 두지 않아."

"그렇다고 해도 저흰 나라를 저버리는 행동을 할 수 없어요."

형제는 선생님의 설득에도 꿋꿋이 버텼다. 선생님의 우려대로 얼마 후 알렉산더가 독일의 강제 수용소로 끌려가는 일이 벌어졌다. 그나마 이안은 너무 어려서 수용소행을 면했다.

'외삼촌에 이어 큰오빠까지…….'

사랑하는 가족들을 연이어 잃은 에다의 마음은 무너졌다. 어머니 엘라와 외가는 발등에 불이 떨어진 듯 난리가 났지만, 소식조차 알 수 없는 상황에서 가족이 할 수 있는 일은 없었다.

'저 사람들은 어디로 가는 거지? 오빠처럼 수용소로 끌려가는 건가?'

나치의 만행은 나날이 진화했다. 특히 유대인을 대상으로 한 나치의 인종차별정책은 더 잔혹하고 치졸했다. '유대인'이라는 이유로 강제 수용소로 끌려갔고, 아니더라도 철저한 차별과 감시를 받았다.

길에서 우연히 '강제수용소행 트럭에 오르는 유대인들'을 목격한 날, 에다는 나이 어린 소년과 눈이 마주쳤다. 산뜩 섭에 질린 소년의 두 눈에는 곧 터질 듯한 눈물이 맺혀 있었다. 그녀는 알 수 없는 두려움을 느끼고 어머니 엘라의 손을 붙들었다.

"어머니, 강제 수용소로 끌려가면 가스실에서 처형당한다는데, 저 아이도 그렇게 될까요? 저보다 어려 보이는데……."

"쉿, 조용히 해라. 나치가 들으면 우리도 저렇게 끌려갈 수 있어."

어린아이들을 비롯한 아이들이 가축처럼 트럭에 실려 끌려가는 모습은 에다의 기억에 강렬하게 남았다. 그날의 악몽이 떠오를 때면 절로 몸서리가 쳐졌고, 마음 깊은 곳에서 나치에 대한 강한 증오심이 피어올랐다.

소녀 레지스탕스 | 끔찍한 파시즘의 시대 속에서 발레와 음악은 에다에게 유일한 위안이자 나치를 향한 저항이었다. 당시 나치의 '집회 금지 명령' 때문에 그녀가 다니던 음악학교의 발레 수업이 폐지되자, 어머니 엘라는 딸이 발레를 지속할 방법을 찾았다. 그러나 계속되는 전쟁으로 가정교사 한 명 구하기가 어려웠다.

에다는 결국 친구들과 함께 자신보다 어린아이들에게 발레를 가르치며 꿈을 이어갔다. 가끔은 집안의 문과 창문을 단단히 잠근 뒤, 커튼을 쳐 불빛을 모두 차단하고 특별한 발레 공연을 진행했다. 박수와 환호가 없는, 정적 속의 공연이 끝나면 관객들에게 모자를 돌려 돈을 모았다. 그때마다 에다는 가족이 쓸 만큼의 돈만 남기고 나머지는 레지스탕스를 위한 지원금으로 썼다.

'오늘도 먹을 게 좀 부족하네······.'

나치의 네덜란드 점령 직후 재산을 빼앗긴 사람들은 난방도 되지 않는 집에서 곰팡이 핀 빵 한 조각이라도 더 얻기 위해 사투를 벌였다. 당시 토지와 재산을 빼앗긴 에다의 외가 역시 비슷했다. 집까지 잃지 않은 건 천만다행이었지만, 당장 쓸 돈이 부족해 굶주림을 걱정해야 했다.

'배고파.'

발레를 꾸준히 하며 적은 식사량이 익숙했던 에다는 한동안은 잘 견뎌냈지만, 서서히 한계에 다다랐다. 매일 접시 바닥이 보일 정도의 묽은 수프로 끼니를 때웠고, 나중에는 먹을 게 없어서 튤립의 구근을 캐 먹었다.

한창 성장기였던 그녀의 키는 금방 170㎝로 자랐는데, 몸무게는 40㎏도 나가지 않았다. 그녀는 온갖 고생을 하며 마음속으로 몇 번이고 다짐했다.

'전쟁이 끝나고 나면 다시는 어떤 것에 대해서도 불평하지 않을 거야.'

어느 날 온종일 굶다시피 한 에다는 발레 연습을 하다가 갑자기 실신하고 말았다. 다행히 지나가던 청소부가 그녀를 발견해 숨겨놓은 치즈를 먹였다. 간신히 기운은 차렸지만, 너무 오랫동안 굶주린 상태였는지 며칠 동안 배앓이를 했다.

"영양실조인 것 같아요. 이런 몸 상태로 발레를 계속하면 위험해."

에다의 발레 선생님은 그녀에게 한동안 발레 연습을 쉬자고 권유했다. 그러나 그녀는 우울한 나날을 버티는 희망을 놓을 수 없었다.

"전 괜찮아요. 선생님, 발레를 계속하고 싶어요."

"다리도 이렇게 퉁퉁 부었잖니. 이렇게 무리하다간 발레를 못 할 수도 있어."

에다는 선생님의 설득에 결국 고집을 꺾었다.

'발레를 쉬는 동안, 네덜란드의 독립을 위한 일을 하자. 알렉산더 오빠가 빨리 집으로 돌아올 수 있게.'

그녀는 그때부터 발레 대신 레지스탕스 활동에 몰두했다. 저항 단체들 사이에 오가는 암호를 전달하거나 문서를 위조하는 임무를 맡았다. 한번은 네덜란드에 불시착한 연합군 조종사들을 숨겨 주고 그들에게 음식을 조달했다.

'내가 어려서 그런지 의심을 안 하네.'

들키면 가족들까지 위험해질 수 있다는 생각에 긴장감이 컸던 에다는 점차 이를 즐기기 시작했다. 그간의 풍파 덕분인지 그녀에게는 아무렇지도 않은 척 표정을 숨기고 행동할 수 있는 침착함이 있었다.

"거기 누구야!"

숲속에 숨어 있던 영국군 병사에게 비밀 메시지를 전달하고 돌아오던 길, 독일군의 불시 검문에 걸린 에다는 크게 당황했다.

"손들고 나와!"

'아, 어쩌지? 여긴 독일군이 다니지 않는 길이었는데…….'

절체절명의 순간, 그녀는 주변에 핀 꽃들을 보고 좋은 생각을 떠올렸다.

'그거야!'

꽃을 여러 송이 꺾어 손에 쥔 그녀는 잔뜩 겁에 질린 모양새로 수풀 밖으로 걸어 나갔다. 독일군 병사는 험악한 얼굴로 그녀에게 총부리를 겨눴다.

"여기서 뭘 하는 거지?"

"어머니가 몹시 아프세요. 이 꽃을 가져다드리면 어머니가 기뻐하실 것 같아서……."

에다는 들고 있던 꽃송이를 끌어안고 뚝뚝 눈물을 쏟았다.

"거, 밤늦게 다니면 위험하니 앞으로 조심해라."

그 기지와 연기에 속아 넘어간 독일군은 총을 치우고 그녀를 돌려보냈다. 꿈에도 어린 소녀가 레지스탕스 활동을 하리라 생각지 못한 것 같았다.

다시 일상으로 | 1943년 무렵, 나치는 네덜란드의 레지스탕스들을 더욱 강하게 압박하고, 집집이 돌아다니며 '라디오'를 압수해 해외의 소식을 차단했다[6].

촘촘하고 치밀해진 나치의 감시망은 은밀한 저항을 이어가던 비밀 대학생 단체를 찾아냈다.

"그게 무슨 소리예요? 이안이 잡혀가요?"

이 단체에 속해있던 에다의 둘째 오빠 이안은 가족들과 인사도 하지 못하고 베를린에 있는 군수품 공장으로 끌려갔다. 처형은 면했지만, 강제 노동은 피할 수 없는 상황이었다[7].

"아아, 알렉산더! 이안! 제발 무사하길……! 부디 아이들을 지켜주세요, 하느님!"

---

[6] 네덜란드는 나치에 굴복하지 않고 끝까지 저항을 이어간 나라였다.
[7] 어머니 엘라와 오드리 헵번은 전쟁이 끝날 때까지 이안에 대해 어떤 소식도 들을 수 없었다. 이는 먼저 수용소로 끌려간 큰오빠 알렉산더도 마찬가지였다.

이제 에다의 곁에 남은 가족은 어머니 엘라뿐이었다. 두 사람은 서로를 붙들고 눈물을 흘리는 날이 많았다.

'할머니, 저 너무 힘들고 무서워요. 이럴 때 아버지가 곁에 있었다면 얼마나 좋았을까요?'

에다는 1940년 4월부터 오스트리아 빈에 머물던 친할머니와 편지를 주고받았다. 할머니는 아버지를 향한 그리움이 잔뜩 담긴 손녀의 편지에 일일이 답장했고, 넉넉지 않은 형편에도 매번 새 옷을 보내줬다.

세계를 뒤흔든 전쟁이 막바지로 향하고 있었다. 1944년 6월, 노르망디 상륙 작전으로 시작된 연합군의 반격으로 프랑스는 나치의 손아귀에서 해방되었다. 승전보에 고무된 연합군은 대규모 병력을 투입해 네덜란드는 되찾는다는 '마켓 가든 작전[8]'을 계획했다.

그해 9월, 그들은 이 작전에서 가장 중요한 지역인 '아른험'을 탈환하기 위한 전투를 개시했다. 수세에 밀린 독일군은 무기를 버리고 도망치기에 바빴고, 연합군은 순조롭게 아른험으로 진입해 시민들의 환영을 받았다.

그러나 며칠 뒤, 재정비를 마친 독일군이 본격적인 반격에 나섰다. 연합군은 거센 미사일 공격에 큰 타격을 입고, 수천 명이 전사하거나 포로로 사로잡혔다.

---

8) 원문은 Operation Market Garden. 1944년 9월 17일부터 9월 25일 사이 네덜란드 및 독일에서 수행된 군사 작전이다.

마켓 가든 작전을 앞둔 군인과 네덜란드 저항군 대원

"잘 들으세요! 무거운 짐은 두고 서둘러 대피하세요! 시간이 없습니다!"

9만 명이 이르는 아른험의 시민들은 혼란에 빠져들었다. 미처 대피하지 못한 사람들은 두려움에 떨며 지하로 숨어들었다. 에다 역시 어머니와 기약 없는 기다림을 이어갔다. 그때 독일군의 보급로 차단은 도시에 지옥 같은 대기근을 불러왔다. 아른험의 시민들은 살기 위해 쓰레기통을 뒤지고, 흙을 파서 벌레를 잡아먹었다.

"전세가 조금씩 기울고 있대요. 희망을 잃지 맙시다."

그들이 서로에게 의지하며 고통스러운 하루를 버티고 또 버티던 그때,

"전부 밖으로 나와!"

안전한 퇴각을 준비하던 독일군은 숨어 있던 시민들을 끌어내 진지를 구축하는 일을 시켰다. 노인과 여자는 물론이고, 어린 소녀에게도 가차 없었다.

어느 날 음식을 찾기 위해 몰래 시내로 나간 에다는 사람들을 끌고 가는 독일 순찰병을 보고 화들짝 놀라 근처의 무너진 집 지하실로 숨어들었다.

'지금쯤 지나갔을까? 방심하면 안 돼. 독일군에게 발각되면 끝이야.'

그녀가 며칠 동안 불빛과 식량 하나 없는 공간에서 웅크리고 숨어있는 동안, 어머니 엘라는 딸이 독일군에게 잡혀간 줄 알고 그대로 몸져누웠다.

"엘라, 정신 차려요. 에다가 돌아왔어요!"

"에다! 오, 하느님 감사합니다! 너, 대체 어디 있다가 지금 돌아온 거야!"

"독일군에게 들킬까 봐 빈집에 숨어 있다가, 이제 겨우……."

에다는 말을 다 마치지 못하고 어머니의 품에 쓰러졌다. 지하실에 숨어 있는 동안 빈혈과 부종, 황달까지 심해진 탓이었다.

1945년 5월 5일, 끔찍한 총성과 포격이 멈추고 거리에 사람들의 노랫소리가 번졌다. 비로소, 나치가 퇴각하고 네덜란드에 자유가 찾아왔다. 에다의 열여섯 번째 생일, 바로 다음 날이었다.

"제발 우리 딸을 살려주세요!"

어머니 엘라는 기력을 찾지 못한 딸을 안고 도움을 청했다. 에다는 연합군의 도움으로 간신히 임시 병원으로 이송됐지만, 약품과 구호품이 아직 도착하지 않아 바로 치료받지 못했다.

어머니는 또 한 번 정신을 잃은 그녀를 끌어안고 울며 기도를 드렸다.

'제발, 에다를 구해주세요.'

다행히 하늘은 그 기도를 저버리지 않았다. 에다는 다음날이 되어 도착한 약 덕분에 정신을 차렸고, 간병인이 떠주는 음식을 받아먹기 시작했다. 그녀는 이때 먹었던 오트밀과 연유의 맛을 죽을 때까지 잊지 못했다.

'어떤 일을 하는 사람들일까?'

서서히 주변이 보이기 시작한 에다는 구호 물품을 들고 바쁘게 움직이는 사람들을 관찰했다. 그들이 입은 흰옷에는 운라 UNRRA[9] 라는 글씨가 적혀 있었다. 바로 국제연합구제부흥사업국, 훗날의 아동 구호 기구인 유니세프 UNICEF 의 전신이었다[10].

"알렉산더 오빠……?"

나치가 물러간 뒤 3주가 지났을 때였다. 죽은 줄만 알았던 큰오빠 알렉산더가 임신한 아내와 함께 가족의 품으로 돌아왔다. 얼마 뒤 둘째 오빠 이안 역시 무사히 돌아왔다.

---

[9] 원문은 United Nations Relief and Rehabilitation Administration, 제2차 세계대전 당시 재난을 입은 사람들을 구제하기 위해 48개국이 모여 설립한 국제적 원조 기관이었다.
[10] 이날의 기억은 훗날 오드리 헵번이 전 세계를 돌며 구호 사업에 전념한 이유가 되었다.

몇 달 뒤에는 그녀의 첫 조카(알렉산더의 아들) 마이클이 건강하게 태어났다. 그녀와 가족들은 조금씩 일상과 행복을 회복해 나가기 시작했다.

좌절된 발레리나의 꿈 | 에다와 가족들이 일상과 행복을 되찾은 1945년 여름, 그녀는 매일 밤 무자비한 전쟁이 남긴 악몽에 시달렸다. 소중한 누군가가 고문을 당하는 꿈을 꾸다가 식은땀을 흘리며 깨어났다. 이웃이 끔찍한 모습으로 죽고, 사랑하는 가족들을 잃을 뻔한 경험이 남긴 트라우마[11]였다.

"여길 떠나자."

어머니 엘라는 전쟁의 상처가 그대로 남아 있는 아른험을 떠나기로 마음먹었다. 그녀는 수도 암스테르담에 작은 아파트를 얻고, 어느 부잣집의 요리사로 취직해서 딸의 치료비를 벌기 시작했다. 건강이 회복된 에다는 다시 발레를 시작하며, 틈틈이 일해 생활비를 보탰다.

"헵번 양?"

열여덟 살 무렵, 에다는 네덜란드의 한 영화감독으로부터 캐스팅 연락을 받았다.

"저는 영화감독 린델이라고 합니다. 영어와 네덜란드어를 구사할 수 있는 배우를 찾고 있는데, 오디션을 한번 보지 않겠습니까?"

연기를 해 본 적 없는 에다는 갈등했지만, 뜻하지 않은 기회라

---

[11] 오드리 헵번은 이 경험 때문에 전쟁과 관련한 영화 섭외를 대부분 거절했다.

고 생각해 오디션에 참석했다. 눈을 빛내며 그녀를 지켜보던 감독은 곧바로 '승무원 역할'로 캐스팅했다. 비록 네덜란드 관광 산업을 홍보하는 여행 다큐멘터리(40분)였으나, KLM[12] 승무원 유니폼을 입은 그녀는 영상 속에서 성숙하고 아름다운 아가씨의 모습으로 시선을 끌었다[13].

배우로서 첫 번째 경력을 얻은 1948년, 에다는 어머니와 함께 영국 런던으로 건너가 전설적인 무용수 마리 램버트[14]의 수제자가 되었다.

"어머니, 가진 돈 전부를 다 집세로 내고 말았네요."

"그래도 괜찮아. 꽃가게에 일자리를 구했으니까 말이야. 넌 걱정하지 말고 발레에 몰두하렴."

두 사람이 런던에 도착할 당시 가지고 있던 재산은 단돈 20달러에 불과했다. 쉴 시간 없이 열심히 일해도 생활은 허리띠를 졸라맬 정도로 어려웠다.

램버트 선생은 연습과 일을 병행하면서도 성실함을 유지하는 제자의 태도를 높이 샀고, 그녀가 장학금을 받으며 학교에 다닐 수 있게 다리를 놓아줬다.

"오드리, 몸의 중심이 자꾸 흔들리잖니? 연습이 부족한 것 같구나."

---

12) 네덜란드 국영 항공사
13) 린델 감독은 그녀를 다른 영화의 주인공으로 캐스팅하려 했지만, 여건이 따르지 못해 포기해야 했다.
14) 폴란드 출신의 영국 무용가로 1930년 버트발레단(Rambert Ballet)의 전신인 발레클럽(Ballet Club)을 창설해 운영했다. 영국 발레 발전에 크게 기여한 공로로 훈장과 작위를 받았다.

이 당시 그녀는 '에다'의 영국식 발음인 '오드리'로 불리고 있었다.

"네, 열심히 연습할게요."

오드리 헵번은 두 발이 상처투성이가 되도록 연습에 집중했지만, 시간이 갈수록 선생님들의 지적을 받는 일이 늘어났다. 영국 출신 친구들의 기량을 따라잡기는 쉽지 않았다.

'난 쟤들이랑 달라. 5년이나 발레를 쉬었잖아. 차이가 날 수밖에 없어. 더 열심히 연습하면 돼.'

그녀는 굳게 다짐했지만, 생계를 위한 아르바이트가 시간과 체력을 빼앗았다.

"오드리는 키가 조금 아쉬워요."

또 170cm가 넘는 큰 키도 걸림돌이 됐다. 발레 공연에서 남자 무용수보다 키가 큰 여자 무용수는 무대에 서기 힘들었다. 여러 차례 '주인공'이 될 기회를 놓친 그녀는 결국 그토록 사랑하던 발레를 포기하고 말았다.

'앞으로 뭘 해야 하지?'

어린 시절 — Childhood

1929년 5월 4일	1934~1939년	
▼	▼	▼
벨기에 브뤼셀 출생 (2남 1녀 중 막내)	영국 사립학교 입학 아버지와 이별	부모님 정식 이혼 네덜란드 아른험으로 이주
	영국 생활	귀국 및 이주
경제대공황		

오드리 헵번은 억장이 무너지는 기분을 느꼈지만, 전쟁의 경험으로 얻은 '엄격하고 현실적인 성격'이 흔들리는 마음을 붙잡았다. 상황을 빠르게 받아들인 그녀는 천천히 자신이 할 수 있는 일이 뭘까 찾기 시작했다.

'지난 일을 생각하는 건 부질없는 거야. 앞으로 무엇을 할지를 생각해야지.'

1940~1945년	1948년
▼	▼
나치 통치 아래 생활 발레 교습 시작	마리 램버트 발레학교 입학 발레 공연에 단역으로 참여
나치 네덜란드 점령	
제2차 세계대전 발발　　종전	냉전시대

오드리 헵번　45

성장과 도약 | Growth&Leap | : 20대

당찬 신인 배우 | 1949년, 스무 살이 된 오드리 헵번은 ≪하이 버튼 슈즈≫라는 미국의 코미디 뮤지컬의 오디션에 지원했다. 공연에서 노래를 부르며 춤을 추는 코러스 역할이었지만, 오디션 지원자는 무려 3천 명에 달했다. 그녀는 최종 합격자 40명 중 한 명으로 뽑혀 무대에 올랐다.

이를 계기로 오드리 헵번은 다양한 뮤지컬 무대에 섰다. 길을 지나는 처녀부터 가게 정원까지 여러 역할을 맡았는데, 가끔은 발레리나 역을 맡을 때도 있었다. 경력이 하나씩 쌓일수록 역할의 비중도 커졌고, 32달러에 불과했던 주급은 두 배가 넘는 65달러까지 올라갔다.

그녀가 광고 모델 활동을 시작할 즈음, 화장품 광고 촬영 현장에서 당혹스러운 일이 생겼다. 촬영 감독이 '계약'과 달리 과한 노출이 있는 콘티[15]를 건네준 것이다. 이제 막 광고계에 데뷔한 신인이었지만, 그녀는 너무도 당당하게 요구를 거부했다.

"저는 옷을 벗지 않을 겁니다."

촬영 감독은 크게 당황했다. 지금껏 신인 모델이 이토록 당차게 자기주장을 하는 모습을 본 적이 없었는데, 그는 그녀의 말투와 태도에서 쉽게 꺾이지 않을 의지와 자신감을 읽어냈다.

---

[15] 영화나 드라마, 광고의 각본 등 촬영에 필요한 모든 사항을 기록한 것. 장면의 번호, 화면의 크기, 촬영 각도와 위치에서부터 의상, 소품, 대사, 액션 따위까지 적혀 있다.

"그럼 소매가 없는 옷을 입고 모래로 옷을 감추도록 하죠."

이처럼 오드리 헵번은 촬영 현장에서 자신의 의지를 관철하면서도, 배우와 모델로서 주어진 일에 최선을 다했다. 그녀는 큰 키에 비해 체격은 왜소한 편이었고, 연기나 발성도 완전하지 않은 상태였다.

그러나 무대 위에 서면 모든 단점이 사라졌다. 우아하고 신선한 아름다움, 특유의 분위기와 매력이 사람들의 시선을 잡아끌었다. 가끔은 그녀에게 온통 관심이 쏠려 함께 공연한 다른 배우들이 그녀를 시기하며 뒷말하기도 했다.

'연기를 정식으로 배워보고 싶어.'

연기에 대한 욕심이 커진 오드리 헵번은 영국인 배우 펠릭스 에일머[16]를 찾아가 개인지도를 받기 시작했다. 펠릭스 에일머는 정확한 발성과 다양한 연기법을 전수하는 등, 선생님과 멘토의 역할을 했다.

"오드리, 앞으로는 TV와 영화의 시대가 올 거예요. 이참에 영화계로 진출하는 게 어때요?"

"하지만 전 아직 인지도가 너무 낮아서 오디션 볼 기회조차 없는걸요."

"그건 걱정하지 마요. 내가 아는 사람들이 있어요. 좋은 오디션 자리가 있으면 꼭 당신을 소개할게요."

얼마 후 오드리 헵번은 할리우드 영화 〈쿠오바디스〉의 오디션

---

[16] 1920~1970년대 사이 영화와 드라마로 활동한 배우이며, 오드리 헵번에게 평생의 멘토이자 친구였다.

에 참석할 기회를 얻었다. 영화감독인 머빈 르로이[17]는 그녀를 아주 마음에 들어 했지만, '유명 배우'가 출현하기를 원하는 제작사 측에서 캐스팅을 반대했다.

"오드리 헵번 양이라면 합격입니다. 미소가 아주 신비롭고 사랑스러워요."

"아무리 아름다워도 무명이잖아요. 우리는 데보라 카[18] 같은 유명한 여배우가 필요합니다. 관객들은 스타를 보기 위해 극장을 찾는 거예요."

"헵번 양은 스타가 될 자질이 충분합니다. 또 데보라 카 같은 배우를 캐스팅하려면 제작비가 몇 배는 더 들 거에요."

"우린 앞으로 스타가 될 배우가 아니라, 흥행에 도움이 될 배우를 찾아야 해요!"

결국 영화감독과 펠릭스 에일머의 노력에도 불구하고 오드리 헵번의 캐스팅은 무산되고 말았고, 그 뒤로도 비슷한 일이 여러 번 반복됐다.

"내 영화에 출연해 볼래요?"

얼마 후 그녀는 로버트 레나드 감독의 제안을 받고 세 편[19]의 영화에 연이어 출연했다. 집세와 생활비를 버는 데는 도움이 됐지만, 세 편 모두 흥행과는 거리가 멀어 배우로서는 큰 주목을 얻지는 못했다. 하루를 꼬박 촬영했는데도 단 20초 분량으로 등

---

17) 워너브러더스사의 대표적인 영화감독이었다. <그린 베레(1968년)>, <1933년의 황금광들(1933)>의 작품을 만들었다.
18) 1940~1980년대 사이에 활동한 영국 출신의 배우로, 뛰어난 연기력으로 정평이 나 있었다.
19) <야생 귀리>, <젊은 아내의 이야기>, <라벤다 힐 몹>

장하거나, 촬영 과정에서 그녀의 연기와 영어 발음을 사사건건 지적하는 감독 때문에 정신적으로 녹초가 되는 일이 다반사였다.

'무명의 서러움이 이런 거구나. 연기는 좋지만, 영화 촬영은 즐겁지 않아. 이대로 배우를 계속해야 하는 걸까?'

오드리 헵번은 고민에 빠졌지만, 이내 자신이 겪어온 현실을 받아들였다. 한번 시작한 일을 이대로 포기할 순 없다는 생각이 들었다. 언젠가는 자신에게도 아주 중요한 기회가 찾아오리라 믿으며, 그녀는 흔들리는 마음을 붙잡았다. 얼마 후 그녀의 끈기는 보답받았다.

"네? 캐스팅이요?!"

1951년, 오드리 헵번은 한 영화의 출연 제의를 받았다. 제목은 〈시크릿 피플〉, 영화감독 소롤드 디킨슨[20]이 소설가 조이스 캐리[21]와 함께 4년간 절치부심해 기획한 영화였다. 캐스팅을 준비하던 감독은 예전에 뮤지컬 무대에서 봤던 오드리 헵번을 떠올리고 곧장 전화기를 든 참이었다.

"이건 예상하지 못한 부분인데요, 감독님."

이번 영화에서도 오드리 헵번의 키는 방해가 됐다. 언니 역할을 맡은 발렌티나 코르테세[22]에 비해 너무 크다는 사실을 깨달은 감독은 캐스팅을 망설였다.

---

[20] 소롤드 베런 디킨슨(Thorold Barron Dickinson), 영국의 영화제작자이자 감독, 영국 최초의 영화교수로 알려져 있다. 대표작으로는 '가스라이팅'이라는 용어를 낳은 영화 <가스등>이 있다.

[21] 잉글랜드의 소설가이다. 가장 유명한 소설은 근 60년간의 영국사를 다룬 <마구(1944)>로 이어지는 3부작이다.

[22] 1950년대에 이탈리아 영화계를 풍미한 배우로, 1970년대 들어서 아카데미 여우조연상 후보에 오르기도 했다. <맨발의 백작부인(1954)>, <영혼의 줄리에타(1965)> 등에 출연했다.

그때 우연히 오디션 현장에 방문한 배우 발렌티나 코르테세는 오드리 헵번의 연기를 보고 그 잠재력을 눈치챘고, 쉬는 시간에 다가가 말을 걸었다.

"감독님이 왜 당신을 바로 캐스팅하지 않는 거죠?"

"제 키가 너무 크다고 생각하시는 것 같아요."

"신발을 벗어 봐요. 내가 발끝으로 서서 연기해 볼게요."

그 제안에 오드리 헵번은 신발을 벗었다. 발렌티나 코르테세는 발꿈치를 들어 그녀와 키를 맞춘 뒤 오디션 대사를 연기했다. 두 사람은 진짜 자매처럼 합이 잘 맞았고, 이를 본 감독은 바로 그녀의 캐스팅을 결정했다.

"좋아요, 촬영 시작해 봅시다!"

영국을 배경으로 한 〈시크릿 피플〉은 유럽의 망명자들이 발칸반도의 어느 독재자를 암살하는 이야기를 다룬 정치 스릴러 영화였다.

여기서 오드리 헵번은 발레리나를 꿈꾸는 '노라 브렌타노'라는 학생 역할을 맡았다. 그녀는 노라의 슬픔과 좌절 등 다양한 감정을 표현해야 했는데, 설익었던 연기력을 연습과 노력으로 극복하며 뛰어난 발레 실력을 선보였다.

다만 촬영하는 동안 오드리 헵번을 힘들게 한 부분이 있었는데, 바로 노라가 발레 공연하는 파티장에 폭격이 가해지며 사람들이 목숨을 잃는 장면이었다. 전쟁 당시의 기억을 떠올린 그녀는 새파랗게 질려 대사 한마디를 하지 못했다. 그러나 감독은 오히려 그녀에게 전쟁 때의 경험을 살려보라고 주문했다.

"오드리, 연기하려는 생각은 버려요. 당신의 기억을 떠올려봐요. 당신은 전쟁을 겪으면서 죽을 고비를 몇 번이나 넘겼어요. 비슷한 상황을 분명히 겪었을 것 아닙니까?"

'그 끔찍한 기억을 떠올리라니?'

오드리 헵번은 연기하는 내내 고통을 느끼면서도, '연기를 더 잘하고 싶은 의지'로 마음을 다잡았다. 연기를 향한 욕심으로 트라우마를 떨쳐내고, 내면 연기에 깊이를 더하는 방법을 습득한 순간이었다.

"오드리, 당신은 분명 유명한 배우가 될 거예요. 배우가 인기가 있으면 연기 외의 것도 대상이 돼요. 배우에게 가장 중요한 건 인격입니다."

당시 발렌티나 코르테세는 오드리 헵번에게 피가 되고 살이 되는 조언을 아끼지 않았다. 연기의 노하우뿐만 아니라 업계의 뒷모습, 유명인으로서 겪게 될 다양한 압박에 대처하는 방법, 언론을 상대하는 법 등을 자세히 알려줬다.

"또 우린 자신의 인생을 누릴 권리가 있어요. 자유는 소중한 것입니다. 앞으로 계약을 맺을 때는 신중히 생각하세요."

업계에서 지위가 낮은 편이었던 당시의 할리우드 배우들은 영화와 상관없는 잡다한 행사에도 억지로 불려 나가고는 했다. 비슷한 경험이 있던 오드리 헵번은 발렌티나 코르테세에게 충고받은 뒤부터 공과 사를 분명히 하자고 결심했다. 그녀는 자신이 출연한 영화 홍보 행사에는 적극적으로 나가 움직였지만, 이외에 관련이 없는 일정은 관심조차 두지 않았다. 또 기자들의 인터뷰나 사진 촬영은 '영화를 촬영하는 기간' 동안만 허락했다[23].

사실 〈시크릿 피플〉은 비평가들에게 '범작'이라는 평가를 얻으며 상업적으로 크게 흥행하지 못한 영화로 남았다. 그러나 사람들의 기억 속에 '오드리 헵번'이라는 배우를 남긴 작품임은 분명했다. 그녀는 이 영화를 계기로 코미디 뮤지컬 영화 〈몬테카를로 베이비〉에 출연하며 인생의 반전을 맞았다.

스타로의 발돋움 | 모나코의 어느 호텔에서 영화 〈몬테카를로 베이비〉를 촬영할 때의 일이었다. 오드리 헵번은 휠체어를 탄 한 할머니와 눈이 마주쳤다. 대략 칠십 남짓의 노인은 눈빛이 강렬하고 안광이 번쩍였다. 그녀는 노인의 시선이 신경 쓰여 연기에 집중하지 못했는데, 장시간의 촬영으로 예민해져 있던 장 보이에 감독이 벌컥 짜증을 냈다.

"저 노인네는 누군데 저기 있는 거야? 방해되니 꺼지라고 해!"

노인에게 달려가 양해를 구하려던 스태프는 무척이나 당혹스러운 얼굴이 되어 감독에게 돌아왔다. 그가 감독의 귀에 대고 무언가를 전하자, 감독은 사색이 되어 노인에게로 달려갔다.

"선생님, 제가 미처 알아뵙지 못해서 죄송합니다."

알고 보니 노인은 프랑스의 저명한 소설가 시도니 가브리엘 콜레트였고, 곁에 선 남자는 남편인 모리스 구드케였다. 부부는 모

[23] 오드리 헵번은 당시 사생활을 철저하게 지키려 노력한 할리우드 1세대 스타였다.

나코 왕자에게 초대되어 잠시 호텔에 머무르는 중이었다.

"신경 쓰지 않으셔도 됩니다. 촬영 중인 걸 보고 잠깐 구경할 수 있을까 싶은 것뿐이에요."

"당연히 괜찮습니다. 이쪽으로 오세요."

부부는 감독의 양해를 받아 촬영 현장에 남았고, 카메라 뒤에서 오드리 헵번의 연기를 지켜봤다. 장 보이에 감독이 콜레트에게 열심히 영화에 관한 설명을 이어갔지만, 콜레트의 눈은 오직 오드리 헵번에게 고정되어 있었다. 그녀의 연기가 끝나자, 콜레트는 남편에게 희열에 젖은 목소리로 말했다.

"나의 '지지'가 여기 있었어!"

당시 콜레트는 자신의 자전적 소설을 각색한 뮤지컬[24] ≪지지≫의 주인공을 찾아 헤매던 참이었다. 마침 영화의 출연자였던 프랑스 배우 마르셀 달리오는 심상치 않은 분위기를 읽고 오드리 헵번을 콜레트 앞으로 데려갔다. 콜레트와도 안면이 있던 그는 두 사람 사이에서 다리 역할을 했다.

콜레트는 오드리 헵번과 몇 마디를 나누고 '그녀야말로 지지를 맡을 배우'라고 확신했다. 반면 오드리 헵번은 반신반의한 기분이었다. 전설적인 작가의 작품에 주연으로 출연할 수 있다니, 그녀에게는 꿈만 같은 이야기였다. 무엇보다도 뛸 듯이 기뻐할 어머니를 떠올리니 더 마음이 설렜다.

다만 자신이 '지지'라는 중요한 역할을 소화할 수 있을지는 확신하지 못했다.

24) 뉴욕 브로드웨이 뮤지컬

오드리 헵번

"사실 조금 자신이 없어요. 저는 배우가 아니라 무용수였어요. 카메라 앞에서 제대로 된 대사를 해 본 적도 없는걸요……."

"아니요, 나는 확신할 수 있어요. '지지' 역할은 오드리밖에 할 수 없어요."

콜레트는 확고한 뜻을 보여주겠다는 듯 뉴욕에 있는 제작자 길버트 밀러에게 전보를 보냈다. 자신이 연락하기 전까지 '지지' 역의 배우를 캐스팅하지 말라는 내용과 시간이 되면 영국으로 오라는 통보였다.

길버트 밀러는 곧장 런던에 도착했고 콜레트의 주선으로 오드리 헵번을 만났다. 그는 당시 브로드웨이에서 '제일 잘 나가는' 제작자로 통하고 있었다. 오랜 시간 업계에서 잔뼈가 굵은 인물답게, 그는 한눈에 그녀의 가능성을 알아봤다.

'아무리 생각해도 분이 넘치는 일인 거 같아.'

여전히 혼란스러운 오드리 헵번은 스승이자 멘토인 마르셀 달리오에게 조언을 구했다.

"네 마음이 가는 대로 해. 네가 옳다고 느낀다면 그것이 옳은 거야."

마르셀 달리오의 조언[25]은 그녀가 '자신감'을 되찾는 데 큰 도움이 됐다.

"좋아요, 한 번 해볼게요."

오드리 헵번이 뮤지컬 ≪지지≫에 출연하기로 하자, 길버트 밀러는 바로 '오드리 헵번 스타 만들기'에 돌입했다. 아무리 잠재력

[25] 이후로도 오드리 헵번은 중요한 결정을 내려야 할 때마다 마르셀 달리오의 조언을 떠올렸다.

이 넘친다고 해도 아직 다듬지 않은 원석이었다. 그녀는 내성적인 성격 때문에 항상 자신감이 부족했고, 지나친 긴장으로 카메라 앞에 서면 목소리가 낮게 기어들어 갔다.

길버트 밀러는 먼저 노련한 연극배우 캐슬린 네스빗[26]에게 오드리 헵번의 연기 지도와 발성을 맡겼다. 캐슬린 네스빗은 ≪지지≫의 출연자이기도 했는데, 마치 그녀의 진짜 '고모'처럼 돌봐주며 다양한 노하우를 전수했다.

오드리 헵번은 야외에 나가 마음껏 소리를 지르며 자신감을 키웠고, 다양한 광고 사진을 찍어 카메라에 익숙해지는 훈련을 이어갔다.

이때 촬영을 맡은 리처드 애브돈은 그녀에게 '어떻게 하면 매력적으로 찍힐 수 있는지'를 자세히 알려줬다.

"오드리, 얼굴을 정면에서 찍으면 턱이 너무 각져 보여요. 얼굴을 옆으로 살짝 돌려볼까요?"

"이렇게요?"

"네, 그보다 고개를 조금만 숙여서 시선만 카메라를 보세요. 그래요, 그 포즈!"

포즈를 취하는 오드리 헵번

---

26) 오드리 헵번이 세상을 떠날 때까지 평생 그녀의 좋은 친구이자 스승으로 남았다.

이날 그가 알려준 촬영 팁은 이후 '오드리 헵번'의 대표적인 포즈가 되었다.

길버트 밀러의 계획은 성공했다. 뮤지컬 ≪지지≫는 전 공연이 매진되는 대흥행을 거뒀다. 언론은 흥분해 극찬을 쏟아냈으며, 스포트라이트는 당연히 주연 배우인 오드리 헵번에게 향했다. 기자들은 그녀의 일거수일투족을 쫓았고 사소한 일에도 호들갑을 떨기 시작했다.

겨우 22살에 불과했던 오드리 헵번은 과도한 관심이 곤혹스러웠다. 사생활이 사라지고 매번 파파라치를 피해 다녀야 했다. 사진 촬영과 인터뷰가 익숙하지 않았던 그녀는 잡지 화보를 찍을 때마다 고개를 절레절레 흔들며 푸념했다.

"이런 게 영화와 무슨 상관이 있는지 모르겠어요."

그러나 오드리 헵번은 발렌티나 코르테세의 충고를 기억하고 있었다.

'아무리 힘들어도 자신이 맡은 일에 최선을 다할 것, 어떤 순간에도 겸손함과 정직함을 잃지 않을 것!'

그녀는 매번 그 말을 지키고 따랐다. 또 노력은 자신을 배신하지 않는다고 여겨 엄청난 인기를 누릴 무렵에도 발레와 연기 연습을 쉬지 않았다.

"공연 시간이 매번 조금씩 길어지는 것 같네요."

뮤지컬 ≪지지≫는 엄청난 흥행 덕분에 공연 시간이 늘어나고 추가 공연까지 생겼다. 오드리 헵번은 장기간의 공연이 끝나면 당분간 휴식을 가질 예정이었지만, 바로 이어진 영화 촬영 일정으로 인해 집이 아닌 촬영장으로 향했다.

사실 그녀는 ≪지지≫의 출연 협상을 하는 동안, 할리우드 감독 윌리엄 와일러[27]의 눈에 띄어 영화 출연 제의를 받은 상태였다. 그가 제안한 역할은 로마를 방문한 신문기자와 사랑에 빠지는 사랑스러운 공주, '앤'이었다.

윌리엄 와일러는 특유의 유쾌하고 천진난만한 매력과 우아한 분위기를 풍기며, 독특한 영어 악센트를 쓰는 오드리 헵번이야말로 '앤 공주' 그 자체로 생각했다.

다만 뮤지컬 ≪지지≫와 출연 시기가 비슷하다는 이유로 주변에서는 오드리 헵번의 영화 출연을 만류했다. 특히 길버트 밀러는 난색을 보였다. 뮤지컬이 성공해 공연 기간이 길어진다면 영화 촬영과 일정이 겹칠 수 있는 상황이었다. 만약 공연이 실패한다면 더 문제였다.

"실패작에 출연한 배우라는 낙인은 영화 제작사 측이 반기지 않을 겁니다."

"하지만 쉽게 얻을 수 있는 기회가 아니잖아요."

오드리 헵번은 '할리우드 영화의 주연'이라는 행운을 놓치고 싶지 않았다.

"출연할게요."

오랜 고민 끝에 그녀는 영화 출연을 결심했다. 물론, 그녀는 이

---

[27] 미국의 영화감독이자 프로듀서이다. 대표작으로 <로마의 휴일(1953)>과 <벤허(1959)>가 있다.

날의 선택으로 자신의 인생이 완전히 바뀌게 될 것이라는 사실을 전혀 알지 못했다.

그녀가 선택한 영화의 제목은 〈로마의 휴일〉이었다.

〈로마의 휴일〉과 세기의 연인 | 〈로마의 휴일〉의 제작을 앞둔 무렵, 대중은 남자 주인공 '조 브래들리 역'으로 캐스팅된 배우를 향한 관심을 쏟아냈다. 36살의 그레고리 펙은 할리우드 최고의 스타였다. 잘생긴 외모와 큰 키, 중후한 목소리로 여성 팬들의 마음을 사로잡았고, 사석에서는 훌륭한 매너와 인품으로 동료와 신인배우들에게 존경받았다.

"앤 역에 누가 캐스팅됐다고?"

그는 자신의 상대역이 오드리 헵번이라는 이야기를 듣자마자 영화 제작사에 전화를 걸었고, 자신의 출연 조건을 걸고 두 가지를 요구했다.

"그녀에게 저와 비슷한 수준의 출연료를 주고, 작품 크레디트에 우리 두 사람의 이름이 나란히 오를 수 있도록 해줘요."

"네? 그게 무슨 소리예요? 당신은 톱스타고 그녀는 이제 막 뜨기 시작한 신인인데, 어떻게 같은 조건으로 출연료를 줄 수 있겠어요?"

사실 그는 당시 오드리 헵번의 스타성을 꿰뚫어 본, 몇 안 되는 영화계 인물 중 한 명이었다.

"오드리 헵번은 이 영화로 아카데미 여우주연상을 받을 겁니다. 확실해요. 그걸 알면서도 내 이름만 내세운다면, 나중에 바보 취급을 받을 겁니다."

공연이 끝나고 쉴 시간도 없이 로마에 도착한 오드리 헵번은 이런 뒷이야기는 까맣게 모르고 있었다. 그녀는 무려 217회에 달하는 뮤지컬 공연을 소화하느라 매우 지치고 불안한 상태였다. 영화 촬영이 아니었다면 끝도 없이 계속됐을지도 몰랐다.

물론 로마에 도착해서도 휴식은 하루도 되지 않았다. 고작 몇 시간뿐.

오드리 헵번은 곧장 제작진과 인사를 나누고 첫 촬영을 준비했다. 낯선 영화 촬영 분위기와 사우나를 방불케 하는 로마의 살인적인 더위도 힘들었지만, 그녀는 여전히 부족한 연기력을 극복할 수 있을지를 가장 걱정했다.

"처음 뵙겠습니다, 공주님!"

촬영 시작 전의 파티, 그레고리 펙은 오드리 헵번과 마주치자마자 중세 시대의 기사처럼 한쪽 무릎을 꿇고 한 손을 살며시 잡았다. 장난기와 재치가 넘치는 행동이었다. 그녀의 얼굴에 맴돌던 긴장과 피로가 사르르 녹아내렸고, 입가에는 환한 미소가 걸렸다.

"제가 당신을 실망하게 하지 않아야 할 텐데요."

첫 촬영 날, 오드리 헵번은 완벽한 연기로 내면의 우려를 불식했다. 200회가 넘는 뮤지컬 공연으로 단련된 그녀는 긴장으로 무너질 풋내기가 아니었다.

'앤이 겪는 답답함을 알 것 같아.'

세간의 집요한 관심에 지쳐 있던 오드리 헵번은 답답한 왕실을 떠나서 자유를 즐기는 앤 공주의 마음을 누구보다 잘 이해할 수 있었다.

'아, 이 해방감―.'

오드리 헵번은 한 마리의 사슴처럼 로마 시내를 활보하며 자신의 매력을 표출했다. 그레고리 펙은 공주의 곁을 지키는 든든한 기사였다. 두 사람은 콜로세움, 트레비 분수, 마르첼로 극장, 산타젤로 성당, 진실의 입 등 유서 깊은 로마 시내의 아름다운 풍광을 배경 삼아, 더할 나위 없는 호흡으로 촬영을 마무리했다.

"신문 봤어요? 이거 개봉 첫날부터 반응이 엄청나요!"

1953년 8월 영화 〈로마의 휴일〉이 개봉했다. 영화는 150만 달러의 제작비를 훌쩍 뛰어넘는 1,200만 달러의 흥행 수익을 올렸다. 영화에 등장한 로마의 명소는 영화를 기념하기 위해 찾아오는 현지인과 관광객으로 북적거렸다.

여주인공 오드리 헵번의 인기는 뮤지컬 ≪지지≫ 때와는 비교도 할 수 없었다. 영화를 본 관객은 누구 할 것 없이 오드리 헵번과 사랑에 빠졌다고 해도 과언이 아니었다.

당시 그녀는 존재 자체만으로도 하나의 신드롬이 되었다. 대중은 청순하고 우아한 이미지, 매혹적인 눈, 발레로 다져진 가녀린 몸매, 뛰어난 패션 감각에 열광했다.

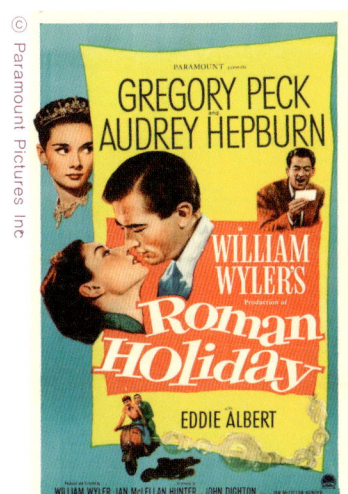

영화 <로마의 휴일>의 포스터(왼쪽)와 극장 광고(오른쪽)

영화 <로마의 휴일> 속 '헵번 룩'

  영화 속에서 '앤 공주'가 충동적으로 자른 짧은 머리 스타일은 '헵번 커트'라고 이름이 붙여졌고, 그녀가 입었던 소매를 걷어 올린 셔츠와 하늘하늘한 치마, 목에 맨 스카프는 이른바 '헵번 룩[28]'이라 불리며 전 세계에서 유행했다. 적은 돈으로 따라 할 수 있는 스타일링이었다.

  "여우주연상이라니, 축하해요, 오드리!"

---

28) 헵번 룩(Hepburnlook)은 오드리 헵번이 영화 <로마의 휴일>에서 입은 스타일을 말한다. 딱 붙는 상의와 주름진 플레어스커트의 사랑스럽고 여성스러운 스타일이다.

'오드리 헵번'의 등장은 영화계의 판도를 크게 바꿨다. 그녀는 당시 대세로 인정받던 여배우들을 제치고 미국 아카데미 여우주연상과 골든글로브 여우주연상, 영국 아카데미 여우주연상을 거머쥐었다. 그레고리 펙의 예상이 그대로 적중한 순간이었다.

'이제 좀 쉴 수 있을까.'

세기의 연인으로 전 세계의 주목을 받던 이 시기, 오드리 헵번은 몸과 마음이 많이 지쳐 있었다. 그녀는 할리우드로 돌아가지 않고 런던에서 조용한 시간을 보내고 싶었다.

그러나 언론은 그녀를 가만히 두지 않았다. 계속되는 인터뷰 요청에 어쩔 수 없이 한 잡지사의 전화 취재에 응답했다. 인터뷰 내용에는 자연스럽게 연애와 결혼에 관한 질문이 있었다. '세기의 연인이 과연 누구의 연인이 될 것인가'는 세간의 관심거리였다.

"글쎄요."

그때 오드리 헵번은 이렇게 대답했다.

"언젠가는 사랑에 빠지게 될 거예요. 그리고 결혼도 하게 되겠죠."

사랑과 결혼 | 오드리 헵번이 〈시크릿 피플〉에 출연하기 전의 일이었다. 그녀는 어느 날 파티에서 한 미남에게 데이트 신청을 받았다. 28세의 백만장자 제임스 핸슨, 트럭 공장을 소유한 부잣집의 상속자였다. 그는 파티에서 오드리 헵번을 보자마자 첫눈에 반했는데, 그녀는 반대로 '부유하고 철없는 바람둥이' 같은 그가

마음에 들지 않았다.

하지만 그는 '신사적'이며 세련된 외모의 영국인이었다. 그녀는 그의 매너와 잘생긴 얼굴, 로맨틱한 분위기에 끌릴 수밖에 없었다. 오드리 헵번은 그와 한 번의 데이트를 한 뒤 빠르게 가까워졌다.

두 사람은 '연인'이 되어 1951년에 약혼을 했지만, 뮤지컬 ≪지지≫의 성공과 영화 〈로마의 휴일〉 촬영이 이어지며 '결혼'은 점점 뒤로 미뤄졌다.

'과연 내가 결혼과 연기라는 두 마리 토끼를 다 잡을 수 있을까?'

오드리 헵번은 배우라는 직업을 포기할 생각이 없었다. 그녀는 촬영 내내 결혼을 두고 고민하고 갈등했지만, 영화가 흥행을 거둔 뒤 자신의 마음을 확고히 했다. 약혼자를 사랑해도 결혼은 원치 않았던 그녀는 결국 파혼에 이르렀다.

"다음 작품은 뭐가 좋을까요."

〈로마의 휴일〉 개봉 이후, 오드리 헵번에게는 다양한 차기작 출연 제의가 들어왔다. 이전과는 달리 '하고 싶은 작품'을 골라서 할 수 있었는데, 그녀는 여러 후보 중 〈사브리나〉라는 제목의 각본을 손에 쥐었다.

"제안받은 역할은 부잣집에서 일하는 운전사의 딸 사브리나, 그 집 아들을 몰래 짝사랑하는 역할이야."

그러나 촬영 과정은 재미있는 각본처럼 즐겁지 못했다. 그녀는

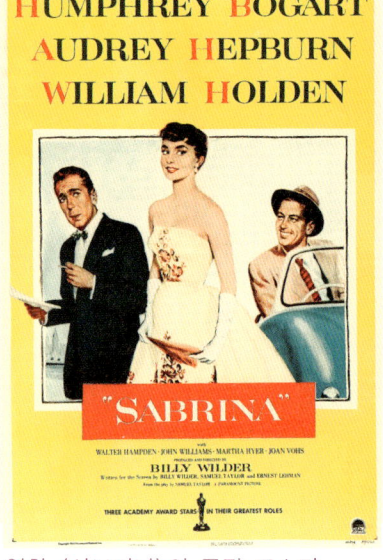

영화 〈사브리나〉에서 윌리엄 홀든과 함께   영화 〈사브리나〉의 극장 포스터

전작만큼이나 '흥행'해야 한다는 부담감을 안고 촬영에 들어갔는데, 출연자 험프리 보가트의 잦은 변덕으로 인해 촬영장 분위기가 험악해졌다.

그녀는 그 속에서 자신에게 쏟아지는 기대에 저버리지 않기 위해 안간힘을 썼고, 다행히 사브리나 역을 훌륭하게 소화했다. 1954년 아카데미상 여우주연상 후보에 이름을 올리며 배우로서의 입지도 확고히 다졌다.

오드리 헵번은 연이은 성공으로 경제적으로 풍족해졌지만, 부와 명예에는 그다지 관심이 없었다. 제작사가 제안하는 출연료에 무조건 'OK'를 하는 그녀를 두고, 주변 사람들은 '출연료를 더 받아야 하는 것 아니냐?'라고 묻고는 했다. 그때마다 그녀는 입버릇처럼 말했다.

"좋은 배우가 되는 것보다 더 중요하지 않아요."

세계적인 스타의 삶은 피곤했다. 처음에는 기쁘고 신기하던 일들도 점차 싫증이 나고 귀찮아졌다.

무엇보다 그녀는 조용한 사생활과 휴식을 원했다. 사람들의 주목을 받는 파티보다 한적한 곳에서 홀로 편안히 걷거나 책 읽는 시간이 더 좋았다.

'자유'를 빼앗긴 오드리 헵번은 여러 중압감에 시달렸다. 그녀는 이제 겨우 23살 먹은 젊은 배우였지만, 매일 만나 상대하는 사람들은 노련하고 산전수전을 다 겪은 감독들과 사업가(제작사)들이었다. 그들은 그녀가 〈로마의 휴일〉 같은 성공을 재현하리라 기대하며 압박했다.

오드리 헵번이 여러 이유로 우울감에 빠져들 무렵, 그녀에게 미국 출신 배우 멜 페러가 다가왔다. 그녀는 그를 1953년의 어머니 엘라의 아파트에서 열린 파티를 통해 처음 만났다. 멜 페러는 오드리 헵번보다 12살이나 많았지만, 둘은 비슷한 점이 있었다. 그레고리 펙의 친구였으며, 무용수 출신에, 독서를 좋아했고, 여러 나라의 언어에 능통했다.

오드리 헵번의 눈에 멜 페러는 재능이 많고 매력적인 사람이었다. 무엇보다 그는 소아마비로 팔이 마비된 상황에도 좌절하지 않고 노력을 지속한 끝에 회복에 성공한, '의지력이 강한' 남자였다. 서로를 인간적으로 존중하며 '지인'으로서 교류를 이어오던 두 사람은 1954년 브로드웨이의 연극 ≪운디네≫ 출연을 계기로 급격히 가까워졌다.

"이 목걸이가 당신에게 행운을 가져다줄 거예요."

멜 페러는 연극 개막 당일, 오드리 헵번에게 해초로 만든 목걸이를 선물하며 응원했다. 공연이 이어지는 몇 달간, 그는 그녀에게 적지 않은 도움을 줬다.

당시 연출 감독은 '물의 요정' 역할을 맡은 오드리 헵번에게 금발로 염색해달라 요청했지만, 그녀는 금발이 자신과 어울리지 않는다고 생각했다. 멜 페러는 팽팽히 자신의 의견을 주장하며 맞서는 두 사람을 중재하며, 감독이 그녀의 아이디어를 받아들이는 데에 결정적인 역할을 했다.

"이렇게 하면 어때요? 금발 머리 대신 금빛 가루를 머리에 뿌리는 거예요."

오드리 헵번은 머리에 금가루를 뿌리고 춤을 추며 무대를 활보했다. 금가루는 그 움직임을 따라 반짝이는 보석처럼 사방으로 흩날렸고, 그녀를 진짜 요정처럼 돋보이게 했다.

"오늘도 멜과 저녁을 먹고 온 거니?"

어머니는 그녀가 멜 페러와 가까이 지내는 것을 반기지 않았다. 그가 이미 세 번이나 이혼한 전적이 있는 이혼남이었기 때문이다.

"공연이 끝나면 병원부터 들리자."

"아니에요, 저 괜찮아요."

공연은 좋은 반응을 얻으며 성공을 거뒀지만, 오드리 헵번의 몸 상태는 점차 나빠졌다. 그녀는 눈에 띄게 수척해졌고, 하루에 피우는 담배의 양도 늘어났으며, 천식도 재발했다. 바쁜 일정으로 쌓인 스트레스가 결국 건강에 영향을 준 것이다[29].

그해 5월, 오드리 헵번은 갑자기 쓰러져 병원으로 실려 갔다. 의사는 지쳐 있는 그녀에게 요양을 권고했다. 그녀는 모든 일을 뒤로하고 공기 좋은 스위스로 떠났다. 멜 페러도 당장 뒤를 따라 나섰다.

그는 고급 휴양지의 호텔 방을 빌린 뒤, 오드리 헵번이 좋아하는 물건들로 가득 채워 꾸몄다. 호텔 측에는 그녀가 머무는 동안 기자나 외부인이 들어올 수 없도록 엄격히 통제해달라고 요청했다. 그녀는 자상한 보살핌 속에서 규칙적인 식사를 하고 휴식을 취하며 천천히 건강을 회복해 갔다.

---

[29] 1954년 3월 25일 <로마의 휴일>로 주목을 받던 오드리 헵번은 《운디네》 공연을 마치자마자 아카데미 여우주연상 시상식장으로 뛰어갔다. 얼굴 분장도 지우지 못한 채였다. 완벽주의자인 그녀에게 갑작스러운 성공과 이에 뒤따르는 책임감은 엄청난 부담이었다.

'이대로는 안 돼. 서로 의지하고 마음을 나눌 누군가가 있어야 해.'

쉴 새 없이 달려온 지난 몇 년을 되돌아본 오드리 헵번은 멜 페러의 청혼을 받아들였다.

"세 번째 아내와 이혼한 지 얼마 지나지도 않았는데 너한테 청혼했다고?!"

뒤늦게 소식을 들은 어머니는 펄쩍 뛰었다. 언론과 대중도 오드리 헵번의 결정을 이해할 수 없다는 반응을 보였다.

"오드리 헵번이 너무 아까워!"

"맞아, 한물간 데다가 사생활도 엉망인 배우가 이 시대 최고의 여배우를 이용하는 꼴이지."

그러나 오드리 헵번은 주변의 반대에도 뜻을 굽히지 않고 결혼을 강행했다. 매 순간 주목받는 일상에 지친 만큼, 평범하고 단순한 삶을 누리고 싶다는 갈망이 컸다.

"난 괜찮아. 누구보다 평범하고 안정적인 가정을 꾸려나갈 수 있어."

두 사람의 신혼 생활은 기대대로 평화롭고 아늑했다. 오드리 헵번은 한동안 정원에서 꽃을 가꾸고 부엌에서 파스타를 만들며 시간을 보냈고, 얼마 지나지 않아 배우로도 복귀했다. 물론 남편과의 결혼 생활이 우선순위였다. 배우로서의 성공과 부와 명예가 인생의 행복이 될 수 없다는 사실을 깨달았기 때문이다.

연이은 불행 | 멜 페러와의 결혼 직후, 임신 사실을 알게 된 오드리 헵번은 모든 촬영 일정을 미루고 스위스의 조용한 마을로 돌아갔다.

그녀는 마르고 약한 신체로는 출산이 힘들다는 의사의 조언을 듣고 집에서 안정을 취하려 했지만, 불행히도 첫 아이는 태어나지 못하고 그녀의 곁을 떠났다.

'먼저 천국으로 갔구나. 내 아이……'

오드리 헵번은 유산의 아픔으로 혼란에 빠졌다. 그녀는 슬픔을 잊기 위해 점점 남편 멜 페러에게 의지하는 한편, 다시금 배우 일에 몰두하기 시작했다.

영화 〈그린 맨션〉 촬영 당시

영화 〈오후의 사랑〉 홍보 사진

1957년에 영화 〈오후의 사랑〉과 뮤지컬 영화 〈화니 페이스〉에 출연했고, 1959년에는 〈파계〉에서 수녀 역을 맡았다. 그녀는 수녀 역할을 완벽히 소화하기 위해 실제로 수녀원에서 생활하기도 했다. 〈파계〉에서의 노력과 활약은 그녀의 품에 각종 여우주연상을 안겨줬다.

"안네의 일기요?"

그 무렵 그녀는 『안네의 일기』를 영화화한 작품에 출연해달라는 제안을 받았다. 실화를 바탕으로 한 『안네의 일기』는 충분히 감동할 만한 이야기를 담고 있었지만, 동시에 전쟁 시기의 끔찍한 경험을 떠올리게 했다. 그녀는 길게 고민하지 않고 거절 의사를 밝혔다.

"죄송해요, 전 전쟁과 관련된 영화는 찍고 싶지 않아요."

그러나 1958년 작 〈전쟁과 평화[30]〉를 두고는 다른 선택을 했다. 남편과 함께 출연한다는 부분에 안도감을 느껴 생각을 바꾸게 된 것이다.

성장과 도약 — Growth & Leap

1949~1951년
런던 뮤지컬 《하이 버튼 슈즈》,
《타르타르 소스》 출연(데뷔)

광고 및 영화 단역으로 활동
영화 〈시크릿 피플〉 출연

브로드웨이 제작
뮤지컬 《지지》에 캐스팅

미국 진출

1953년
영화 〈로마의 휴일〉에서
'앤 공주' 역할로 출연

집에서 열린 파티에서
멜 페러와 첫 만남

'헵번 룩' 유행

라이징 스타 '마를린 먼로' 급부상

아이젠하워 미 대통령 취임

[30] 오드리 헵번은 이 영화에서 러시아의 마지막 공주 나타샤 역을 완벽하게 소화했다.

그렇게 최고의 여배우라는 위치를 재확인하며 20대를 마무리한 시점, 오드리 헵번에게 또 한 번의 불행이 찾아왔다. 당시 그녀는 두 번째 임신을 한 상태로 서부극 〈용서받지 못한 자^{Unforgiven}〉의 촬영에 들어갔다.

'이대로 말을 타도 괜찮을까?'

인디언 소녀 역할을 맡은 오드리 헵번은 말을 타는 촬영을 앞두고 근심이 깊어졌다. 어린 시절 승마를 배워 말을 잘 타는 편이었지만, 촬영지는 험난한 지형이 많았다. 그녀의 불안을 느낀 감독 존 휴스턴[31]은 이렇게 안심시켰다.

"괜찮아요. 스턴트맨이 대신 말을 탈 거니까. 당신은 카메라에 나올 정도만 말 위에 앉아만 있으면 됩니다."

그녀는 감독의 지시대로 보호장비를 착용하고 말에 올라탔는데,

1954년	1955~1959년
연극 《운디네》를 계기로 멜 페러와 결혼	영화 〈전쟁과 평화〉 촬영 나타샤 역할
〈로마의 휴일〉로 오스카와 골든글러브 수상	〈파계〉와 〈그린 맨션〉 등의 영화에 출연
	〈용서받지 못한 자〉 촬영 도중 낙마 사고로 유산

브로드웨이 뮤지컬 《온다인》 주연 발탁	
《온다인》으로 토니상 수상	
영화 〈사브리나〉 출연 아카데미상 후보에 오름	

세계 난민의 해

---

31) 캐나다 출신의 미국 영화배우, 감독이다. <아스팔트 정글>, <모비딕> 등의 대표작이 있다.

이전까진 얌전했던 말이 갑자기 제멋대로 날뛰기 시작했다. 위태롭게 말에 매달려 있던 그녀는 결국 땅으로 내동댕이쳐졌다. 늑골과 척추에 금이 가는 중상을 입은 건 물론, 배속의 소중한 아기마저 잃고 말았다.

오드리 헵번은 슬픔을 이기지 못하고 무너졌다. 평소 누구에게든 화를 잘 내지 않던 그녀는 존 휴스턴을 강하게 비난했다. 부모님의 이혼으로 상처가 컸던 그녀에게 아이와 가정은 너무도 중요했다. 화려한 배우 생활도 당장 내던질 수 있을 정도였다.

"오드리, 아무리 힘들어도 식사는 해야 해"

"미안해요, 입맛이 너무 없어요."

그녀는 정신적 충격에서 헤어나지 못한 채 심각한 우울증에 빠졌다. 밥을 제대로 넘기지 못해 날이 갈수록 몸이 말라 갔다. 줄담배도 끊임없이 피워댔다.

'일어나자. 나한텐 연기가 힘이야.'

서른 살의 이른 나이, 배우 은퇴를 고민하던 오드리 헵번은 어느 날 자리에서 일어섰다. 거울에 비춰진 마르고 초췌한 얼굴을 보며 생각했다. 아픔을 이겨내는 방법은 결국 하나밖에 없다고 생각한 그녀는 드디어 카메라 앞으로 돌아갔다.

고난 | Hardship | : 30~40대

짧은 행복, 영광과 상처 | 복귀하고 얼마 지나지 않았을 때였다. 오드리 헵번에게 세 번째 아이가 찾아왔다. 반드시 아이를 지켜야 한다는 생각밖에 없던 그녀는 영화 출연을 심사숙고했다. 몸에 무리가 가는 영화는 아무리 좋은 작품이라도 거절했다. 집에서 휴식을 취하던 오드리 헵번은 1960년 1월에 고대하던 첫아들을 품에 안았다.

"아기는 건강한가요? 어서 아기를 보여주세요."

그녀는 건강하게 태어난 아들을 품에 안고 환하게 미소 지었다. 아들의 이름은 '신의 선물'이라는 뜻의 션으로 지었다.

'션은 아직 어린데, 다른 사람에게 맡길 순 없어.'

앞서 두 아이를 떠나보낸 그녀의 마음속에 또 다른 불안이 피어올랐다. 행여나 션에게 무슨 일이 생길까 노심초사였다. 자신이 너무도 유명한 탓에 아들이 유괴당할 수도 있다는 우려가 있었다. 그녀는 육아를 핑계로 들어오는 영화 캐스팅을 모두 거절하고 집에만 머물렀다.

"이번 영화로 손해가 컸어요?"

"응, 한동안 경제적으로 좀 힘들 것 같아."

당시 멜 페러는 여러 영화 제작과 연출에 손을 댔다가 실패의 쓴맛을 보고 있었다. 마음 같아서는 바로 은퇴를 결심했을 오드리 헵번이었지만, 남편이 경제적 압박을 받는 상황에서 가족의 생계를 책임지는 것은 오로지 헵번의 몫이었다.

더구나 아직 영화사와의 계약도 남아 있었다. 그동안은 출산과 양육을 이유로 출연을 미뤄왔지만, 계약상 출연해야 할 영화는 총 세 편이었다.

오드리 헵번은 경제적 이유와 영화사의 재촉에 밀려 한 편의 영화에 출연하기로 했다. 훗날 〈로마의 휴일〉에 이어 그녀의 대표작으로 꼽힌 영화 〈티파니에서 아침을〉이었다.

소설가 **트루먼 카포티**의 소설이 원작인 이 영화는 뉴욕에 온 가난한 여성이 신분 상승을 꿈 꾸고 계획을 세우지만, 결국 가난한 작가와 사랑에 빠진다는 내용이었다.

"원래 예정된 여주인공이 누군지 알아요? **마릴린 먼로**[32]였어요!"

오드리 헵번은 계약 문제로 출연이 불발된 배우의 이름을 듣고 부담을 느꼈다.

'아무리 생각해도 그녀가 잘 어울릴 것 같은데…….'

영화의 여주인공 '홀리'는 돈을 위해 부유한 남자를 찾아다니는, 속물적이면서도 자유분방한 캐릭터였다. 오드리 헵번은 자신이 이 역할을 잘 해낼 수 있을지 걱정이었다.

"캐스팅이 잘못된 것 같아요. 저는 홀리와 성격이 정반대거든요. 아무리 봐도 저는 적임자가 아니에요."

---

32) 할리우드의 황금기(1950~1960년대)에 문화, 패션, 미술계에 큰 영향을 미친 배우이자 가수, 모델이다. 타임지 선정 '20세기 가장 영향력 있는 인물 100인', 스미소니언 선정 '미국 역사상 가장 중요한 인물'에 올랐다.

물론 원작자도 청순하고 명랑한 역할만 맡아온 '오드리 헵번'이 홀리 역에 어울리지 않는다고 생각했다.

"이왕 출연을 결정한 이상 부딪쳐보는 수밖에 방법이 없어요, 오드리."

영화사가 못을 박자 오드리 헵번은 마음을 굳게 먹었다. 그녀는 홀리라는 역할에 완전히 스며들기 위해 자신이 가진 열정과 노력을 전부 쏟아부었다.

"나쁘지 않은 성적이에요."

영화는 〈로마의 휴일〉만큼의 엄청난 흥행을 얻진 못했지만, 작품성으로 좋은 점수를 받았다. 특히 오드리 헵번의 연기력은 지금까지의 작품 중에서 가장 좋았다는 평가가 이어졌다.

"제일 좋았던 연기는 첫 장면이었어요. 홀리가 뉴욕 보석상 앞에서 커피를 들고 크루아상을 먹는 장면이요. 검은 벨벳 드레스랑 팔꿈치 위로 올라오는 긴 장갑, 선글라스의 조합은 정말 최고였다니까요."

사람들은 〈티파니에서 아침을〉 버전의 '헵번 룩'에 또 한 번 열광했다.

"영화에서 나온 음악도 너무 좋지 않아요?"

"맞아요, 여주인공이 노래를 부른 장면이요!"

오드리 헵번이 기타를 치며 직접 부른 주제곡 '문 리버$^{Moon\ River}$'도 함께 유행했다. 촬영 직후에는 제작사가 '마음에 들지 않는다'라며 감독에게 삭제를 요청한 장면이었는데, 노래가 마음에 들었던 오드리 헵번은 뚝심 있게 감독을 설득했다.

"절대로 삭제하지 마세요. 이렇게 좋은 장면을 제작사 몇 마디로 잘라낸다니요. 내 눈에 흙이 들어가기 전까지는 안 돼요."

우여곡절 끝에 살아남은 장면은 주제곡 '문 리버'의 운명을 바꿨다. 아카데미 시상식에서 최우수 주제곡 부문을 수상하는 영광을 누린 것이다[33].

오드리 헵번의 내면도 변화했다. 그녀는 영화 속에서 진정한 행복을 찾아 헤매는 '홀리'로부터 '엄마가 되기 전에는 미처 느끼지 못한 새로운 감정'들을 배웠다.

'그래, 진정한 행복과 사랑은 멀리 있지 않아. 내가 꿈꿔 온 평범한 가정과 일상에서 찾을 수 있어.'

영화 촬영을 마친 오드리 헵번은 좋은 엄마이자 아내로 돌아갔다. 그녀의 일상은 남편과 아들에게 초점이 맞춰졌다. 아침 6시 30분에 일어나서 아들에게 모유를 먹이고, 남편을 위해 아침 식사를 준비하는, 평범한 주부의 모습이었다. 단순한 삶이 주는 즐거움 속에서 그녀는 마음의 평화를 누렸다.

---

[33] 이후 이 곡은 루이 암스트롱, 프랭크 시나트라, 엘튼 존 등 유명 가수들이 리메이크하며 20세기 최고의 명곡으로 거듭났다.

"다음 영화 출연이요?"

오드리 헵번은 영화사로부터 한 편의 각본을 전달받았다. 다시 화려한 할리우드로 돌아갈 시간이라는 신호였다. 차기작 제목은 〈샤레이드Charade〉, 남편의 죽음 이후 음모에 시달리는 귀족 부인 역이었다. 이제 그녀의 나이 삼십 대 중반, 〈로마의 휴일〉의 앤 공주로 굳어진 청순하고 발랄한 이미지를 벗어나 연기의 폭을 넓힐 기회였다.

영화 〈샤레이드〉 극장 개봉 포스터

역할을 성공적으로 소화한 그녀는 곧이어 〈마이 페어 레이디〉의 출연을 결정했다. 영국의 유명 극작가 버나드 쇼 원작을 영화화한 작품으로, 1950년대에 브로드웨이 뮤지컬로 만들어져 흥행한 적이 있었다.

오드리 헵번 | 77

오드리 헵번은 예전부터 이 작품을 좋아했다. 히긴스라는 교수가 친구와 '하층민 여성을 우아한 귀족 여성으로 탈바꿈시킬 수 있는가'를 두고 내기하며 이야기가 시작되는데, 사투리를 쓰는 빈민가 여성 일라이자를 교육하는 과정과 결과가 아주 흥미롭게 전개되었다.

'일라이자 역을 해보고 싶어.'

그녀는 원래 특정 배역에 욕심을 부리는 성격이 아니었다. 그러나 이번만큼은 역할에 대한 간절함을 드러냈다.

"이 역을 맡기 위해 뭐든 할 거예요. 이렇게까지 하고 싶은 역할은 내 인생 처음이에요."

"큰 기대는 말아요, 오드리. 영화 기획 단계부터 뮤지컬에 출연했던 배우들에게 그 역할을 맡기자는 말이 있었어요. 특히 일라이자를 연기한 배우는 그 배역 그 자체였다는 평가를 받고 있어요."

"포기하기는 일러요. 전 계속 문을 두드려 볼래요."

사실 제작사 측은 영화 기획 초기부터 일라이자 역은 줄리 앤드루스를, 히긴스 교수 역의 렉스 해리슨을 고려하고 있었다. 그러나 뮤지컬에서 활동해 인지도가 낮은 배우는 '흥행'에 도움이 되지 않는다는 의견도 있었다.

"오드리 헵번은 어떻습니까? 인지도 면에서 그만한 배우는 찾기 힘듭니다."

결국 히긴스 교수 역할은 그대로 캐스팅됐지만, 일라이자 역할은 오드리 헵번에게 돌아갔다.

"한 가지 문제가 있습니다. 영화에서 일라이자가 노래하는 장면이 비중이 큰데, 오드리 헵번에게 그만한 실력이 있을까요?"

영화 〈마이 페어 레이디〉는 뮤지컬 버전이 있었던 만큼 중간중간 '가창력'이 요구되는 노래가 많이 등장했다. 오드리 헵번도 뮤지컬에 출연한 경력이 있을 만큼 노래를 잘하는 편이었지만, 전문적으로 훈련받은 뮤지컬 배우의 가창력을 따라가긴 힘든 게 사실이었다.

오드리 헵번은 절실한 만큼 필사적으로 노래 연습에 매진했다. 당시는 다른 가수가 노래를 불러 더빙하는 경우가 흔했는데, 그녀는 영화에 자신의 목소리가 그대로 쓰이길 바랐다.

〈마이 페어 레이디〉 촬영 현장에서

'다른 사람의 목소리를 더빙한다면 내가 일라이자의 역할을 완벽히 소화하지 못한 거나 마찬가지야. 그렇게 되면 앤드루스의 배역을 내가 가로챘다는 비난을 피하지 못하겠지.'

그러나 영화 촬영은 노래 연습이 충분히 진행되기 전에 시작됐다. 여주인공의 가창력을 믿지 못한 제작사와 조지 쿠커 감독은 이미 가수 마니 닉슨을 캐스팅해 노래 녹음까지 끝낸 상태였다. 그녀는 아무것도 모르고 촬영 현장에서 최선을 다해 노래했다.

"전부 더빙으로 한다고요?"

뒤늦게 진실을 알게 된 오드리 헵번은 큰 충격을 받았다. 자신의 목소리로 다시 녹음해 달라고 요청했지만, 제작사는 부족한 예산을 핑계 삼아 그녀의 요청을 무시했다.

'이렇게 허무할 줄은 몰랐어.'

그녀가 실망감을 숨기고 촬영을 끝마친 무렵, 아무도 예상하지 못한 논란이 터지고 말았다.

"왠지 오드리 헵번이 아닌 것 같지 않아?"

영화 속 일라이자의 노래가 오드리 헵번의 목소리가 아니라는 소문이 돌기 시작했다. 제작사는 논란이 커지자 '절반 정도는 오드리의 목소리가 맞다'라는 어중간한 입장을 발표했고, 이에 목소리의 주인인 마니 닉스의 남편이 "아내가 노래 대부분을 불렀다"라고 폭로하며 분통을 터트렸다.

"뭐야, 결국 줄리 앤드루스만 피해를 본 거네?"

대중과 언론은 하나같이 줄리 앤드루스를 동정했다. 오드리 헵번은 '노래도 직접 못하면서 배역을 빼앗은' 입장이 되어 비난받았다.

"아이러니하네요, 그런 소란이 일어났는데 흥행 성적이 이렇게 좋다니."

온갖 우여곡절에도 영화 〈마이 페어 레이디〉는 시사회부터 호평받았으며, 개봉 후에는 엄청난 수익을 올렸다. 아카데미 시상식에서는 12부문에 후보로 올라 8개의 상을 거머쥐었다. 이때 여우주연상 후보에 이름을 올린 오드리 헵번 아쉬운 고배를 마셔야 했는데, 그녀를 제치고 상을 받은 사람은 공교롭게도 〈메리 포핀스〉에 출연한 줄리 앤드루스였다.

"수상 축하해요, 줄리."

"고마워요, 오드리!"

오드리 헵번과 줄리 앤드루스는 나쁜 감정 없이 서로를 존중했다. 그녀가 일라이자 역을 맡게 되었을 때, 줄리 앤드루스는 그녀에게 노래에 관하여 조언을 해줄 정도였다.

"유명세를 이용해서 남의 배역을 빼앗더니, 꼴 좋게 됐네."

뒷사정을 모르는 사람들은 여전히 뒤에서 수군거리기에 바빴다. 줄리 앤드루스에 대한 동정과 편법을 쓴 제작사에 대한 비난에 가까웠지만, 오드리 헵번에게 곱지 않은 시선을 보낸 것 또한 사실이었다.

그런데 이 사건으로 깊은 상처를 받은 오느리 헵번에게 또 다른 아픔이 다가오고 있었다. 남편 멜 페러와의 관계에 적신호가 켜진 것이다.

이혼과 공백 기간 | 오드리 헵번은 누구보다 남편 멜 페러를 사랑했다. 그와 모든 일상을 함께 하고 싶어 같이 출연하는 영화를 선택하거나, 촬영지가 가까운 작품을 찾기도 했다. 그게 불가능하다면 어쩔 수 없이 거절했다.

그런데 남편과 한시도 떨어져 있지 않으려는 오드리 헵번의 모습은 불행히도 세간의 오해를 불렀다. 지배욕이 강한 멜 페러가 자신의 성공을 위해 그녀를 뒤에서 조종하고 있다는 소문이 돌기 시작했다.

오드리 헵번은 "정말 말도 안 되는 소리"라고 단호히 선을 그었지만, 한 번 시작된 루머는 마른 들판이 불붙듯 번져갔다. 여기에 배우로서의 위상 차이가 두 사람의 관계에 회복이 어려운 갈등을 만들었다.

"멜 페러는 정말 오드리와 어울리지 않는 것 같아."

결혼 직후부터 꼬리표처럼 따라왔던 말이었다. 오드리 헵번은 세계 최고의 여배우로 자리 잡아 엄청난 출연료와 러브콜을 받고 있었지만, 멜 페러는 젊고 활기 넘치는 남자 배우들에게 밀려 내리막길을 걷고 있었다.

초조해진 멜 페러는 사업에 몰두하기 시작했다. 그러나 그가 제작자나 감독으로 참여한 영화들이 줄줄이 흥행에 실패하며 경제적인 위기에 내몰렸다. 그중 〈그린 맨션[34]〉은 오드리 헵번이 직접 출연하고 3백만 달러가 넘는 제작비를 들였음에도 흥행에 참패했다.

오드리 헵번은 〈마이 페어 레이디〉 촬영이 마무리되자 곧장 남편이 제작하는 영화의 촬영장으로 향했다. 남편의 곁에서 소원해진 관계를 회복하고 싶었기 때문이다. 그러나 사람들은 이조차도

---

34) 국내에는 <녹색의 장원(Green Mansions)> 제목으로 알려져 있다. 오드리 헵번이 출연한 영화 중 유일하게 적자를 기록한 작품이다.

왜곡된 시선으로 바라봤다. 최고의 스타가 촬영장에서 남편의 자질구레한 심부름을 하는 모습은 '오드리 헵번이 남편에게 이용당하고 있다'라는 의심을 키웠다.

1966년 당시 오드리 헵번 부부의 모습

멜 페러는 천성적으로 활동적이고 일을 좋아하는 사람이었고, 성공에 대한 욕망도 컸다. 제작사 측과 영화 제작을 논의하는 자리에서 뒷전으로 밀려나는 등, 아내의 들러리가 되는 상황을 견디지 못했다.

얼마 후 오드리 헵번과 멜 페러의 갈등은 커지다 못해 외부로 드러났다. 언론은 두 사람의 결혼 생활이 순조롭지 않다는 기사를 쏟아냈다.

1967년, 집과 밖에서 스트레스를 견디던 오드리 헵번은 또다시 찾아온 아기를 유산하고 말았다. 남편 멜 페러는 임신 소식은 물론,

유산이라는 절망적인 순간조차 함께하지 않았다. 남편을 향한 실망감에 그녀의 몸과 마음은 한계에 다다랐다. 다만 '아들 션'의 양육권을 빼앗길까 봐, 쉽사리 이혼을 선택하지 못했다.

해가 바뀐 1968년, 한동안 '각자의 시간'을 가졌던 두 사람은 이혼 서류에 서명하고 결혼 생활에 마침표를 찍었다. 어린 시절 부모님의 이혼으로 상처가 컸던 오드리 헵번은 자신이 겪은 슬픔을 아들에게 대물림했다는 죄책감에 시달렸다.

"당분간 시나리오는 받지 말아요."

당시 오드리 헵번이 매니저에게 전한 당부였다[35]. 스위스의 집으로 돌아온 그녀는 두문불출하며 유일한 행복이자 빛인 션을 돌봤다.

그 무렵, 오드리 헵번은 친분이 있던 어느 기업가 부부의 초대를 받았다. 부부와 함께 요트를 타고 그리스의 섬들을 일주하는 여행이었다. 그녀는 그곳에서 우연히 이탈리아 출신의 정신과 의사 안드레아 도티를 알게 되었다. 그는 어려서부터 열성팬이었으며, 십여 년 전에 한 파티장에서 그녀를 먼발치에서 본 적이 있다고 고백했다.

"사실 저는 열네 살 때 〈로마의 휴일〉을 보고 당신에게 첫눈에 반했어요. 그때부터 당신이 출연한 영화를 빠짐없이 봤죠."

또 그는 이혼으로 힘들어하는 오드리 헵번의 이야기를 들어주고, 정신과 의사로서 도움이 되는 조언을 아끼지 않았다. 오드리 헵번은 자란 환경[36]이 비슷한 그에게 어렵지 않게 마음을 열었다.

[35] 오드리 헵번의 공백은 무려 8년이나 이어졌다.

아들 션 역시 그를 잘 따르기 시작했다.

그녀는 아홉 살이나 연하이지만 어른스러운 안드레아 도티에게 사랑의 감정을 느꼈다. 거침없이 애정을 표현하던 그는 크리스마스이브 당일 그녀에게 청혼 반지를 건넸다.

"여배우의 남편으로 사는 건 정말 힘든 일이에요. 사생활이 없거든요. 난 당신과 가족들이 받게 될 안 좋은 시선들이 무척이나 걱정돼요."

오드리 헵번은 안드레아 도티의 청혼을 선뜻 받아들이지 못했지만, 이 거절은 그의 자신만만하고 맹렬한 사랑을 꺾지 못했다. 그는 결국 그녀의 약지에 청혼 반지를 끼웠다.

"염려 마세요. 내가 당신을 사랑하니까 아무 문제 없습니다."

1969년 1월의 봄날, 두 사람은 조촐한 결혼식을 올리고 부부가 되었다. 오드리 헵번은 소박한 신혼 생활을 이어가며 션의 육아에 온 힘을 쏟았다. 영화 출연 제의는 거들떠보지도 않았다. 스타라는 이유로 시슴없이 사생활을 들추는 사람들에 진저리가 난 상태였다. 그녀는 남은 인생을 가족과 함께 조용히 보내고 싶다는 희망을 품었다.

그해, 오드리 헵번은 서른아홉의 나이로 아기를 가졌다. 여러 번의 유산 경험이 있던 그녀는 다시금 스위스로 건너가 안정을 취했다. 다음 해 둘째 아들 루카가 태어나자 열두 살의 션은 동생을 돌보며 진심으로 귀여워했다.

---

36) 오드리 헵번의 어머니는 남작 부인이었고 안드레아 도티의 어머니는 백작 부인이었으며, 둘 다 부모님이 어렸을 때 이혼했다.

"오드리, 남편은 지금 어딨어요?"

"이탈리아에 있을 텐데, 연락이 닿질 않네요……."

남편 안드레아 도티는 〈로마의 휴일〉 당시의 젊고 아름다운 모습의 '앤 공주'를 보고 반해 결혼했지만, 이상과는 다른 아내의 모습에 시간이 지날수록 실망하고 있었다. 그는 아내가 루카를 출산하고 돌보는 동안에도 이탈리아의 유흥업소를 드나들며 여자들과 어울리는 중이었다.

"맙소사, 어떻게 이런 사진이 찍힐 수가 있지?"

"왜요, 무슨 사진인데요?"

파파라치는 어김없이 '오드리 헵번의 남편'의 뒤를 쫓았고, 안드레아 도티의 기행은 삽시간에 가십거리가 되었다. 오드리 헵번은 남편의 방탕한 사생활에 충격을 받았고, 두 번째 결혼마저 엉망진창이 되었음을 실감했다.

두 번째 이혼과 마지막 연인 | 오드리 헵번은 어떻게 해서든 두 번째 이혼을 피하려 했다. 남편을 사랑해서라기보다 오로지 아이들을 보호하기 위해서였다. 그녀는 아이들을 돌보는 일에 최선을 다하고, 남편이 가정으로 눈을 돌리도록 노력했다.

"오드리, 이제 영화를 찍어야 하지 않겠어요?"

그녀는 그 말을 통해 남편이 자신과 다른 꿈을 꾸고 있다는 사실을 알았다.

"난 지금이 좋아요. 평범하지만 행복한 가정을 지키는 거요."

"아니, 난 세계적인 스타 오드리 헵번과 결혼했지, 평범한 가정주부와 결혼한 게 아니에요!"

안드레아 도티는 화려한 스타의 삶을 동경했다. 그는 '고작' 평범한 주부가 되려는 아내를 이해하지 못했고, 계속 화려한 할리우드 여배우로 남아 유명 인사들과 어울리길 바랐다.

"미안해요. 난 그렇게 살고 싶지 않아요."

오드리 헵번의 갖은 노력과 설득에도 불구하고, 남편은 바람기 넘치는 생활을 감추지 않고 전 세계에 '플레이보이'라는 낙인이 찍혔다.

두 사람은 결국 1978년에 파경을 맞았다. 결별 직후 자신을 책망하고 괴로워하던 오드리 헵번은 더 충격적인 소식을 접했다. 큰오빠 알렉산더가 사고로 사망했다는 비보였다. 그녀는 충격을 견디지 못하고 깊은 우울증에 빠졌고, 이를 벗어나기 위해 영화계로의 복귀를 선택했다. 복귀작은 오랜 친구인 테렌스 영이 감독을 맡은 〈혈선〉이었다.

"안녕하세요, 로버트 월더스[37]라고 합니다."

"반가워요, 오드리 헵번이에요."

연기로 심리적 안정을 찾은 오드리 헵번은 우연히 한 남자를 만났다. 장소는 얼마 전 아내와 사별한 로버트 월더스를 위로하기 위해 친구들이 마련한 저녁 식사 자리였다. 그는 그녀와 같은 네덜란드 출신의 배우였으며, 매력적인 미소와 따뜻한 마음을 지닌 사람이었다.

[37] 1965~1975년 사이 활동한 네덜란드 출신의 배우이다.

'병든 아내가 세상을 떠나기까지 한시도 곁을 떠나지 않고 간호했다니…….'

두 사람은 나란한 자리를 배정받고 자연스럽게 대화를 나눴다. 오드리 헵번은 아내를 떠나보낸 그의 슬픔에 공감하고 진심을 담아 위로했다.

"얼마나 상심이 크시겠어요. 하지만 끝까지 월더스 씨가 곁을 지켜주셨으니, 부인은 행복하게 하늘로 가셨을 거예요."

"위로의 말씀 감사합니다. 아내를 보내고 나니 마음이 텅 빈 것 같고, 슬픔이 쉽게 가시지 않네요."

"억지로 슬픔을 잊으려고 하지 마세요. 언제 한 번 제가 지내는 톨로셰나즈로 오세요. 스위스 자연 속에서 지내다 보면 마음이 점점 평화로워지거든요."

이후로 두 사람은 종종 전화 통화를 하며 서로를 위로했다. 오드리 헵번은 로버트 월더스가 아내를 잃은 상실감에서 벗어날 수

고난 — Hardship

1960~1963년
▼
첫째 아들
션 페러 출산

영화 〈티파니에서 아침을〉
출연

영화 〈샤레이드〉
귀족 부인 역할 캐스팅

두 번째 '헵번 룩' 유행

1964~1966년
▼
뮤지컬 영화 〈마리 페어 레이디〉 출연
제작사 측과 더빙으로 갈등

〈100만 달러의 사랑〉 출연

있도록 도왔다. 로버트 월더스는 〈뉴욕의 연인들〉 촬영이 끝나고 공허함과 외로움에 빠진 오드리 헵번을 위로했다. 가끔은 그가 오드리 헵번이 지내는 스위스로 날아가 함께 자연을 즐겼다.

"배우 생활을 그만할지 고민 중이에요."

두 사람 사이에 점차 사랑의 감정이 싹트기 시작할 무렵, 오드리 헵번은 그에게 솔직한 마음을 내보였다.

"당신의 마음이 가는 대로 해요, 오드리."

로버트 월더스는 그녀가 유명한 배우로 살아오면서 겪은 아픔과 고통을 이해하고 있었다. 그는 기꺼이 연인의 안식처가 되어 주었고, 그녀는 그의 곁에서 마음의 평화를 얻었다.

오드리 헵번이 그토록 바라던 평범한 일상도 자연스럽게 이뤄졌다. 아침 일찍 일어나 정원을 가꾸고 장을 본 뒤 아침을 만드는 생활! 그녀는 아침부터 밤까지 부지런하게 움직였는데, 가정부가 집안일을 너무 많이 하지 말라며 따라다닐 정도였다.

1967~1970년	1976~1980년
멜 페러와 결별 및 이혼 8년의 공백 기간 (휴식기)	영화 〈로빈과 마리안〉으로 영화계 복귀, 영화 〈혈선〉 출연
안드레아 도티와 만남 청혼을 받고 결혼	남편 안드레아 도티와 불화 별거 시작
둘째 아들 루카 출산	로버트 월더스와의 만남
토니상 특별상 수상	
	오빠 알렉산더의 죽음
미국 워터게이트 사건	제럴드 포드 대통령 취임

소울메이트 로버트 월더스와 함께

물론 은퇴 후에도 대중의 관심을 받는 '오드리 헵번'이 이런 생활이 가능했던 이유는 전적으로 로버트 월더스 덕분이었다. 그는 기자와 파파라치로부터 연인과 아이들을 보호하는 동시에, 그녀가 하고 싶은 일들을 마음껏 하며 살 수 있도록 도왔다.

언론은 연인이 언젠가는 결혼할 거라 예상했지만, 정작 서로의 존재만으로 충분한 두 사람은 결혼조차 필요 없을 정도로 좋은 관계를 유지하고 있었다.

"월더스와 나는 우리 인생에서 아주 불행한 시기에 만났어요.
그리고 이제 우리는 너무 행복해졌어요."

오드리 헵번의 말치럼, 로비드 월너스는 그녀가 세상을 떠날 때까지 '영원히 신뢰할 수 있는 친구이자 연인'으로 남았다.

사랑과 신념 | Love&Belief | : 50대~영면

유니세프 친선대사 활동 | 1987년 10월, 오드리 헵번은 마카오에서 열린 국제 음악 페스티벌에 특별 손님으로 초청받았다. 그녀는 현장 스태프로부터 어떤 말을 듣고 어린 시절 국제기구의 구호 활동으로 살아남았던 기억을 떠올렸다.

'오늘 수익금이 전부 유니세프로 보내질 거라니 기분이 이상하네. 그때 도움을 받지 못했더라면 나도 지금까지 살아 있지 못했을 텐데.'

"혹시 제가 아이들을 도울 수 있는 일이 있을까요?"

오드리 헵번은 페스티벌이 끝나고 곧바로 유니세프에 연락했다. 그녀가 굶주림에 허덕이는 아이들을 돕고 싶다는 의사를 밝히자, 유니세프는 기금을 모을 수 있도록 힘을 써달라고 했다. 구호단체로서 세계가 잡히지 않았던 시기라 '막대한 예산'이 필요한 상황이었다.

"도움을 주신다니 저희한텐 가뭄의 단비나 마찬가지예요."

유니세프 관계자는 오드리 헵번의 엄청난 영향력을 기대했고, 1988년 그녀를 유니세프의 정식 자원봉사자로 받아들였다. 그녀가 대가로 받는 돈은 1년에 단 1달러, 구호 활동을 할 때 드는 숙박비와 교통비 등은 전부 자비로 써야 했다. 그러나 배우 활동으로 많은 재산을 모은 그녀는 이 상황을 전혀 개의치 않게 생각했다.

"저한테 돈은 부담이 되지 않아요."

당시 그녀가 진짜 신경 쓴 문제는 봉사 활동 지역의 열악한 환경이었다.

자원봉사자들은 낙후된 환경과 전염병, 풍토병과 싸워야 했으며, 내전에 휘말려 생명의 위협을 받기도 했다.

오드리 헵번은 유니세프에 그 어떤 특권이나 편의도 요구하지 않은 채 봉사 현장으로 뛰어들었다. 그녀는 오직 '연인 로버트 월더스'와 구호 활동을 함께 할 수 있게 해달라는 조건 단 하나만 내걸었다.

"여긴 정말 아무것도 없구나……."

그녀가 처음으로 찾아간 지역은 의료 시설은 고사하고 전기와 수도 공급마저 없는 에티오피아의 시골이었다. 빼빼 말라 뼈만 남은 아이들이 굶주림에 죽어가는 장면을 본 그녀는 큰 충격을 받았다.

"넌 커서 무슨 일을 하고 싶니?"

어느 수용소에서 만난 한 아이에게 오드리 헵번이 던진 질문이었다. 그런데 되돌아온 아이의 대답은 그녀와 봉사자들의 마음을 아프게 했다.

"……살아있는 거요."

오드리 헵번은 눈물이 맺힌 아이의 눈동자를 마주한 그 순간, 자신의 남은 인생을 굶주리고 고통받는 전 세계의 아이들을 위해 쓰아겠나고 나심했다.

'아이들을 돕기 위해선 제대로 된 공부가 필요해.'

오드리 헵번은 구호 활동을 하는 와중, 아이들의 삶을 더 잘 이해하기 위해 각 지역의 문화와 환경 등을 공부했다. 또 자신이 쓰는 비용을 꼼꼼하게 계산해 한 푼이라도 더 구호 활동에 보태려고 했다. 비행기를 탈 때도 더 좋은 좌석에 앉을 수 있음에도 트렁크와 손가방만 들고 삼등석을 이용했다.

그리고 그녀의 곁에는 언제나 연인 로버트 월더스가 있었다. 그는 구호 활동 내내 조용히 뒤에서 그녀를 응원하며 힘을 실어줬다.

'기아로 고통받는 아이들을 돕는 게 내 남은 인생의 유일한 사명이야.'

과거 그녀는 매체 인터뷰를 끔찍하게 싫어했지만, 이제는 거리낌 없이 카메라 앞에 나서 언론인들과 소통했다. 기자 간담회도 더는 부담스럽지 않았다. TV쇼에 출연해 노래를 부르며 굶주리는 아이들을 도와달라 호소하기도 했다. 자신의 유명세가 기금 모집에 도움이 된다는 사실을 깨달았기 때문이다. 그녀는 이 과정에서 호화로운 생활보다 누군가를 도우려 노력하는 '현재'가 훨씬 큰 행복을 가져다주고 있다고 느꼈다.

"내전을 조장해 돈을 버는 무기회사들을 두고 봐서는 안 됩니다."

오드리 헵번은 전쟁으로 돈을 버는 군수산업 전체를 강하게 비판했고, 전 세계를 돌며 각 나라의 지도자들에게 고통받는 아이들을 위한 대책 마련을 촉구했다. 또 UN에서 연설한 직후에는 공식 석상을 뛰어다니며 사람들에게 기부를 요청했다. 당시 그녀가 모아 에티오피아로 보낸 성금만 무려 6천만 달러에 달했다.

"오드리 햅번 말이야, 다른 스타들처럼 보여주기식으로 하는 거 아니야?"

기사를 통해 오드리 햅번의 활동을 지켜본 몇몇 사람들은 의심의 눈길을 보냈다. 한 여성 잡지에는 그녀의 유니세프에서 활동기를 다루면서, 그녀가 명품 옷을 입고 비싼 가방을 메고 다니는 사진을 함께 실었다.

그들 중에는 기자들도 적지 않았는데, 그녀와 이야기를 나누고 나면 모든 의심을 지워버렸다. 어느 인터뷰에서는 한 기자가 '세계적인 스타'에게 이런 질문을 던진 적이 있었다.

"가난한 아이들을 위해 자신의 시간을 희생하고 있는데, 힘들지는 않나요?"

오드리 햅번은 정색하고 반박했다.

"희생은 자신이 원하지 않는 것을 위해 원하는 것을 포기하는 겁니다. 내가 하는 건 희생이 아닙니다. 오히려 내가 받은 선물입니다."

그녀는 다른 인터뷰에서 이렇게 말하기도 했다.

"한 아이를 구하는 것은 축복입니다. 그리고 백만 명의 아이를 구하는 것은 신이 주신 기회입니다."

유니세프 활동으로 어린이들을 도운 오드리 헵번

그 무렵, 영화계는 오드리 헵번이 배우로 복귀할 것이라 희망하고 끊임없이 구애를 보내고 있었다. 그중에는 100만 달러 이상의 출연료를 제시한 영화도 있었지만, 그녀는 쌓여있는 각본들을 쳐다보지도 않고 돌려보냈다. 나날이 폭력적이고 선정적으로 변해가는 당시 할리우드 영화에 대한 거부감이 들었기 때문이다.

"잠깐, 그 각본 좀 다시 보여줄래요?"

그때 오드리 헵번이 딱 한 번, 자신의 결정을 번복한 영화가 한 편 있었다. 스티븐 스필버그 감독의 〈영혼은 그대 곁에[38]〉, 배역은 추락하는 전투기 조종사를 구해주는 '천사' 역이었다.

"그래, 그녀 말고 누가 천사를 맡을 수 있겠어?"

[38] 오드리 헵번이 출연한 가장 마지막 영화이다.

스티븐 스필버그 감독이 "천사 역할은 오드리 헵번에게 맡길 것"이라 밝히자, 주연을 맡은 배우가 했던 말이었다. 오드리 헵번은 그 예상대로 영화 속에서 완벽한 천사가 되었고, 조종사에게 뜻깊은 충고를 남겼다.

"인간의 영혼은 사리사욕을 채우기 위한 것이 아니랍니다. 영혼은 남을 돕는 데 사용해야 해요."

이는 그녀가 이 세상에 전하고 싶은 말이기도 했다.

어린이들의 날개 없는 천사 | 배우로 활동할 당시에도 바쁜 일정 탓에 과로와 스트레스로 쓰러진 적이 많았지만, 유니세프 활동은 그때와 비교도 불가능할 정도로 살인적인 일정이었다.

오드리 헵번은 1989년 당시 유니세프를 위해 50개나 되는 프로젝트를 기획하고 총괄했으며, 에티오피아, 수단, 방글라데시, 과테말라 등 전 세계를 돌아다니며 굶주리는 아이들을 도왔다.

"오드리, 이번 주는 제발 집에서 휴식을 취해요. 그러다 진짜 병나겠어요."

"아니에요, 난 괜찮아요."

배우로 살 때는 느끼지 못한 충만함과 성취감에 취한 그녀는 주위의 만류를 무시하고 구호 활동에 몰두했다. 서서히 나빠지는 자신의 몸 상태는 알아채지 못한 채, 오직 아이들 걱정에 밤을 지새웠다.

그녀는 구호 활동 당시 셀 수 없는 비극을 목격하고 절망했다. 유니세프의 도움에도 아이들이 목숨을 잃을 때마다 그녀의 흡연량도 늘어났다.

'상황이 조금이라도 나아질 수 있다면 뭐든 할 거야.'

일을 줄이고 취하는 휴식조차 사치라는 듯, 그녀는 자신을 더욱 강하게 채찍질했다.

"오드리, 이번엔 우리 말 좀 들어요."

1991년, 오드리 헵번의 건강을 염려한 유니세프 측이 그녀를 구호 활동에서 일시적으로 제명하고 강제로 휴식을 취하도록 만들었다.

일단 고집을 꺾은 오드리 헵번은 '다른 방식으로 아이들을 도울 수 있을지' 방법을 찾기 시작했다.

미국으로 돌아간 그녀는 다양한 대외 활동을 통해 전 세계의 소외된 아이들을 알렸다. 한 음악회에 진행자로 참여해 6만 달러를 모금하기도 했다.

그 무렵의 '오드리 헵번'은 화려하게 빛나는 스타가 아닌, 사람들의 마음을 움직이는 뛰어난 연설가가 되어 있었다.

"오늘 저는 스스로 나설 수 없는 아이들을 대신해서 말하겠습니다. 그 아이들에게는 웃음도 꿈도 없습니다. 우리가 죽어가는 아이들에게 줄 돈과 음식, 시간, 사랑이 없다고 말하는 것은 변명에 불과합니다."

시간이 흐른 1992년, 오드리 헵번은 다시금 비행기에 올라 소말리아로 향했다. 계속된 내전으로 정부는 아예 기능하지 못했으며, 힘없이 연약한 아이들의 삶도 피폐하고 처참했다. 그녀는 수십 구나 되는 아이들의 시신이 트럭에 실려 나가는 장면을 보고 말을 잃었다.

"소말리아의 아이들을 살려야 합니다!"

오드리 헵번은 소말리아의 상황을 알리기 위해 동분서주했고, 그녀의 호소는 전 세계의 관심을 이끌었다.

얼마 후 미국 정부는 소말리아의 내전을 끝내기 위해 아프리카로 미군을 파병했다. 그녀는 전쟁을 위해 사람을 죽이는 군인들이 아닌, 아이들을 살리기 위해 바쁘게 움직이는 모습을 보고 크게 기뻐했다.

제일 행복한 크리스마스 | 어느 날부터 오드리 헵번은 불편한 복통을 느끼기 시작했다. 소말리아 구호 활동을 이어가는 동안에도 고통은 나날이 심해졌다.

"오드리! 왜 그래요? 어디 아파요?"

의료 시설이 부족한 소말리아에서는 제대로 된 상태를 알 수 없는 상황, 유럽으로 돌아가면 의사부터 찾으라는 동료의 조언조차 뒷등으로 흘려버렸다.

"안색이 안 좋은데, 이번 연설은 취소하는 게……"

"아니, 난 괜찮아. 할 수 있어."

날이 갈수록 더해지는 복통에도 그녀는 여러 연설과 인터뷰를 빠짐없이 소화했다. 심지어 곁을 지키는 연인 로버트 월더스에게 조차 자신의 증상을 숨기려 했다.

"오드리, 제발 의사한테 보이기라도 해봐요! 큰 병일 수도 있어요!"

그녀는 주변의 성화에 밀려 로스앤젤레스의 한 병원에서 검사를 받았다. 결과는 결장암[39], 급하게 수술을 받아야 한다는 진단이었다.

한 달 뒤인 1992년 11월, 성공적으로 수술을 마친 그녀는 의사로부터 낙관적이라는 말을 들었다. 그러나 몇 주 뒤 심한 복통을 느끼고 다시 병원으로 실려 갔다.

"안타깝지만 종양이 이미 몸 안에 퍼졌습니다. 그녀에게 남은 시간은 3개월 정도일 겁니다."

오드리 헵번은 하늘이 무너지는 느낌을 받았다. 입원해 치료받는 동안, 그녀는 매일 스위스의 눈 덮인 산을 그리워했다. 답답한 병원을 벗어나 스위스에 있는 집에서 남은 시간을 보내고 싶은 마음이 간절했다.

"몸이 너무 약해진 상태라 스위스까지의 여정이 쉽지 않을 겁니다."

오드리 헵번이 몸 상태가 나빠져 일반 비행기를 타지 못한다는 상황이 알려지자, 곧장 그녀의 절친한 친구인 지방시[40]가 미국으

---

39) 대장의 일부인 결장에 생긴 악성종양
40) 위베르 드 지방시(Hubert de Givenchy)는 프랑스의 패션 디자이너이며, 자신의 이름을 딴 명품

로 전세기를 보냈다. 그녀는 연인과 친구의 도움을 받아 안전하게 스위스로 돌아왔다.

그녀는 두 아들과 반려견들이 있는 그리운 집에서 로버트 월터스의 간호를 받았다. 고된 약물치료를 이어가는 동안 그녀를 만날 수 있는 사람은 가까운 동료와 친구 몇 명뿐이었다.

얼마 후 세계적 스타의 건강 악화가 전 세계에 알려졌다. 여러 매체에서는 연일 '오드리 헵번'이 구호 활동으로 거둔 성과를 보도했다. 그녀는 TV를 통해 자신의 다사다난한 인생을 되돌아보는 특집이 방송되자, 자신의 삶이 헛되지 않았다는 증거라며 뿌듯해했다.

1992년 12월의 크리스마스이브, 오드리 헵번은 연인과 가족이 함께하는 따뜻한 저녁을 보냈다. 평생 꿈꿔왔던 단란한 가정의 모습 그대로였다.

"오늘이 내 인생에서 제일 행복한 크리스마스야."

그녀는 평소 좋아하던 샘 레벤슨의 시 〈시간이 알려주는 아름다움의 비결〉을 두 아들에게 들려주었다.

매혹적인 입술을 가지고 싶다면 / 친절한 말을 하라.
사랑스러운 눈을 가지고 싶다면 / 사람들의 선한 점을 보아라.
날씬한 몸매를 가지고 싶다면 / 그대의 음식을 배고픈 자와 나누어라.

패션 브랜드 '지방시'의 설립자이다.

(…중략…)

나이가 들어감에 따라 그대는 손이 두 개인 이유가 하나는 자신을 돕기 위해서, 하나는 다른 이를 돕기 위해서임을 알게 되리라.

그로부터 한 달이 흐른 1993년 1월 20일 오후 7시, 오드리 헵번은 63세의 나이로 잠에 빠지듯 조용히 숨을 거뒀다. 그날 저녁, 그녀가 살던 마을에는 부고를 알리는 종소리가 울려 퍼졌고, 집마다 추모의 촛불이 밝혀졌다.

장례식[41]은 사흘이 지나 마을의 작은 교회에서 진행됐는데, 이른 새벽부터 마지막 인사를 건네려는 주민 600여 명이 긴 줄을 섰다.

"대통령 취임식 소식도 묻힐 정도라니 대단해."

오드리 헵번이 세상을 떠난 날은 미국 대통령 빌 클린턴의 취임식 날이기도 했는데, 취임식 기사는 오드리 헵번의 사망 소식을 전하느라 뒤로 밀려나고 말았다.

그만큼 오드리 헵번의 죽음은 국가와 인종을 가리지 않고 전 세계가 슬퍼할 만한 비보였다. 그저 유명인 한 명이 세상을 떠난 게 아닌, '시대를 풍미한 배우'의 죽음으로 시대의 변화를 실감한 사람들도 많았다.

---

41) 오드리 헵번의 전 남편인 멜 페러도 장례식을 찾아 애도를 표했다.

1993년 3월에 열린 제65회 미국 아카데미[42] 시상식, 세상을 떠난 오드리 헵번이 진 허숄트 박애상[43]을 수상하는 영광을 누렸다. 오랜 기간 영화계 발전에 큰 공헌을 한 인물에게 주어지는 특별상이었다.

대리 수상자로 무대에 오른 배우 **줄리아 로버츠**가 미리 준비해 온 오드리 헵번의 '마지막 연설문'을 대신 읽어내렸다.

"나는 영화계에서 일한 것을 자랑스럽게 여깁니다. 나는 영화 덕분에 주목받는 삶을 살았고, 아름다움을 창조했으며, 양심을 일깨웠습니다. 그리고 그 양심으로 인해 나는 고통받는 사람들과 함께 있을 수 있었습니다."

사랑과 신념 — Love & Belief

1980~1982년

- 유니세프 구호 활동에 관심
- 안드레와 도티와 정식으로 이혼
- 로버트 월더스와 동거

- 전 세계 굶주리는 아이들을 위해 다양한 활동
- 〈뉴욕의 연인들〉 출연

레이건 대통령 당선

---

[42] 미국 영화업자와 사회법인 영화예술 아카데미협회가 수여하는 미국 최대의 영화상이다.
[43] Jean Hersholt Humanitarian Award

스위스에 있는 오드리 헵번의 무덤

1984~1989년	1990~1992년	1993년
▼	▼	▼
어머니 엘라 타계	골든글로브 시상식 평생공로상	미국배우조합협회 평생공로상 수상
유니세프 친선대사 활동 시작	영국아카데미 시상식 평생공로상	1993년 1월 20일 스위스 집에서 영면
〈영혼은 그대 곁에〉 천사 역할(까메오) 출연	대장암 선고	제65회 아카데미 진허숄트 박애상 수상
	독일 통일	
미국 LA 하계올림픽	탈냉전기	

가치 | Value |

"세기의 연인이 세상에 남긴 가치!"

오드리 헵번은 미(美) 연예계에서 'EGOT'를 달성한 몇 안 되는 배우 중 한 명[44]이다. 'EGOT'란 미국의 '4대 연예 대상'의 약어로, 방송 분야의 에미상, 대중음악 분야의 그래미상, 영화 분야의 오스카상, 공연 분야의 토니상을 뜻했다. 이는 그녀가 다양한 분야에서 활약했다는 증거이기도 했다.

[44] 현재(2024년 3월 기준)까지 EGOT를 달성한 사람은 역사상 19명에 불과하다. 오드리 헵번은 영화배우 리타 모레노, 존 길구드에 이어 다섯 번째로 4대 연예 대상을 달성한 수상자이다.

"그녀는 타고난 아름다움과
노력으로 갈고닦은 재능을 지닌 배우였다."

오드리 헵번에게는 사람을 끌어당기는 매력과 유행을 바꾸는 영향력이 있었다. 그녀가 출연한 영화 속 명장면들은 사람들의 기억에 오래도록 남았으며, 그 배경이 된 장소는 관광 명소로 오랜 시간 인산인해를 이뤘다.

〈티파니에서 아침을〉에서 '홀리'가 유리 너머로 들여다보던 보석상은 세계적인 브랜드가 되었으며, 영화 속의 머리 스타일과 의상은 유행으로 번졌다.

현재까지도 '헵번 룩'은 사람들에게 고전적이고 세련된 스타일로 여겨지고 있다.

"아름다움과 재능보다 빛난 것은
바로 그녀의 인격과 그 삶 자체였다."

 부와 명성을 모두 누린 시대적 스타, 오드리 헵번은 콧대 높은 여느 할리우드 배우들과 거리가 멀었다. 그녀와 함께 일했던 관계자들은 '언제 어떤 순간에도 최선을 다하며, 예의와 기품이 몸에 배어 있는 우아한 여성'이었다고 기억했다.
 또 그녀가 영화에서 주로 입던 지방시의 옷들은 할리우드 최초로 '협찬' 받은 의상이었다. 명품으로 알려진 지방시의 옷값은 꽤 고가였는데, 그녀는 영화 촬영이 끝나면 미련 없이 의상 전부를 반납하고 평소처럼 소박하고 단출한 차림으로 돌아갔다.
 물론 그녀도 한 번은 '비싸고 예쁜 스포츠카를 살까?' 고민한 적이 있었지만, "뒷자리가 좁아서 가족이 다 탈 수도 없고, 장 볼 때 짐 실을 공간도 없잖아"라는 이유로 포기했다.

"인간의 본질은 따뜻함과 정직함입니다."

 오드리 헵번은 어린 시절에 겪은 부모님의 이혼, 전쟁의 참담함과 두 번의 이혼을 통해 깊은 상처를 받았다. 전부 '사람'이 준 시련이었지만, 그녀는 그 사람을 신뢰하길 멈추지 않았다. 그녀가 평생 지켜온 신념은 헌신과 박애였으며, 이는 한 사람을 누구보다 아름답고 빛나게 했다.

"이제 천국은 누구보다도 아름다운
새로운 천사를 갖게 됐습니다."

오드리 헵번이 세상을 떠났을 때, 그녀와 가까웠던 동료 배우 엘리자베스 테일러[45]가 전한 추모의 말이다.

또 〈아이의 시간〉에서 그녀와 함께 연기했던 셜리 맥클레인[46]은 이렇게 말했다.

"세상에 소금 같은 사람이 있다면 바로 오드리 헵번일 것."

이처럼 세상을 떠난 그녀의 신념과 정신은 여전히 생명력을 이어가며 사람들에게 감동을 주고 있다. 2004년 2월, 국제연합UN과 민간단체 세계평화를 향한 비전은 오랜 기간 인류애를 실천한 헵번을 기리기 위해 '오드리 헵번 평화상'을 제정했다.

오드리 헵번의 자녀들도 어머니가 걸어온 길을 그대로 걸어가고 있다. 큰아들 션은 유니세프 미국 지부인 오드리 헵번 협회의 명예 의장직과 유럽 희귀난치성 질환 기구[47]의 홍보대사를 겸하고 있으며, 동생 루카와 함께 '오드리 헵번 어린이 기금[48]'을 설립한 뒤, 전 세계의 아이들에 대해 구호사업을 펼치고 있다.

---

45) 영국과 미국이 배우이자 인권운동가로 활동했다. 아카데미 여우주연상을 2번 수상하는 등 30년 가까이 정상의 인기를 누렸다.
46) 연극과 뮤지컬, 영화와 드라마 등 다양한 분야에서 활약한 미국의 배우였다.
47) EURORDIS
48) Audrey Hepburn Children's Fund

또 션은 2015년에 한국을 찾아 '2014년 세월호 사고'로 세상을 떠난 희생자들을 추모하기 위한 '기억의 숲' 조성에 손을 보탰다. 당시 션은 한 언론과의 인터뷰에서 이런 말을 전하기도 했다.

"제 아내, 딸과 두 아들 역시 자선 활동에 계속 참여해왔습니다. 어머니가 제게 가르쳐주신 고귀한 정신은 마치 영원한 마법 같아요. 자연스럽게 사람들에게 전염되거든요."

할리우드 명예의 전당

◀ 오드리 헵번의 영상을 보고 싶다면

오드리 헵번은 21세기가 된 지금도 할리우드의 전설적인 스타로 불리며, 대중에겐 '세기의 연인'으로 기억되고 있다. 그러나 우리가 진정으로 기억해야 하는 것은 그녀가 세상에 남긴 '사랑과 헌신'이며, 세상을 풍요롭게 하는 영원한 마법일 것이다.

다 비우고 다 내어준,
버리고 갈 것만 남아서
홀가분한 어머니이자 소설가

2장

박경리
Pak Kyong-ni

소설가
현대문학의 대가
『토지의 작가』
후배 예술인 지원
인간성과 생명 추구

1926~2008

어린 시절 | Childhood |

흰 용의 태몽 | 찬 바람이 불기 시작한 1926년 12월 2일[1] 초저녁, 경상남도 통영의 한 집에서 갓 태어난 아기 울음소리가 터져 나왔다.

"나왔구나! 울음소리가 큰 걸 보니 건강한 아들이겠어!"

신바람이 난 아기 아버지는 엮고 있던 금줄[2]에 고추를 끼웠다. 그러나 잠시 후 방을 나온 산파[3] 할머니가 뜻밖의 말을 했다.

"계집애요. 큰딸은 살림 밑천이라고 하니 너무 실망하지 마소."

"뭐라고요? 푸른 눈깔에 몸이 허연 용꿈을 꿨다고 해서 분명 아들인 줄 알았는데……."

1) 음력 10월 28일
2) 부정한 것의 침범이나 침노를 막기 위하여 문이나 길 어귀에 걸어놓는 새끼줄이다. 특히 아이가 태어났을 때 잡병을 쫓고자 사용되었다.
3) 출산을 앞둔 산모의 옆에서 아이를 받는 역할

'아기가 딸'이라는 말에 아버지는 크게 실망했다. 아니, 아예 엮고 있던 금줄을 바닥에 팽개쳤다!

"딸이라니!"

당시는 조혼의 풍습이 있던 시절이었나. 아기의 아버지 박수영은 14살의 어린 나이에 18살의 신부 김용수를 만나 부부의 연을 맺었다.

그러나 자유롭고 낭만적인 성향이 강했던 어린 신랑은 가정에 소홀하다 못해 신부를 외면하고 찾지 않았다. 부부는 결혼하고 4년 만에 어렵지 않게 아이를 갖게 되었다.

"꿈에 두 눈이 눈깔사탕같이 파랗고 몸이 하얀 용이 나왔어요."

남편은 아내가 꾼 태몽을 듣고 한껏 기대에 부풀었다. 집안 어른들도 분명 '아들이 태어날 것'이라 믿으며 출산일을 손꼽아 기다렸다.

"정말 딸이라고?"

딸이 태어났다는 소식에 아버지를 비롯한 가족들의 실망은 이만저만이 아니었다.

"우리 아가."

그러나 단 한 사람, 아기의 어머니는 달랐다. 아기가 딸이든 아들이든 제 배로 낳았는데 섭섭할 리가 없었다. 그녀는 젖을 먹일 때마다 젖몸살로 고생했지만, 딸을 위해 아픔을 참아냈다. 이때 아버지는 읍내로 나가 젖꼭지와 젖병을 사 오며 처음이자 마지막 애정 표현을 했고, 곧장 집을 나가 '기봉네'라는 여인과 새살림을 차렸다.

그날부터 아버지의 따뜻한 품 한번 느껴보지 못한 아이는 오로지 어머니의 보살핌을 받으며 자라났다. 아이의 이름은 금이(今伊), 훗날 한국의 현대문학을 대표하는 작품 『토지(土地)』를 쓴 작가 박경리였다.

눈물로 지낸 어린 시절 | 바느질 솜씨가 좋았던 어머니는 두 칸짜리 집에서 바느질로 어렵게 생계를 이어갔다. 금이는 9살(1934년)에 **통영제일공립보통학교**[4]에 입학해 공부를 시작했다. 학교는 교실이 턱없이 부족해 학생 일부를 삼도수군통제영 세병관[5]에서

---

[4] 현재의 통영초등학교로 1908년에 개교했다. 당시는 10살 입학이 보통이었다.

수업받도록 했다. 금이는 또래의 친구들처럼 세병관으로 통하는 충렬사 언덕길을 오르내리며 어린 시절을 보냈다.

"금이야, 아버지한테 한 번 다녀와라."

어머니는 딸 금이를 아버지와 두 번째 부인이 사는 집으로 보내 학비를 받아오게 했다. 아버지에게 자신이 조강지처임을 각인시키기 위해서였다. 금이는 어린 나이에도 어머니가 아닌 다른 여자와 사는 아버지를 찾아가는 일이 너무도 싫고 힘들었다.

당시 금이의 아버지는 통영에서 하나뿐인 '화물차 차부[6]'를 운영하고 있었다. 통영과 진주를 오가는 화물차로 생선과 과일을 실어나르며 돈벌이를 하는 덕에 경제적으로 윤택했다. 어머니는 혼자서도 딸의 학비를 감당할 수 있었지만, 형편 좋은 남편을 두고 어렵게 모은 돈을 쓰고 싶지 않았다.

"다녀올게요······."

금이는 가기 싫어도 어쩔 수 없이 아버지를 찾아가 월사금[7]을 달라 손을 벌렸다. 하루는 집으로 찾아갔더니 아버지는 없고 두 번째 부인 기봉네가 아이를 안고 앉아 있었다. 금이를 못마땅한 눈빛으로 쳐다보던 그녀는 대뜸 쏘아붙였다.

"여긴 뭣 하러 왔니? 또 아버지에게 돈 달라는 소리 하러 왔지?"

---

[5] 충무공 이순신의 전공을 기념하기 위하여 세워진 건물이다. 조선 후기 경상도, 전라도, 충청도 등 3도의 수군을 통솔하는 삼도수군통제사영의 거점으로 사용되었다. 일제강점기 이후 세병관만이 남아 국보로 지정되었다.

[6] 버스나 화물차 등이 나가고 들어오는 집합소(종착점)

[7] 당시 학교에 다달이 내던 수업료

어리지만 당찬 금이는 지지 않고 맞섰다.

"작은 엄마에게 볼일이 있어서 온 게 아니에요."

"작은 엄마라고? 너 저번에 동네에서 마주쳤을 때도 친구들 앞에서 나를 '작은 엄마'라고 불렀지! 고얀 계집애 같으니!"

"작은 엄마가 우리 엄마는 아니잖아요!"

"이것이 어디서 대들어!"

화가 난 기봉네가 들고 있던 부채를 내던졌고, 부채는 금이의 얼굴로 날아갔다. 아픔과 서러움이 복받친 금이는 그대로 울며 할머니에게 달려갔다.

"이런 고얀!"

손녀로부터 사정을 들은 할머니는 당장 금이의 아버지를 불러 불호령을 내렸다.

"첩[8]이 집안의 장녀를 이렇게 취급하게 두고 봐?"

아버지는 집으로 돌아가서 기봉네를 심하게 질책했고, 그 후로 기봉네는 금이를 함부로 대하지 못했다.

'그래도 거긴 가기 싫은데……'

여전히 월사금을 받으러 가는 심부름이 곤욕스러웠던 금이는 어머니에게 처음으로 반항을 해봤다.

"아버지한테 월사금 받아오는 거 그만 시켜요. 구걸하러 가는 것 같단 말이에요. 엄마도 돈 있잖아요."

"너 이제 어미한테도 대드는 거야? 딸이라고 있는 게 의시할 수 있을까 했더니, 남편 복도 없는데 자식 복도 없어!"

8) 정식 아내 외에 데리고 사는 여자

속상한 어머니가 치마끈으로 목을 매는 시늉했고, 금이는 까칠한 손에 매달려 "잘못했다" 울부짖었다. 모녀는 끌어안고 한참 울음을 토했고, 금이는 어머니의 아픈 상처와 고생을 새삼 깨달았다.

"또 어디 나가셨나?"

어머니는 외출할 때마다 대문에 녹슨 자물쇠통을 채우고 나갔다. 학교에서 돌아온 금이는 책가방을 대충 내동댕이치고 대문 앞 돌층계에 턱을 괴고 앉았다.

'엄마가 왜 이리 늦지? 오는 길에 자동차나 마차에 부딪친 건 아니겠지?'

한참 어머니를 기다리다 보니 온갖 불안한 생각이 엄습했다.

'작은 엄마와 딴 살림 차린 아버지한테 구박받고 돌아오다가 강물에 빠져 죽었을지도 몰라. 아니면, 엄마도 아버지처럼 다른 신랑 만나서 날 버리고 멀리 도망간 거면 어떡하지?'

불길한 상상은 꼬리에 꼬리를 물고 이어졌고, 섬점 더 심각해졌다. 슬픔에 잠긴 금이는 양손으로 얼굴을 감싸고 엉엉 눈물을 쏟았다.

"금이야? 너 왜 여기서 자고 있어?"

기다림에 지쳐 계단에서 잠이 들었던 금이는 무사히 집으로 돌아온 어머니를 보고 덥석 끌어안았다. 양 눈두덩이는 눈물로 퉁퉁 부어있었다.

어린 시절의 박금이와 어머니

돈이 신앙이었던 어머니 | 생과부 신세인 어머니가 아버지와 기봉네로부터 홀대받는 데에는 '친정'의 몫이 컸다. 금이 아버지의 집안에서는 어린 신부를 데려와 집안의 일손을 더하기 위해 적지 않은 돈과 예물을 친정으로 보냈다.

그런데 금이의 외할머니가 이를 딸 모르게 빼돌려 큰외삼촌의 결혼에 홀라당 써버렸고, 나중에는 금이 아버지가 어머니와 이혼한다는 조건으로 위자료로 준 집마저 외삼촌의 노름빚으로 날려 비렸다.

"어떻게 그럴 수가 있어요!"

뒤늦게 이 사실을 알게 된 어머니는 피가 거꾸로 솟다 못해 가슴 깊은 곳에 사무치는 화를 품을 수밖에 없었다. 남편에게 외면당하는 처지에 친정이 그나마 의지처였건만, 이제 그마저도 잃어버린 셈이었다.

'좋은 남편감을 만나는 자체가 최고의 행복'이던 시절, 그녀는 남편에 대한 원망을 묻어두고 외동딸 금이를 위해 살았다. 살림을 꾸려나가기 위해 바느질은 물론, 옷감 장사부터 돈이 되는 일은 닥치는 대로 했다.

비록 소박은 맞았어도, 딸 금이가 아버지를 원망하면 오히려 '남편'을 두둔했다.

'엄마는 왜 저렇게 살지?'

아버지에게 버림받고도 그 자식을 낳았고, 평생 홀대받으면서도 자식을 위해 자신을 희생하며 시가를 떠나지 않았다. 어린 금이는 도무지 어머니를 이해할 수 없었다. 날이 갈수록 아버지를 향한 미움만큼이나 '돈에 집착'하는 어머니에 대한 원망도 커져만 갔다.

당시 어머니는 검소하고 생활력이 강했다. 굶지 않고 살아남는 게 최우선이었기 때문이었다. 쉰밥을 버리지 않고 끓여서 먹었고, 가을에 1년 치 땔감과 양식을 장만해놓지 않으면 불안해 잠을 못 이뤘다[9]. 어쩔 땐 "자식과 걸어가면 배가 고프지만, 돈을 들고 걸어가면 배가 안 고프다"라고 말할 정도였다.

---

[9] 박경리의 시 「어머니의 사는 법」

금이는 아버지에게 월사금을 받지 못하면 종종 학교에서 집으로 쫓겨나곤 했는데, 평생 잊지 못할 만큼 부끄럽고 아픈 기억으로 남았다.

"이게 뭐야?"

어느 날, 금이는 우연히 장롱 속에서 어머니의 전대를 발견했다. 슬쩍 열어보니 월사금의 천 배는 되어 보이는 돈뭉치가 들어 있었다. 금이는 자기도 모르게 "돈이다!"라고 소리쳤다. 놀란 어머니는 후다닥 방으로 들어와 전대를 낚아챘고, 딸을 험악한 눈빛으로 쏘아보았다[10].

'이렇게 돈이 많으면서 날 아버지한테 보내서 월사금을 받게 한 건가?'

불쑥 슬픔과 서러움이 밀려왔다. 그 뒤로도 월사금을 받으러 가는 일이 반복되며 금이는 어머니를 향한 미움과 동정이라는 모순된 감정에 빠져들었다.

진주고녀 진학 | 금이의 가족들은 금이가 공부를 잘하기를 기대했다. 그러나 금이는 성적이 반에서 중간 정도밖에 되지 않았다. 일제강점기 당시 금이는 일본인 선생님에 대한 반항심이 컸다. 학교에서 조선말 사용을 엄격하게 단속했기 때문이었다.

"이번 주에 조선말을 한 번도 쓰지 않았지? 자, 말을 잘 들었으니 상을 주마."

일본인 선생님들은 말을 잘 듣는 아이들에게는 보상을 주고,

[10] 박경리 수필 「십이년 만에」

말을 듣지 않는 아이들에게는 벌을 줬다. 덕분에 아이들은 학교에서 조선말을 쓰지 못했고, 심지어 실수로 넘어질 때 비명조차 일본말을 써야 했다.

'아무리 상이 받고 싶다고 해도 저러는 건 아니지.'

금이는 어린 나이에도 '통영의 항일 정신[11]'을 품고 있었다. 금이는 일본말을 잘해 상을 받는 친구들이 싫었고, 일본어 공부도 하고 싶지 않았다.

"금이도 이제 곧 졸업이겠네?"

어느 날 금이네와 가족처럼 가깝게 지내던 간창골 아저씨가 금이 어머니에게 금이의 상급학교 진학을 권했다. 그는 금이 어머니와는 육촌지간이었다.

"반드시 상급학교까지는 진학해야 한다. 이제 여자도 배워야 하는 세상이야. 여학교를 마치면 바로 약전[12]으로 보내."

과거 중학교를 우수한 성적으로 졸업한 간창골 아저씨는 대학 시험에서 3차례 고배를 마셨다. 그러나 그는 사립학교에서 교사로 일하며 공부를 멈추지 않았고, 금이에게도 학업을 계속하라고 설득했다[13].

물론 1930년 당시만 해도 조선 여성의 문맹률은 92%에 달했다. 보통학교를 졸업하는 여학생의 수는 그보다 훨씬 적다는 의

---

[11] 3·1운동이 전국적으로 번진 1919년 이순신 장군의 영향을 깊이 받은 고장답게 통영에서는 항일 정신이 강하게 표출되었다.
[12] 약학전문학교의 줄임말이다.
[13] 금이가 공부를 계속하도록 길을 인도해준 고마운 분이었다. 훗날 박경리의 소설에는 비슷한 성격의 인물이 등장한다.

미였다. 보통학교 졸업만 해도 괜찮은 학력이었지만, 금이 어머니는 간창골 아저씨의 생각에 동의했다.

"아저씨 말이 맞는 것 같다."

그녀는 곧장 과외 선생님을 알아봤고, 금이는 과외를 받으며 통영의 영재들이 간다는 상급학교 진주고녀[14]에 진학했다. 기숙사 생활을 시작한 금이는 방학 때 고향으로 곧장 돌아가지 않았다. 여학교 진학을 탐탁지 않게 생각하는 아버지에게 직접 생활비를 받는 게 영 부담스러웠기 때문이다.

그녀는 의형제를 맺었던 2년 선배 '하동 언니' 이정금의 집에 머물렀다가 개학 직전에 아버지를 찾아가 생활비를 받아가고는 했다.

그런데 금이가 3학년 무렵인 1942년, 아버지가 돌연 학비를 부쳐주지 않기 시작했다.

금이는 당장 고향의 아버지 집으로 찾아갔다. 금이가 화난 얼굴로 집으로 들이닥치자 아버지는 당황하면서도 버럭 소리쳤다.

"여자가 공부하면 뭐 하냐? 학교 그만두고 시집이나 가라!"

그러자 금이도 대번 받아쳤다.

"제게 공부 그만두라는 말은 어머니 외에는 아무도 못 합니다! 아무리 아버지라도요!"

화가 머리끝까지 오른 아버지는 커다란 손으로 금이의 뺨을 내리쳤다. 서로를 향한 오해와 서운한 마음이 어렵게 이어오던 부녀 관계가 완전히 깨뜨린 순간이었다.

14) 진주공립고등여학교

"저 이제 학교 안 가요."

아버지로부터 손찌검을 당한 금이는 충격에서 쉽게 벗어나지 못했다. 어머니는 학교에 가지 않겠다는 딸을 몇 번이고 설득했지만, 금이는 고집을 꺾지 않았다. 할 수 없이 금이의 이모부가 학교로 가서 퇴학 수속을 밟고 기숙사의 짐도 챙겨왔다.

"금이야, 아버지 오셨다."

얼마 뒤 사업을 위해 만주로 길을 나서는 아버지가 금이를 찾아왔다.

"만주로 가면 이제 또 언제 아버지를 만날지 모른다. 어서 나와서 인사드려라."

금이는 방구석에 이불을 뒤집어쓰고 꼼짝하지 않았다. 어머니가 아무리 달래도 소용없었다. 그동안 쌓여온 원망이 손찌검으로 폭발한 것이다. 아버지는 결국 딸의 얼굴 한번 보지 못하고 만주로 떠났다.

책벌레 여학생 | 금이는 자퇴를 하고 1년이 지난 뒤 우여곡절 끝에 학교로 돌아갔다. 4년제 학교를 5년 동안 다니게 된 셈이었다. 동급생이 상급생으로, 하급생은 동급생이 되는 학교생활이 시작된 어느 날, 금이는 교무실에서 무릎을 꿇고 벌서는 두 여학생을 발견했다.

"쟤들은 무슨 잘못을 했길래 저기서 벌을 받고 있어?"

"무용 선생님 알지? 그 선생님이 쟤들이 조선말을 써서 벌준

거래."

친구로부터 이야기를 들은 금이는 분개했다.

"뭐? 그 선생님도 조선인이면서 어쩜 그럴 수가 있지?"

미션스쿨[15]인 진주고녀는 1925년 개교 당시 일제가 경남도청을 진주에서 부산으로 이전한 일로 반일의식을 드러낸 이래 '항일역사가 깊은 학교'라는 평가받았다. 그만큼 학생들의 종교적·시대적 의식 수준이 높았다.

"이대로 두고 보면 안 돼."

금이와 친구들은 행동에 나섰다. 무용 선생님의 수업 때 질문에 대답하지 않고 일부러 눈총 주는, '소리 없는 저항'을 시작한 것이다. 무용 선생님은 결국 무언의 압박을 견디지 못하고 학교를 떠났다[16].

"또 책 읽고 있어?"

금이는 친구가 볼 때마다 책을 읽고 있었다. 그녀는 학교 성적이 좋지는 않았지만, 보통학교 시절부터 독서를 좋아했다. 손에 잡히는 책은 무엇이든 읽었고, 수업시간에는 몰래 소설책을 읽기도 했다.

또 쳇바퀴 같은 학교생활을 버티게 한 것은 '시' 쓰기였다. 금이는 아궁이나 이불 속에 노트를 감춰두고서 일기처럼 매일 시를 썼다. 시인이나 작가가 되겠다는 생각은 없었지만, 내면에서 차오르는 뭔가를 분출하듯이 계속해서 시를 끄적였다.

[15] 기독교 단체에서 전도와 교육 사업을 목적으로 운영하는 학교를 의미한다.
[16] 어린 시절에 싹튼 반일의식이 본격적으로 드러낸 시기였다.

그녀가 독서와 글쓰기를 좋아하게 된 데에는 할머니와 어머니의 영향이 컸다. 금이의 할머니는 동네에서 유명한 구두쇠였지만, 고전 소설책[17]을 사는 데는 돈을 아끼지 않았다. 글을 모르는 할머니는 틈틈이 이웃 아저씨를 불러다 놓고 읽어달라고 부탁했다. 이 낭독회가 시작되면 식구들 모두 방에 모여 아저씨가 들려주는 이야기에 귀를 기울였다.

금이의 어머니도 까막눈[18]이었지만, 할머니처럼 고전 소설을 좋아했다. 귀동냥으로 들은 소설책 내용을 줄줄 외우고 있던 어머니는 동네 사람들에게 특유의 입담으로 재밌는 이야기를 들려주고는 했다. 혼자 있을 때는 강아지나 고양이를 상대로 한참을 떠들었다. 어머니의 이야기꾼 기질은 어린 금이에게 특별한 상상력과 이야기를 엮어나가는 재능으로 이어졌다.

1944년 3월 초, 기숙사에서 졸업하는 선배들을 위한 송별 공연이 열린 날이었다. 금이는 진주 명물들을 등장시킨 연극의 대본을 직접 쓰며, 친구들에게 '문학적 재능이 뛰어난 친구'라는 인상을 남겼다.

당시 금이는 겉보기는 평범했지만, 역사 시간에 선생님과 문답을 나눌 정도로 역사적 지식이 풍부했다. 한국 근현대사의 살아 있는 역사를 대하소설 『토지』에 담아낸 저력도 어린 시절부터 꾸준히 이어온 독서 덕분이었다.

---

17) 조웅전, 옥루몽, 숙영낭자전 등
18) 글을 읽지 못하는 눈, 혹은 그런 눈을 가진 사람을 얕잡아 이르는 말이다.

금이의 책벌레 기질은 보통학교 시절부터 보였다. 그녀는 수시로 동네 책방에 찾아가 문 닫을 때까지 책을 읽고는 했다.

"아니, 너 아직도 안 가고 있었냐? 이제 가게 문 닫아야 하니어서 집에 가거라."

가끔은 책방 주인이 쫓아낼 때까지 고집스럽게 책을 붙잡고 있었다.

"잠깐만요. 요만큼만 더 읽고요."

"그만 나가라니까? 그렇게 읽고 싶으면 돈 주고 사서 읽어!"

매일 책방 주인의 구박이 이어졌지만, 금이는 꿋꿋이 엉덩이를 떼지 않았다. 책만 읽을 수 있다면 그 많던 수줍음도 흔적 없이 사라져 버렸다.

"아, 이거 오늘까지 다 읽어야 하는데."

책이 귀한 시절, 책방에서 빌린 책을 어떻게든 반납 기한까지 다 읽겠다고 두 눈이 벌게지도록 밤샌 적도 있었다.

취업과 결혼 | 금이가 졸업을 앞둔 무렵이었다. 태평양전쟁에서 수세에 몰린 일본은 한반도의 물자 이동을 막고 더 가혹한 수탈을 벌였다. 험악한 분위기는 학교 안팎으로 번졌고[19], 학생들의 앞날도 함께 불안해졌다.

"일거리를 소개해 준다는데, 한 번 가볼까?"

일제는 어린 여학생들을 속여 정신대로 데려갔다. 당시 조선인 내부분은 정신대가 어떤 곳인지 까맣게 모르고 있었다. 일본에서

---

[19] 매년 금강산과 일본으로 떠났던 졸업여행마저 취소되었다.

공부를 시켜 주겠다거나 취직을 시켜 주겠다는 사탕발림에 넘어간 10대 소녀들은 공장이나 제철소 같은 험한 일터에서 강제노역에 시달렸다.

"소문 들었어?"

금이가 진주고녀를 졸업한 1945년, 세간에는 젊은 여성들이 강제로 정신대로 끌려간다는 흉흉한 소문이 돌았다. 불길함을 감지한 부모들은 딸이 끌려가지 않도록 무리해서 결혼시키거나 취직하게 했다.

"정신대가 뭐 하는 곳인지 잘은 모르겠지만, 일본 놈들에게 끌려가서 무슨 일을 당할지 모른다. 끌려가기 전에 빨리 아무 직장에라도 들어가라."

1945년 여고시절

금이는 어머니의 성화에 못 이겨 통영의 금융조합에 취직했다. 그러나 얼떨결에 다니게 된 직장은 마음 붙이기 어려웠다. 더구나 금융조합 건물 사방에 철망이 둘러있어 종일 감옥에 갇힌 것처럼 답답했다.

"금이 결혼을 서둘러야겠다."

전쟁이 막바지로 몰리자 강제노역으로 끌려가는 사람들의 수도 늘어났다. 언제부턴가 교복을 입은 여학생이 끌려갔다, 밭에서 일하던 처녀가 끌려갔다는 말이 돌았다. 금이의 집안 어른들은 금이까지 끌려갈까 싶어 급하게 신랑감을 물색하기 시작했다.

"오늘 일본인들 분위기가 이상한데요?"

"그렇죠? 배급도 이렇게까지 늦은 적이 없었는데……."

그해 8월 초, 미국은 태평양전쟁을 끝내기 위해 원자폭탄이라는 강수(强手)[20]를 두었다. 히로시마와 나가사키가 쑥대밭이 되자 일본은 항복을 선택했고, 전쟁이 끝남과 동시에 조선은 갑작스러운 해방을 맞았다.

15일 정오 방송에서 종전을 알리는 천황의 목소리가 흘러나왔지만, 금이와 가족들은 다음날이 돼서야 해방 소식을 듣고 더없는 기쁨을 즐겼다.

해방 이후 한반도의 상황은 빠르게 변해갔다. 남과 북에는 각각 미군과 소련군이 들어서 군정(軍政)을 시작했고, 살얼음 같은 냉전의 긴장이 감돌았다.

그러나 금이의 일상은 이전과 크게 달라지지 않았다. 여전히 감옥 같은 직장에 다니고 있었고, 집안 어른들의 '신랑감 찾기'도 계속되고 있었다.

얼마 후 금이는 집안 어른들이 마련한 맞선 자리에 어쩔 수 없이 나가야 했다. 상대는 일본 유학을 다녀온 거제도 출신이 유복한 집안의 청년 김행도였다.

[20] 무리함을 무릅쓴 강력한 방법

"그 총각은 어땠니? 큰 흠이 없으면 어서 혼인 날짜를 잡자꾸나."

어머니는 맞선을 보고 집으로 돌아온 금이에게 이것저것을 물어봤다.

"한번 만나보고 판단하긴 이르지만, 전 어쩐지 그 사람이 마음에 들지 않아요."

"집안도 좋고 인물도 좋은데 나무랄 게 뭐가 있겠니? 좋은 혼처는 놓치기 전에 잡아야 해."

당시는 다들 집안 어른들의 중매로 결혼하던 시기였고, 연애결혼은 극히 드물었다. 집안 어른들은 금이의 의사와 상관없이 결혼식 날짜를 잡고 예단을 준비했다.

'결혼하면 직장에 나가지 않아도 되려나? 하지만 그런 이유로 결혼할 수는 없잖아.'

등 떠밀린 결혼식이 사흘 앞으로 다가왔을 때였다. 마당에서 웬 편지봉투를 발견한 어머니가 얼굴이 하얗게 질려 금이를 안방으로 불렀다.

"너, 이게 뭐야? 곧 혼인할 처녀가 연애편지를 받으면 어떡해?"

"연애편지라고요?"

금이는 당황해 편지를 받아 읽었다. 그저 모월 모일 저녁에 보통학교 운동장에서 기다리겠다는 내용, 누가 보낸 건지 짐작이 되지 않았다.

"누구야? 너 설마 연애라도 하는 거야?"

"아니에요. 정말 누가 보냈는지 몰라요."

금이 어머니는 이를 어찌하면 좋을까 이마를 짚었다. 결혼하지 않은 처녀가 연애편지를 받았다는 소문이 나면, 실제로 교류가 있건 없건 상관없이 '행실이 가볍다'라는 낙인이 찍히는 시대였다. 결혼이 내키지 않았던 금이의 마음에도 슬그머니 '파혼당하진 않을까'라는 불안이 스몄다.

'사실대로 털어놓자.'

결백을 밝히기로 마음먹은 금이는 편지를 들고 남편이 될 김행도를 찾아갔다.

"전 이 편지를 보낸 사람이 누군지도 몰라요. 당신이 운동장에 나가서 그 사람을 혼내주세요."

"그까짓 일, 그냥 내버려 두지요."

금이는 화를 내긴커녕 껄껄 웃어 보이는 김행도에게 남다른 인상을 받았다. 일본 도쿄의 주오대학(中央大学)[21]에서 응용화학을 공부한

어린 시절 ― Childhood

1926년 12월 2일	1934~1940년	1942년
▼	▼	▼
경남 통영 출생 (음력 10월 26일)	통영제일공립보통학교 재학 진주고녀 입학	학교 자퇴 1년 뒤 복학

일제강점기

| | 아버지가 새살림 | 아버지의 만주행 |

21) 도쿄 하치오지시에 위치한 명문 사립대학이다.

박금이의 결혼식 당시

김행도는 유학 시절 조선의 독립을 위해 '친교회'라는 조직을 만들어 활동하다가 붙잡혀 징역 2년, 집행유예 5년을 선고받은 이력이 있었다. 해방 이후 귀국한 그는 인천에 있는 전매청[22]에 서기로 취직해 성실하게 일하던 와중, 중매로 금이를 만나게 된 셈이었다.

당시 금이는 누가 보냈는지도 모르는 연애편지 때문에 자신이 명예를 잃는 상황이 마음이 들지 않았다. 그녀는 자신의 결백을 위해 그 자리에서 결혼을 받아들였고, 1946년 1월 30일 김행도와 부부의 인연을 맺었다.

1942년 이후	1946년
▼	▼
진주고녀 졸업 금융조합에 취직	김행도와 결혼식 딸 김영주 출산
	광복 태평양전쟁 종전

[22] 전매에 관한 사무를 담당하던 재무국 산하의 기관이다. 1987년에 폐지되어 한국 전매 공사로 재발족, 1988년에 한국 담배 인삼 공사로 명칭이 바뀌었다.

변화 | Change | : 20~30대

작가 수업이 된 독서 | 남편의 직장이 있는 인천에 신혼집을 차린 그해, 박금이는 맏딸 영주를 낳았다. 아기를 키우며 살림을 돌보는 평범한 주부의 하루하루가 이어졌다.

'아니, 무슨 책이 저렇게 쌓여 있지?'

어느 날 박금이는 고물상 앞에 산더미처럼 쌓인 책을 발견하고 그냥 지나치지 못했다. 평소 책을 좋아하던 그녀는 곧장 고물상 안으로 들어가 주인에게 물었다.

"아저씨, 저 책들 어디서 난 거예요?"

"아, 저거요? 해방되고 인천에 살던 일본인들이 버리고 간 책들이에요. 얼마나 많이 살았었나 이런 책 무더기가 인천 고물상마다 넘쳐난대요."

박금이는 두근거리는 마음으로 책 무더기를 뒤적거렸다. 일본어로 쓰인 책이 가장 많았지만, 한국어, 영어, 러시아어 등 여러 언어로 된 책도 많았다.

'내용이 알찬 것도 제법 있네.'

누군가에게는 고물이었지만, 그녀에게는 금 무더기나 마찬가지였다.

"이 책들, 저한테 파세요!"

1948년, 박금이는 고물상에서 수거한 책들로 작은 책방을 열었다. 고물상에서는 책을 '무게'로 달아 싼값에 살 수 있다는 이점이 있었고, 그녀는 여러 고물상을 돌아다니며 다양한 책들을 사 모았다. 아무런 걱정 없이 책에 파묻혀 지낼 수 있었던 시기였으며, 일생 중 가장 행복했던 2년이었다.

과거 박금이는 결혼 직후에야 남편 김행도가 일본 유학 시절 사상범으로 구금된 적이 있다는 사실을 알게 되었다. 그래서인지 남편은 사상과 관련된 서적을 많이 갖고 있었는데, 박금이는 그 책들을 통해 '의식 있는 독서'를 시작했다.

특히 일본판 『세계사 대계』를 읽고 제국주의[23]에 대해 알게 되었고, 마르크스와 바쿠닌 등이 쓴 책들을 통해서는 사회주의를 배웠다.

> 상상력은 글을 쓰는 원동력이고,
> 그 상상력과 직관력은 끊임없는 독서가 밑거름이 되었다.

인천에서 넓고 깊은 독서력을 쌓아가던 박금이는 아들 철수가 태어난 이후 서울 흑석동으로 이사했다. 그리고 서울가정보육사범학교[24] 가정학과에 진학하며 다시 공부를 시작했다. 결혼 직후부터 함께 산 친정어머니가 가사와 아이들의 양육을 맡아준 덕분이었다.

---

[23] 우월한 군사력과 경제력으로 다른 나라나 민족을 침략해 영토와 영향력을 넓히려는 침략주의적 경향을 말한다.

[24] 당시 가정학과, 국어국문학과, 보육학과 등을 운영하는 2년제 대학이었다. 오늘날 세종대학교의 전신이다.

1950년 '제1회 졸업생'으로 대학을 졸업한 박금이는 어느 날 가족들을 불러모았다.

"제가 여자중학교에 교사로 부임하게 되었어요."

박금이의 말을 들은 어머니와 남편은 기뻐하며 진심으로 축하했다. 그런데 정작 말을 꺼낸 그녀의 표정은 어두웠다.

"근데 발령지가 황해도래요. 여기서 출퇴근할 수도 없고 어쩌죠?"

어머니는 난감해하는 딸을 보며 당황한 기색을 보였다.

"이제 갓 결혼한 새댁이 애들과 남편을 두고 어딜 가려고 하니? 집 근처로 부임 될 때까지 기다려야지."

어머니는 딸의 교사 부임을 만류하는 반면,

"이렇게 좋은 기회가 흔하게 찾아오는 게 아니죠. 그동안 열심히 공부한 결실이잖아요. 나와 아이들은 걱정하지 말아요."

남편 김행도는 흔쾌히 찬성했다. 어머니는 사위의 말을 듣고 더 반대할 수가 없었다.

"자네 생각이 그렇다면……."

그렇게 박금이는 1950년 6월 1일, 황해도 연백군 연안읍의 연안여중에 부임해 교사로 일하기 시작했다.

6.25 전쟁과 시작된 비극 | 박금이가 교사로서 첫 월급을 받기도 전인 6월 25일 새벽, 모두가 잠든 사이 한반도에 전쟁의 화마가 늘이닥쳤다.

"언제 인민군[25]이 들이닥칠지 모르니 빨리 피난 갑시다!"

박금이가 머물던 연안읍은 인민군의 주요 침공노선은 아니었지만, 마음이 불안해진 주민들은 짐을 꾸려 남쪽 바닷가로 모여들었다.

그때 한 주민이 철수하는 국군 행렬을 보고 놀라 장교를 불러 세웠다.

"이보시오! 여길 지키지 않고 어디로 철수하는 겁니까?"

그러자 장교가 다가와 주민들을 안심시켰다.

"걱정하지 마십시오. 저희는 작전상 후퇴하는 겁니다. 여긴 인민군이 지나가는 길이 아니니 걱정하지 않으셔도 됩니다."

장교의 말을 들은 주민들은 안심했지만, 박금이는 군인들이 급하게 후퇴하는 모습이 영 마음에 걸렸다.

"선생님, 아무래도 전쟁 상황이 좋지 않아 보여요. 빨리 여길 떠나야겠어요."

박금이는 동료 교사들과 함께 서울로 피난하려 했으나 현지 부대 지휘관조차 이미 서울로 가고 없는 상황이었다. 이리저리 방법을 알아보던 그녀는 한 장교가 작은 고깃배로 군경(軍警)[26] 가족을 피난시키는 장면을 목격했다. 그녀와 교사들은 장교에게 사정해서 간신히 연백 염전[27]을 오가는 소금 배에 오를 수 있었다.

소금 배는 다음 날 강화도 앞바다를 거쳐 김포로 향했다. 그들

[25] 북한의 군대
[26] 군대와 경찰을 아울러 이르는 말
[27] 황해도 염백군에 있는 대규모 염전으로 당시 국내에서 가장 많은 천일염을 생산하는 염전이었다. 전쟁 이후 휴전선 위로 넘어갔다.

은 배가 이동하는 동안 인민군의 감시를 피하려 비린내 나는 어망을 뒤집어쓰고 몸을 숨겼다.

'살았다…….'

배가 뭍에 닿자 박금이와 교사 일행은 군인들과 함께 군용차를 기다리기 시작했다. 그러나 군용차가 언제 올지 모르는 상황에 불안해진 일행은 마음을 바꿨다.

"이대로 군용차가 오길 기다리지 말고 피난민들과 함께 움직입시다."

"네, 그게 좋겠어요."

박금이와 일행은 피난민 행렬을 따라 남쪽으로 걷기 시작했다. 두 발이 부르트도록 하염없이 걷다가 '쾅!' 포성 소리가 들리면 정신없이 뛰기도 했다. 통금이 있는 밤에는 피난민 수용소로 들어가 잠을 청했다.

"아이고, 금이야!"

"여보!"

박금이는 연안을 떠난 지 사흘 만에 서울 흑석동에 도착했다. 어머니와 남편은 문 앞으로 마중 나와 천신만고 끝에 집으로 돌아온 그녀를 반갑게 맞았다.

그러나 가족과 재회한 기쁨도 잠시였다. 박금이와 가족은 피난 갈 일로 마음이 바빴다. 그녀를 기다리느라 다른 피난민들보다 길이 지체됐기 때문이었다.

그녀가 집으로 돌아온 그 이튿날 6월 28일 새벽 2시 30분, 집과 가까운 곳에서 하늘이 무너지는 듯한 폭발음이 들렸다. 이승만 정부가 인민군의 남하를 막겠다고 흑석동 바로 앞에 있는 한강 인도교를 폭파한 것이다.

"다리가 끊어졌다는데 한강을 어떻게 건너죠?"

"남으로 가는 길이 막혔으니, 우선 관악산으로 갑시다."

박금이와 가족은 인민군의 공습을 피해 관악산으로 향하기로 했다.

"잠시 가게 좀 다녀오마."

다른 가족이 짐 보따리를 싸는 동안 어머니는 가겟집에 외상값을 갚은 뒤 식료품을 한 아름 사서 왔다[28]. 남편은 딸 영주를 등에 멘 가방 위에 올렸고, 박금이는 아들 철수를 업었다. 보따리를 머리에 인 어머니를 선두로 가족은 한강을 등 뒤로 두고 하염없이 걸었다. 산길을 넘고 넘어 관악산 산허리에 이르자 날이 어두워졌고, 가족은 농가 마당에서 밤을 지새웠다.

다음날 다시 피난길에 나섰을 때였다. 산 중턱에서 피난민들은 관악산이 전쟁터가 될 거라며 허둥지둥 길을 내려가고 있었다. 그들을 지나친 박금이와 가족은 고민 끝에 발길을 돌려 산에서 내려갔고, 결국 불안한 마음을 안고서 다시 흑석동 집으로 돌아왔다.

"벽 구멍에 있는 게 총알이죠?"

집은 겉만 보면 멀쩡했지만, 벽을 뚫고 방 안으로 들어간 탄환

---

[28] 이날의 행동은 훗날 피난에서 돌아온 뒤에 겪은 큰 곤혹을 벗어나는 계기가 되었다.

들 때문에 엉망이 되어 있었다.

'동네가 완전히 인민군 세상이 되었구나.'

또 북한의 민청원(民淸員)[29]과 여맹원(女盟員)[30]이 동네를 활보하며 사람들을 마을회관으로 불러 모았다. 마을회관 안에서는 민청원에 속한 청년들이 사회주의에 대해 연설한 뒤, '북조선과 김일성 장군'을 추종하는 노래를 시작했다. 그들이 목에 핏줄을 세워 노래하는 동안, 강제로 끌려온 주민들은 불안한 눈길로 이를 지켜봤다.

특히 순경을 남편으로 둔 새색시는 '반동분자는 다 죽여라! 인민의 원수를 처단하라!'라는 선동에 임신한 배를 감싸 안고 불안에 떨었다.

그런데 3개월이 흐른 어느 날부터 마을회관 스피커에서 애국가가 흘러나오기 시작했다. 인천상륙작전을 성공시킨 유엔군과 국군이 서울로 진입했을 때였다. 간신히 인민군 치하에서 벗어난 사람들은 기뻐했지만, 이내 '인민군에 순응했다'라는 이유로 '죄인' 취급을 받았다.

"빨갱이를 죽여라!"

인민군에게 죽음의 위협을 당했거나 가족이 희생된 사람들은 '피를 피로 갚기 위해' 복수로 응답했다. 같은 민족끼리 죽고 죽이는 동족상잔(同族相殘)의 비극이었다.

---

[29] 북조선민주청년동맹
[30] 조선사회주의여성동맹

남편의 행방불명 | 박금이의 남편 김행도는 전쟁이 한창인 당시에도 성실히 직장에 다녔다. 그는 인민군 치하에서 가족을 지키기 위해 공산당 입당까지 고려했지만, 다행인지 불행인지 그가 제출한 입당원서는 그대로 거절되었다.

그런데 9·28 서울 수복 직후, 입당원서를 제출했던 일이 알려진 김행도가 좌익으로 몰려 체포되었다. '빨갱이[31] 가족'으로 낙인찍힌 아내와 아이들의 안전도 장담할 수 없는 상황이었다. 가족이 살고 있던 집은 적산가옥[32]으로 지목되었고, 국군은 귀중품부터 가재도구까지 전부 빼앗아 갔다.

"어이구, 군인 양반들!"

국군이 총을 들고 들어와 집을 비우라 다그칠 때였다. 마을 반장네 식구들이 달려와 그들을 말리고 구슬리기 시작했다.

"이 집 사람들은 좌익이 아닙니다. 이 마을 반장인 내가 장담해요. 자자, 다른 집부터 갑시다!"

반장의 천연덕스러운 만류에 군인들은 일단 다른 집으로 옮겨 갔다.

"감사해요, 반장님."

"아냐, 서로 돕고 사는 거지."

이날 반장네 식구들이 박금이 가족을 보호한 데에는 이유가 있었다.

"전쟁 통에 너도나도 약탈하기 바쁜데, 금이네만 외상값을 갚

---

31) '공산주의자'를 속되게 이르는 말이다.
32) 자기 나라 점령지 안에 있는 적국(敵國) 소유의 집을 말한다.

고 가게 물건까지 사 갔잖아."

피란 당시 친정어머니 김용수가 급한 와중에도 '외상값'을 다 갚고 떠났던 일을 반장네는 잊지 않고 있었다.

"여기가 김행도 씨 집 맞죠?"

그런데 얼마 뒤 체포조[33]라 불리는 사람들이 박금이의 집으로 들이닥쳤다. 그녀는 그들 손에 이끌려 인천 금곡동으로 끌려가 심문을 받았다.

"남편은 아무 죄 없어요. 저 때문에 피란 못 간 죄밖에 없어요."

"빨갱이도 아닌데 왜 공산당에 입당원서를 내?"

"입당하지 않으면 일을 못 하게 하니까요! 더구나 남편은 입당을 거절당했잖아요!"

박금이는 두려운 와중에도 남편의 결백을 주장했다. 그러나 경찰들은 김행도의 친형이 '좌익의 거물'이라는 점을 들먹이며 그녀의 호소를 묵살했다.

"남편이 인천경찰서에 있다고요?"

박금이는 일단 남편이 살아 있다는 사실에 안도했다. 문제는 남편을 어떻게 빼낼 수 있을지였다. 공산당 입당 시도와 친구의 권유로 민청(민주청년동맹)에 나갔던 일은 그 나름 인민군 치하에서 살아남기 위한 행동이었지만, 당시 시대적 분위기에서는 억울해도 어찌할 도리가 없었다.

[33] 죄를 지은 사람이나 그런 혐의가 있는 사람을 강제로 잡아들이기 위해 경찰이나 군인이 조직한 소규모의 집단이다.

박금이는 남편의 석방을 위해 백방으로 뛰어다녔다. 연고가 닿는 친척 등을 모두 동원해서 남편을 변호하는 내용의 진정서도 만들었다. 그러나 상황은 점점 김행도에게 불리하게 돌아갔다. 일본 유학 시절 사상문제로 체포되었던 이력까지 문제가 되었다.

매일 이른 새벽, 그녀는 남편의 옥바라지[34]를 위해 경찰서로 향했다. 그리고 졸린 눈을 비비며 면회가 시작되길 기다리다가 남편에게 집에서 챙겨온 방한복이나 사식[35]을 전달했다. 하루에 정해진 인원만이 감옥 안으로 물건을 들여보내는 게 가능했기 때문이다.

"그게 무슨 말이에요? 행방불명이라뇨?"

얼마 후 박금이는 청천벽력 같은 소식을 듣고 주저앉았다. 남편 김행도가 서대문 형무소로 이감되는 과정에서 사라져 생사가 불분명하다는 비보였다[36].

고향 통영으로 | 남편의 실종 이후 박금이는 창문가에 온종일 앉아서 문소리라도 들리면 정신없이 쫓아나갔다. 혹시라도 남편이 살아 돌아왔을까 싶어서였다.

그러는 동안 인민군은 다시 국군을 밀어내고 서울로 진입(1·4 후퇴)했다. 박금이는 한강교가 폭파되어 남쪽으로 도망가지 못했을 때 당한 억울한 일들을 떠올렸다.

---

34) 감옥에 갇힌 죄수에게 옷과 음식 따위를 대주며 뒷바라지를 하는 일이다.
35) 교도소나 유치장에 갇힌 사람에게 사사로이 마련하여 들여보내는 음식이다.
36) 독립유공자 공적 조서에는 '1950년 12월 25일 별세'로 기록되어 있다. 2020년 독립유공자로 대통령 표창에 추서되었다.

'그 고초를 다시 겪지 않으려면 이번에는 무슨 일이 있어도 피난을 가야 해. 남편도 없으니 이제 내가 가장이야. 정신 차리자.'

박금이는 어머니와 아이들을 데리고 대전까지라도 피난을 가야겠다고 결심했다. 만약을 대비해 아이들과 짐을 실을 수 있는 리어카(수레)[37]를 만들었고, 옷가지를 챙겨 들고 흑석동 장에 나가 피난 시에 먹을 양식을 구했다.

그러던 1951년 3월 15일, 서울이 국군에 의해 재탈환되었다는 소식이 들려왔다.

'언제 또 인민군이 서울로 내려올지 몰라.'

박금이는 시시각각 바뀌는 전황에 안심하지 못했다. 그녀는 보따리를 꾸려 남은 가족을 데리고 집을 나섰다. 우선 리어카를 끌고 안양역까지 걸어간 뒤 기차를 타고 경북 김천까지 내려갔고, 부산으로 이동해 여객선[38]을 타고 고향에 도착했다.

'오랜만이구나.'

힘든 여정을 거쳐 6년 만에 돌아온 통영이었다. 크게 달라진 광경은 없었지만, 일찍이 만주에서 귀향한 아버지와의 재회는 조금 남달랐다. 아버지는 좋지 않은 살림 형편에도 남편을 잃고 돌아온 장녀를 위해 탕약을 달여주기도 하고, 생계를 유지하라고 양품점[39]을 차려주기까지 했다.

당시 박금이가 과부가 되어 아이들과 돌아왔다는 소문은 금방

---

37) 직접 집에 있던 자전거를 해체해 만든 리어카였다.
38) 박경리 작가는 힘들고 고된 피난길에서의 경험을 소설에 녹여 냈다. 특히 장편 소설 『김약국의 딸들』에서 등장하는 인물들은 서울을 오가는 교통편으로 '여객선'을 이용했다.
39) 서양식으로 만든 의류나 장신구 따위의 잡화를 파는 가게

동네방네로 번졌고, 통영으로 시집온 진주고녀 동기생 최혜순을 비롯한 친구들이 서둘러 그녀의 가게로 찾아왔다.

"금이야!"

"혜순아, 이게 얼마 만이니?"

"아직 스물다섯밖에 안 된 애가 청상과부가 됐다니……."

친구들은 여전히 상복을 입고 있는 박금이의 모습에 안타까운 눈물을 흘렸다. 그리고 너도나도 양품점을 둘러보며 "마침 필요한 물건인데 잘됐다"라며 아닌 척 물건을 사 갔다. 다들 돈으로 주면 자존심이 상할 수도 있다는 생각이었다.

이후로도 친구들은 자주 양품점을 드나들며 매상을 올려줬고, 그 따뜻한 마음을 느낀 박금이는 오랜 시간 고마워했다.

두 번째 이별과 습작 | 이별의 아픔은 빠르게 흘러가는 시간과 함께 조금씩 흐려져 갔다. 박금이는 딸이 다니던 충렬초등학교의 음악 선생님과 진지한 만남을 갖기 시작했다.

두 사람의 감정이 무르익을 무렵, 박금이는 상대로부터 청혼을 받고 기쁨보다는 크게 당황했다. 그녀는 쉽게 결정을 내리지 못하고 친구들에게 고민을 털어놓았다.

"뭐가 문제야? 그 사람이 너에게 청혼했다면서?"

"그 사람은 총각이야. 난 아이가 둘이나 있고……."

당시는 여자의 재혼을 곱지 않게 보던 시절이었다. 더구나 아이 둘 딸린 과부와 총각과의 재혼이라니! 두 사람을 향한 세상의 시선을 걱정할 만했다.

"금이야, 넌 아직 젊어. 젊은 여자 혼자 아이 둘을 데리고 사는 게 얼마나 힘들겠니?"

"그래. 사랑한다면 사랑을 택해, 금이야."

친구들은 입을 모아 재혼하라고 조언했고, 그녀는 오랜 고민 끝에 그의 청혼을 받아들였다.

그러나 우려는 현실이 되었다. 아이 둘 딸린 과부와 총각 선생님의 결혼은 좁은 통영 바닥을 들썩이게 했다. 막 결혼한 박금이 부부를 향한 따가운 시선, 온갖 질시와 악의적인 소문들이 따라다녔다.

결국 그녀의 두 번째 결혼 생활은 채 1년을 유지하지 못했다. 마음에 큰 상처를 입은 그녀는 잠시나마 숨을 쉬기 위해 통영을 떠나 서울로 향했다.

때는 휴전 직후인 1953년 말이었다. 홀로 흑석동 옛집으로 돌아온 박금이는 한국상업은행 행원으로 취직하며 서울 생활을 시작했다.

당시 흑석동에서 은행까지의 출근길은 교통이 불편했다. 그녀는 한강 모퉁이를 돌아 노량진까지 걸어 나온 뒤 전차를 타고 소공동 직장으로 향했는데, 매번 매서운 강바람에 뺨이 빨갛게 터지곤 했다.

그래도 그녀는 돈을 벌어 가족들의 생계를 책임질 수 있어서 다행이라고 생각했다.

박금이의 근무 부서는 '조사과'였고, 은행 고객과 부대끼는 일이 아니라 문서를 다루는 간단한 업무를 맡았다. 시간적 여유가 있던 그녀는 시상이 떠오를 때마다 펜을 잡고 시를 지었다.

그러던 1954년 6월, 은행 사보 '천일' 9호에 그녀가 지은 서사시 '바다와 하늘'이 실렸다[40]. 모두 16연 159행의 장시로, "바다와 하늘이라는 광활한 공간에서 웅지를 펼치고 있는 영웅의 호연지기를 잘 표현했다"라는 평이었다.

상업은행을 그만둔 1955년 2월에는 「전생록」이라는 18쪽 분량의 단편소설을 기고했고, 그해 10월에 발간된 '천일' 11호에 실리는 기쁨을 맛봤다. 진주고녀 시절부터 틈나는 대로 이어온 시 짓기와 소설 쓰기가 빛을 발하는 순간이었다.

이후 박금이는 고향에 있는 어머니와 아이들을 서울로 데려왔다. 돈암동에서 여전히 셋방살이를 이어가야 했지만, 그동안 모은 돈으로 조그만 식료품 가게를 꾸려 부족함 없는 생계를 유지했다. 가게 일을 하며 틈틈이 습작 시와 소설을 쓰는, 한 명의 작가로서 성장하는 시간이었다.

박경리로 살아가기 | 박금이는 진주고녀 시절의 친구인 최혜순과 오랜 우정을 이어오고 있었다. 통영에서 서울로 올라온 최혜순은 박금이가 살던 동네와 가까운 곳에서 셋방살이했는데, 우연히 친구의 시를 읽고 시 짓기를 취미로 하기에는 아깝다고 생각했다.

---
[40] 본명인 '박금이'로 실렸다.

그녀는 자신이 세를 든 집의 주인이 김동리[41] 작가이며, 그의 부인은 진주고녀의 전신인 일신여학교를 졸업한 선배라는 사실을 알고, 이를 하늘이 준 기회라고 여겼다.

"제 고등학교 동기인 친구가 있는데, 학창시절부터 글쓰기에 소질이 있었어요. 박금이라는 친구인데 지금도 열심히 글을 쓰고 있어요. 기회가 된다면 김동리 작가님께서 그 친구의 글을 한번 봐주셨으면 해요. 이렇게 부탁드릴게요."

최혜순은 선배를 만날 때마다 친구 박금이의 이야기를 전했다. 마침 서라벌예술대학 문예창작과에서 제자를 양성하고 있던 김동리는 아내에게 부탁을 받고 박금이가 쓴 시를 접했다[42].

"시상은 좋은데 표현이 틀렸어. 소설을 써보는 게 좋을 것 같다."

김동리 작가의 조언을 받아들인 박금이는 학교 다닐 때부터 써온 여러 습작 소설을 가져왔다. 그중 「불안지대」라는 제목의 단편을 읽은 김동리 작가는 평소보다 진지한 어조로 '앞으로 소설을 쓰는 편이 낫겠다'라고 말했다. 그리고 원고에 직접 고칠 부분을 표시하고 다시 써오게끔 지도했다.

"작가님 작품이 '현대문학' 8월호에 실렸으니 빨리 원고료를 받아가세요."

어느 날 김동리 작가의 큰아들이 박금이를 찾아와 놀라운 말

---

[41] 1930년대부터 활동한 소설가이며 한국 현대소설을 대표하는 작가이다.
[42] 훗날 박경리 작가는 친구 최혜순이 아니었다면 내성적이던 자신의 성격상 직접 김동리 작가를 찾아가거나 적극적으로 등단을 준비하지 못했을 것이라고 말했다.

전했다. 어리둥절한 그녀가 현대문학[43] 8월 호의 목차를 훑었지만, 자신이 쓴 소설 제목은 찾을 수 없었다.

"제가 쓴 소설이 실렸다고요? 확실한가요?"

"아, 그게……."

김동리 작가는 박금이에게 알리지 않고 소설 제목을 「불안지대」에서 「계산」으로 바꿨을 뿐만 아니라, 가까운 사람이나 아끼는 제자에게 필명을 지어주던 습관을 발휘해 그녀의 필명[44]까지 '박경리'로 바꿔버렸다.

본의는 아니었지만, 이때부터 박금이는 '작가 박경리'로 문단 안팎에 알려지기 시작했다.

슬픔도 기쁨도 왜 이리 찬란한가[45] | 서울에서의 생활로 점차 안정을 찾아가던 어느 날, 박경리는 청천벽력과도 같은 전화를 받았다. 아들이 다쳐서 병원에 있다는 소식이었다.

'부디 무사하기만 해 다오.'

속으로 간절히 빌며 도착한 병원에서 박경리가 마주한 건 이미 몸이 차갑게 식은 아들의 주검이었다. 그날은 그녀가 쓴 「흑흑백백」이 추천작으로 현대문학 8월호(1956년)에 실려 시중에 나온, 7월 27일이었다.

부모가 죽으면 산천에 묻고 자식이 죽으면 가슴에 묻는다고 했

---

43) 1955년 1월에 창간된 월간 문예지이자 국내 최장수 문학잡지로 꼽힌다.
44) 글을 써서 발표할 때에 사용하는, 본명이 아닌 이름이다.
45) 박경리의 시 「삶」의 한 문장

던가. 등단 작가로서 뿌리를 내렸다는 기쁨을 누릴 새도 없이 박경리는 깊은 절망 속에 빠져들었다. '주검조차 찾지 못한 남편'에 이어 '여덟 살 된 어린 아들'의 죽음은 인간으로서 이기기 힘든 고통이었다.

'남편이 떠났을 때는 하늘에 반짝이는 별이 보였는데, 자식을 잃으니 그 별조차 보이지 않는구나.'

당시 박경리는 아들이 할머니와 함께 산에서 놀다가 넘어져 다친 뒤, 병원에서 빠른 조치를 받았다면 살았을 수도 있다고 생각했다. 그녀의 비통함은 사회를 향한 불신으로 이어졌고, 이를 바탕으로 쓴 소설 「불신시대」가 세상에 나오는 계기가 되었다. 그리고 1957년, 그녀는 현대문학 신인작가상을 수상하며 인생의 희비(喜悲)를 경험했다.

훗날 박경리는 「다시 Q씨에게[46]」에서 45년 전에 잃은 아들에 대한 그리움을 이렇게 말했다.

"정릉 집에 가려면 종로 4가와 5가에서 왼쪽으로 꺾어 가거나 동대문에서 신설동으로 빠지거나 하는 세 가지 길이 있다. 나는 언제나 종로4가를 돌아서 창경원[47] 맞은편, 아들을 안치했던 병원의 영안실이 보이는 그 길을 지나다니려고 했다. 아들을 잊지 못하여, 아들을 잊지 않기 위해서, 가슴의 대못이 더 깊이 박히기를 원하면서."

---

46) 현대문학 2000년 3월호
47) 일제 강점기 당시 창경궁 안에 동·식물원을 만들며 붙인 이름으로 궁궐의 격을 낮추기 위한 일제의 책략이었다. 1983년 동·식물원을 서울 대공원으로 옮기고 다시 '창경궁'으로 고쳤다.

현대문학(신인)상 수상 당시 (31세)

그 시기 누군가 그녀에게 담배를 권했다. 담배는 어린 아들을 잃은 충격과 슬픔을 이기는 데 도움이 되었다. 그녀는 매일 습관처럼 담배를 피우며 시간을 보냈고, 점차 담배 없이는 아무 일도 할 수 없는 지경이 되었다[48].

전업 작가의 삶 | 「불신시대」라는 작품으로 현대문학 신인상을 받았던 1957년 7월, 박경리는 살고 있던 셋집에 불이 나는 사고를 겪었다.

'이 집에서 아들도 잃었는데 불까지 났으니, 여기선 더 살고 싶지 않아.'

---

[48] 훗날 폐암 발병의 원인이 되었으리라 추측된다.

고통스러운 기억에서 벗어나고 싶었던 박경리는 바로 서울 외곽 정릉에 있는 200평 대지를 사들인 뒤, 직접 땅을 고르고 석축을 쌓았다. 정원을 정원석으로 꾸밀 때는 아랫마을 사람들을 불러 일을 맡겼다.

그런데 그 과정에서 일을 맡은 사람들이 자연석과 벽돌, 모래, 심지어 삼백 원짜리 삽 한 자루 사는 데도 값을 속이는 모습을 보였다[49].

우여곡절 끝에 완공된 정릉 집은 서울 외곽 지역에 있으면서 무려 90평 가까운 뜰이 있는 자가(自家)였다. 박경리는 고칠 게 생겨도 스스로 목수와 미장이가 되어 집안을 보수했다. 물론 전문가가 아니다 보니 필요한 때에 집을 제대로 손보지 못했다. 특히 겨울에는 창틀에 외풍이 심했다.

당시 집 근처 정릉천 일대는 서울 변두리의 한가한 동네였는데, 전쟁 이후부터 쟁쟁한 문인과 예술가들이 모여들면서 대표적인 문예촌이 되었다. 이전보다는 글쓰기에 훨씬 좋은 환경이었다. 그녀는 정릉 집에서 『김약국의 딸』을 출간했고, 1969년 월간지 '현대문학'에 처음 연재하기 시작한 『토지』를 3부까지 완성했다. 어떻게보면 대작가로 성장하는 기반이 된 셈이다.

이처럼 박경리는 문단에 등단한 이후로 많은 글을 써나갔다. 1956년 등단한 다음 해에 단편 5편, 1958년 2회로 분재한 작품을 포함해서 단편 7편, 1959년에 단편 4편에 장편 연재작(표류도)

---

[49] 박경리는 단편소설 「집」(현대문학 1966년 4월)에 정릉 집에서 겪은 경험을 담아 '세상의 일반화된 부조리와 거짓됨'에 대해서 개탄했다.

을 발표했다. 1960년부터는 월간지와 신문 매체의 연재 요청이 폭주해서 훨씬 바쁜 나날을 보냈다. '대중들이 읽기 좋은 글', 그녀의 작품이 인기가 높았던 이유였다.

'쓸 원고가 많은데…….'

원고료로 생계를 이어가는 전업 작가에게 늘어나는 원고 요청은 좋은 일이었다. 그러나 쉴 틈 없이 바쁘고 초조한 나날이 이어지자 보람보다는 과로와 스트레스가 더 많이 쌓이기 시작했다. 원고에 대한 부담과 압박은 그녀를 점점 예민하게 만들었다. 언제부터인가 조금만 감정이 흔들려도 식욕을 잃었고 낯선 장소에서는 편하게 식사하지 못했다.

같은 시기, 박경리는 너른 정원에 높은 담을 쌓기 시작했다. 외부와 통하는 소통도 함께 단절했다[50]. 소설가로 이름이 알려지며 얻은 유명세에 휘둘리지 않고 자신의 정체성을 지키기 위한 방어책이었다. 낯선 사람들이 보이면 글에 집중하지 못하는 예민한 집필 방식도 한몫했다.

그녀는 '집 귀신'이라는 별명이 생길 정도로 집 밖으로 한 발자국도 나가지 않고 전업 작가의 일상에 전념했다[51].

"또 혼자 저러고 있네……."

그러나 홀몸으로 딸만을 보며 살아온 어머니는 그녀가 사는 방식을 이해하지 못했다. 종일 혼자 책상 앞에 앉아 글을 쓰고 있

---

[50] 실제로 박경리 작가는 유명 신문사의 대면 인터뷰 요청을 수차례 거절했다.
[51] 훗날 박경리는 『나의 문학적 자전』에서 "혹자는 나를 도피주의자라고 부를 수도 있으나, 나는 철저한 인간주의자. 그래서 매 순간 펜을 들고 있다"라며 집에서 글쓰기에 전념했던 자신의 모습을 돌아봤다.

는 딸의 행동은 마치 자신과 거리를 두려는 것처럼 비쳤다. 어머니는 불안한 생각에 자주 딸이 혼자 있는 방으로 들어가 글 쓰는 흐름을 방해했다. 마감 압박에 시달리던 박경리로서는 너무나 힘든 상황이었다.

견디다 못한 그녀는 갖은 수단과 방법을 동원했다. 어머니와 자신의 방으로 통하는 길목을 벽으로 막아, 어머니가 방으로 오려면 밖으로 나가 빙 돌아올 수밖에 없도록 만들었다. 그러나 어머니는 딸과 손녀의 안부를 직접 눈으로 살피는 일을 멈추지 않았다. 그녀는 결국 뒷마당에 별채를 지어 어머니가 따로 지내시도록 했다.

겨우 혼자만의 시간을 찾은 박경리는 정신적인 혹사로 피곤해진 마음을 '음악'으로 달랬다. 그녀가 자주 듣던 음악은 자전적 소설인 『시장과 전장』에 언급된 음악들처럼 대부분 고전 음악[52]이었다.

처음 남편을 잃고 고향 통영으로 피난(1·4 후퇴)을 떠나온 때, 그녀는 쇼팽의 〈장송행진곡〉 소나타 2번을 수없이 반복해서 듣고는 했다. 3악장의 비감한 선율과 짧은 4악장에서 휘몰아치는 격정이 자신의 파란만장한 인생사를 대변하는 기분이 들었기 때문이다.

---

[52] 라벨의 〈볼레로〉, 비제의 〈아를의 여인〉, 쇼팽의 〈장송행진곡〉, 슈베르트의 〈미완성교향곡〉, 차이코프스키의 〈이탈리아기상곡〉, 케텔비의 〈페르시아 시장에서〉, 그리그의 〈솔베이지의 노래〉, 모차르트의 〈피가로의 결혼〉, 베토벤의 〈환희의 송가〉 등

전작 장편 『김약국의 딸들』 | 박경리는 1962년 매체에 연재하지 않았던 한 원고를 탈고해 을유문화사로 보냈다. 바로 '박경리'라는 이름을 세상에 알린 소설 『김약국의 딸들』이었다. 고향 통영에 대한 감회가 깊었던 박경리는 소설의 도입부에서 통영의 인문과 지리를 자세히 소개했다[53].

소설은 약국을 운영하는 '김봉제'의 가족 이야기로 시작된다. 김봉제는 어쩔 수 없는 사정으로 동생 봉룡의 아들 성수를 양자로 맞고, 성수는 가업을 물려받아 '김약국'이라는 이름으로 살아간다. 이후 이야기는 구한말부터 일제강점기를 거친 근현대사의 역사 속에서 살아가는 김약국의 다섯 명의 딸들을 중심으로 전개된다.

출간 이후 일반적인 판매량을 보이던 『김약국의 딸들』은 1963년 유현목 영화감독이 유명한 배우들을 캐스팅해 영화로 만들면서 세간의 큰 관심을 모았다. TV가 보급되기 전인 당시는 '한국영화의 황금기'였고, 영화 〈김약국의 딸들〉은 각종 시상식에서 상을 받으며 인기를 증명했다. 당연히 원작 소설도 불티나게 팔리기 시작했다.

또 이 소설은 1992년 SBS 라디오 드라마로 만들어진 뒤 재출간하며 큰 성공을 거뒀다. 높은 인기와 함께 국내 현대소설의 새로운

---

[53] 『김약국의 딸들』의 도입부에는 '통영'이라는 도시 지명이 조선시대 해군총사령부인 수군통제영에서 두 글자를 따왔다는 사실이 적혀있다.

정릉 집에서 편안한 미소로

경지를 열었다는 긍정적인 평가도 이어졌다. 박경리는 직후 쌓인 빚을 청산하고 오로지 글쓰기에 전념할 수 있는 안정적인 환경을 만들었다.

『김약국의 딸들』을 출간한 이후, 박경리는 통영을 배경으로 한 소설 『파시』를 동아일보에 연재[54] 하고 있었다. 6·25전쟁 말 휴전 협상이 진행 중이던 무렵, 해안 도시 통영과 부산을 무대로 한 소설이었다. 그녀는 이 소설에 인민군의 남침을 저지하고 최후방위선에서 살아남기 위해 몸부림치는

변화 — Change	1948~1949년	1950년	1951~1953년
	헌책방 운영 아들 철수 출생	졸업 후 황해도 소재 중학교에 교사로 부임	남편의 행방불명 소식 고향 통영으로 피난
	8월 서울가정보육사범학교 가정과 입학	가족과 피난길 (과천에서 다시 서울행)	양품점 운영
	서울 흑석동 이사	남편 김행도 서대문 형무소에 구금	다시 서울로 이사
	인천살이 서울살이	인민군 서울 점령 국군 서울 수복 1·4 후퇴 6·25전쟁 발발	통영살이 휴전

[54] 1964년 7월부터 1965년 5월까지

민초들의 삶을 담았다.

　두 작품은 모두 다양한 사람들의 삶의 궤적을 통해 당시 사회상을 담았다는 점에서 대하소설 『토지』의 탄생의 밑거름이 된 작품이라고 볼 수 있다.

　박경리는 작품의 명성이 높아질수록 자신의 내면에 '내 작품이 기대 이상의 호평을 받는 건 아닐까? 인기라는 물결을 타면 나는 쉽게 썩을 수도 있을 것 같아'라는 불안감을 느꼈다. 그녀는 자만하지 않는 '정체성'을 지키기 위한 '담쌓기'를 견고히 했고, 세상의 관심과 거리를 두었다.

1954~1955년	1956~1957년	1959~1965년
한국상업은행 입사 사보에 서사시 투고	단편 「흑흑백백」 발표 본격적인 문단활동 시작	제2회 내성문학상 수상
퇴사 후 사보에 「전생록」을 발표	아들이 불의의 사고로 죽음	장편 『김약국의 딸들』 출간
현대문학 8월호 단편 「불안지대」 추천	제3회 현대문학(신인)상 수상	장편 『시장과 전장』으로 제2회 한국여류문학상 수상
서울생활	필명 박경리로 작가 활동 시작	
		외부와 단절된 생활

성장 | Growth | : 40~50대

김지하의 방문 | 어느 날 '오적 사건'으로 세간을 떠들썩하게 만든 김지하가 박경리의 정릉 집으로 찾아왔다. 당시 그는 그 사건으로 한 명의 시인에서 민주화운동의 '구심점'이자, 박정희 정권의 미움을 산 '국사범[55]'이 되어 있었다.

1970년 5월, 김지하는 월간 '사상계'에 정치풍자시 「오적」을 발표했다. 재벌과 국회의원, 고위 공무원들을 사회악으로 빗대어 당시 사회에 만연한 부정부패와 비리를 신랄하게 비판하는 내용이었다.

군사정권 시대였던 만큼 후폭풍은 엄청났고, 김지하는 구속되어 100일 동안 세상과 단절되었다. 사상계 또한 등록말소 처분과 함께 편집진들이 모두 잡혀들어갔다.

그런데 2년이 지난 5월, 김지하는 다시 세태를 비판하는 풍자시 「비어」를 가톨릭계 출판사의 잡지 '창조'에 발표했다. 이로 인해 마산에 있는 국립결핵요양원에 몇 달간 강제수용되었던 그는 7·4 남북공동성명[56] 발표 무렵에야 서울로 돌아왔다. 풀려난 이후에도 언제 또 어디로 붙잡혀갈지 모르는 불안한 날이 이어졌고, 고향인 원주로 가려던 중에 항만과 도로, 공항이 모두 봉쇄되었다는

[55] 국가나 국가 권력을 침해함으로써 성립하는 불법 행위, 혹은 불법 행위를 저지른 사람
[56] 1972년 7월 4일 대한민국과 북한이 분단 이후 최초로 통일과 관련하여 합의, 서울과 평양에서 발표한 공동성명이다. 자주적 해결, 평화적 방법으로 통일 실현, 민족적 대단결 도모, 군사적 충돌 방지, 남북 적십자 회담 성사 등 일곱 조항이 언급되었다.

라디오 뉴스를 들었다. 그날은 바로 유신헌법이 발표된 10월 17일이었다.

신변의 위협을 느낀 김지하는 평소 친분이 있던 박경리를 떠올리고 집을 찾아갔다. 그는 박경리에게 자신의 상황을 설명하고 도움을 청했다.

"작가님, 다만 며칠이라도 여기 머물게 해 주십시오."

"미안하지만 안 됩니다. 돌아가세요."

박경리는 김지하의 청을 단호하게 거절했다. 좌익혐의를 받고 흔적도 없이 세상을 떠난 남편을 떠올린 박경리는 '여자들만 사는 집'에 국사범을 묵게 한다는 자체가 너무 위험하다고 판단했다. 하지만 당시 문화재관리국에 근무하던 딸 김영주는 박경리와 생각이 달랐다.

"갈 곳도 없고 위태로워서 찾아온 사람의 부탁을 그렇게 모질게 거절할 수 있나요? 며칠 동안이라도 집에 머물 수 있도록 허락해주세요."

"안 돼. 우리 집은 너무 위험해."

"죄송합니다. 저 때문에 두 분이 곤란해지셨네요. 이만 가보겠습니다."

모녀의 언쟁은 김지하가 난처함을 이기지 못하고 집 밖으로 나가서야 끝이 났다.

"죄송해요. 택시 타는 곳까지 바래다 드릴게요."

김영주는 미안한 마음에 뒤따라 나가 김지하를 배웅했다. 그때 그는 자신을 따라온 김영주를 다시 보고 '바로 이 사람이구나!'라는 생각을 가졌다.

'아무래도 마음에 걸리네……'

박경리는 도움을 청하러 온 사람을 그냥 돌려보낸 게 아무래도 마음에 걸렸다. 1973년 1월, 그녀는 딸 김영주와 함께 김지하가 몸을 피해 머물고 있다는 원주로 향했다. 김지하는 자신을 찾아와 준 박경리에게 고마움을 느꼈지만, 무엇보다 김영주와 다시 만날 수 있어 기뻤다.

그해 2월 김지하는 서울 인사동 2층 찻집의 어둑한 귀퉁이에서 김영주에게 청혼했고, 두 사람은 곧 약혼하기에 이르렀다. 재회한 지 한 달 만의 일이었다.

그러나 당시 김지하는 여전히 도피 생활을 계속하는 중이었다. 그는 몇 발자국만 걸어도 기침을 쏟아낼 정도로 건강이 나빠졌다. 마산병원에서 기흉[57]이라는 진단과 수술을 받고 입원을 하게 됐는데, 어떻게 알고 찾아온 중앙정보부 요인들로 인해 '감시'받는 생활이 시작됐다.

국사범 사위 | 1973년 4월 7일, 김지하와 김영주는 서울 명동성당 반지하 묘역에서 김수환 추기경 집례로 결혼식을 올렸다. 두 사람[58]은 부부로서 더없이 행복한 시간을 보냈고, 얼마 지나지 않아

---

[57] 가슴막안에 공기가 차 있는 상태를 말한다. 흉부 부상이나 결핵, 폐렴 등으로 인한 허파의 구멍이 원인이며, 폐가 수축하여 호흡 곤란 증상이 나타난다.
[58] 김지하는 결혼식 이후부터 가톨릭 원주교구의 재해대책위원회와 기획실에서 일했다.

임신 소식도 들렸다.

그런데 신혼 4개월에 접어든 8월, 한 정치적 사건이 한국 사회와 정계를 뒤흔들었다. 바로 '김대중 납치사건[59]'이었다. 이 사건은 독재 권력을 향한 대중의 반발심을 환기했고, 그해 10월부터 전국적인 박정희 정부 반대 운동(유신반대시위)이 시작되었다. 이를 경계한 정부는 1974년 4월 3일에 일어난 '민청학련 사건[60]'을 구실로 긴급조치 4호[61]를 발령했다.

사건 직후 지명수배된 김지하는 급히 집을 떠나 몸을 숨겼다. 그를 잡으려고 혈안이 된 정보부원들은 아내 김영주와 장모 박경리의 주변을 밀착 감시했다.

그 와중인 1974년 4월 19일, 김지하와 김영주 부부의 아들이자 박경리에게는 첫 손자인 김원보가 태어났다. 집안의 큰 경사였지만, 박경리는 도피 생활을 이어가고 있는 사위를 떠올리며 마냥 기뻐하지 못했다.

김지하는 아들이 태어나고 며칠이 지난 4월 25일에 대흑산도에서 체포되었다. 군사재판에서 '긴급조치 4호 위반'과 '내란죄'라는 혐의로 사형선고를 받았지만, 다행히 무기징역으로 감형되어

---

[59] 1973년 8월 8일 야당 지도자 김대중이 일본 도쿄에서 납치되어 한국으로 연행되었던 사건이다. 한·일간의 외교 문제로 번지기도 했다.
[60] 박정희 정부가 전국민주청년학생총연맹이 공산주의적 인민혁명을 시도한다는 혐의를 가져와 학생과 사회 인사들을 처벌한 사건이다. 관련자 8명이 사형, 9명은 무기징역, 20명 이상이 징역 12년 이상의 중형을 선고받았다.
[61] 유신헌법에 규정된 대통령의 강력한 긴급권이다. 이에 따라 대통령은 국가 안전보장 등에 중대한 위협을 받거나 우려가 있다고 여겨지는 경우 국가 전반에 걸칠 '긴급조치'를 내릴 수 있다. 박정희 유신 정부는 이 조치를 이용해 민주주의와 학생 운동을 탄압했다. 긴급조치 4호는 학생들의 반독재투쟁을 막기 위해 선포되었다.

목숨을 건졌다. 1975년 2월, 그는 형집행정지로 영등포 구치소를 나왔다가 다시 구속되었고, '반공법 위반혐의'로 징역 7년이라는 판결을 받았다.

그렇게 김지하는 1980년 12월 12일 석방일까지 가족과 생이별한 채 감옥에서 30대 시절을 흘려보내야 했다.

대를 이은 옥바라지 | 사위 김지하의 구속은 박경리에게 슬프고 충격적인 일이었다. 남편이 인민군에 동조했다는 이유로 감옥에 갇혔을 적, 매일 새벽 남편이 있는 곳을 찾아가 옥바라지했던 기억이 선연히 남아있었다. 하나뿐인 딸이 '옥바라지'로 대를 이었다 싶어 가슴이 미어졌다.

박경리는 딸이 남편의 옥바라지를 위해 서대문형무소로 향하면 아직 젖먹이인 손자를 돌보며 묵묵히 원고[62]를 썼다. '정치범의 가족'이라는 낙인 때문에 이웃들도 그녀의 집을 찾지 않았다. 기관원[63]은 집 근처를 오가며 가족의 동태를 감시했고, 어쩔 땐 이웃들에게 겁을 주기까지 했다.

분명 딸의 결혼에 대해 후회를 품을 법한 상황이었다. 그러나 그녀는 사위에게 원망 섞인 말 한마디 하지 않았다. 그녀 안에 독재 권력의 횡포와 폭력에 대한 부정적인 생각 또한 확고했기 때문이다.

박경리는 불안한 환경 속에서 손자가 아버지의 부재를 느끼지

---

[62] 사위가 옥살이하는 동안 손자를 등에 업고 쓴 작품이 바로 『토지』였다.
[63] 정보 기관에서 일하는 사람을 속되게 이르는 말

못하도록 정성을 다했다. 내리사랑이라는 말처럼 딸만큼이나 손자 원보에 대한 사랑이 지극했다. "손주 원보가 아니었더라면 우리 모녀에게 그 시절은 죽은 시간이었을 것이며, 어린 영혼의 빛 한 줄기가 오직 구원이었다. 내가 원보를 키웠다기보다 원보가 할머니인 나를 지켜주었다"라고 말할 정도였다.

한편으로 그녀는 당시의 아픈 기억을 「어머니의 사는 법[64]」에서 회고했다. 자신의 가족은 '기피 인물'이었으며, 정릉은 '유배지' 같아 의지할 곳이 없었다고 말이다.

그때 박경리 가족에게 따뜻한 손길을 내민 사람은 이화여대 총장 김옥길[65] 총장이었다.

"감시하는 눈 때문에 이웃들도 찾아오지 않는데, 총장님만은 저희를 찾아와 주시네요."

마음 깊이 감사 인사를 전하는 박경리에게 김옥길 총장은 웃으며 대답했다.

"동병상련(同病相憐)[66] 아닙니까."

그 말처럼, 김옥길 총장의 동생인 김동길[67] 교수도 당시의 풍랑에 휩쓸려 옥살이를 하고 있었다. 두 사람은 서로의 마음을 이해하고 위로했다. 박경리는 어렵고 힘든 일이 생기면 친정을 찾듯 김옥길 총장의 집으로 향했다.

---

64) 박경리의 『버리고 갈 것만 남아서 참 홀가분하다』에 수록된 시
65) 1961년 취임한 이래로 18년간 총장을 역임한 교육자이며, 대한민국 제24대 문교부 장관이었다.
66) 어려운 처지에 있는 사람끼리 서로 가엾게 여김을 이르는 말이다.
67) 대학교수이자 정치인으로 제14대 국회의원을 지냈다.

"김지하가 체포되고 갓 태어난 아이와 우리 모녀가 정릉 골짜기에서 사고무친(四顧無親)[68], 고립무원(孤立無援)[69]의 상태였을 때 아이의 옷 한 아름을 안고 오신 선생님."

김옥길 총장이 영면한 무렵, 박경리가 그녀를 향한 감사와 애틋한 마음을 표현한 추모글이었다.

1975년 2월 15일 겨울밤, 민청학련 사건 복역자들이 형 집행 정지로 석방되었다. 취재를 위해 현장을 찾은 기자 김훈[70]은 손자를 등에 업고 사위 김지하를 기다리던 박경리의 모습을 오랜 시간 잊지 못했다.

냉기가 방한화마저 파고드는 영하 12도의 강추위 속, 등 전체를 가린 포대기 안이 칭얼거림에 들썩일 때마다 야윈 몸을 움직여 손자를 어르고 달래는 '할머니'의 모습이었다.

어머니의 죽음과 회환 | 박경리는 곤궁한 어린 시절과 이른 사별에 대한 아픔이 컸다. 특히 자신이 '아버지에게 소박맞은 어머니가 아이를 점지해달라고 빌어서 태어났다'라는 말은 큰 상처로 남았고, 그녀가 평생 어머니를 공경은 하되 가깝게 대하지 못하도록 했다.

---

[68] 의지할 만한 사람이 아무도 없음.
[69] 고립되어 구원을 받을 데가 없음.
[70] 시외부 기사로 활동한 소설가이자 문학평론가다. 전업 작가로 꾸준히 작품을 발표하고 있으며 대표적 작품은 『칼의 노래』이다. 여러 글을 통해 손자를 업고 사위의 석방을 기다리던 박경리의 모습을 세밀하게 묘사했다.

두 사람의 불편한 관계를 오래도록 지켜본 박경리의 딸 김영주는 이렇게 말하고는 했다.

"어린 나는 거의 하루도 조용한 날이 없을 정도로 외할머니와 어머니의 갈등을 보고 자랐다. 어린 나는 슬펐고, 외할머니와 어머니가 밉기까지 했다. 어려서는 어머니가 글을 쓰기 때문에 남달리 신경이 예민하기 때문이라고 생각했다. 하지만 자라서 알게 된 것은 외할머니가 당신의 불행, 외로움을 어머니와의 갈등 관계 속에서 해소하고 계시는 것이었다."

그런데 손자사위 김지하가 국사범으로 몰려 감옥에 간 지 1년 만인 1975년, 어머니 김용수가 갑작스럽게 세상을 떠나고 말았다. 쉰 살의 박경리는 어머니를 불편하게 생각했던 자신을 돌아보며 깊은 회환에 빠져들었다.

"박경리 선배가 생전에 어머니처럼 살고 싶지 않다는 말을 가끔 했는데, 시간이 지나면서 자신이 어머니를 닮아간다는 말을 자주 했다."

당시 박경리와 가깝게 지냈던 작가 **박완서**의 기억에도 그녀의 '어머니를 향한 그리움'은 선명했다. 그녀는 박완서에게 꿈속에서 자주 어머니를 찾아 헤맨다고 토로했다. 언제인가부터 가까운 지인들을 만나면 그 어머니의 안부를 묻는 버릇도 생겼다. 또 다른 사람의 입에서 '어머니'라는 단어만 나와도 낯빛이 환해지며 반색했다.

'어머님 생전에 불효막심했던 나는 / 사별 후 삼십여 년 꿈속에서 어머니를 찾아 헤매었다. (…중략…) 불효막심했던 나의 회한 / 불효막심의 형벌로써 이렇게 나를 사로잡아 놓아주지도 않고/ 꿈을 꾸게 하나 보다[71].'

박경리가 세상을 떠나기 전 발표한 서사시 「어머니」에서도 자신의 불효를 솔직하게 담기도 했다. 그만큼 그녀의 후회는 짙고 깊었다.

토지 1부~3부 연재 | 박경리는 외가의 먼 친척에게 들었던 이야기를 계기로 『토지』를 구상했다. 한 시골의 광활한 토지에 풍년이 들어 곡식이 황금빛으로 무르익었는데, 마을에 호열자(虎列刺)[72]가 나돌아 그것을 베어먹을 사람이 없었다는 이야기[73]였다.

'벼가 누렇게 익었는데 마을은 텅 빈 그런 풍경이 눈에 잡힐 듯 떠오른달까.'

이에 강렬한 인상을 받은 그녀는 오랜 시간 막연한 생각만 이어오다가 어느 날부터 원고를 쓰기 시작했다. 현대문학에 분재[74]하기 시작해서 완간하기까지 걸린 시간은 26년[75], 전체 5부로 구성되어 분량은 2백 자 원고지 4만 장[76]이 넘었다.

[71] 현대문학 2008년 4월호
[72] '콜레라'의 음역어(한자음을 가지고 외국어의 음을 나타낸 말)이다.
[73] 박경리와 이청준, 김치수, 문학과지성사, 2016
[74] 한 편의 글을 신문이나 잡지 따위에 몇 차례 나누어 실음.
[75] 현대문학 1969년 9월호로 시작해서 문화일보 1994년 8월 30일 자로 연재를 끝냈다.
[76] 아파트 1층 반 정도의 높이로 쌓을 수 있는 장수였다.

"1897년의 한가위."

『토지』는 이 짧은 문장에서 시작한다. 1897년은 한국의 근대사회가 시작된 해였다. 조선왕조는 대한제국으로의 변모를 도모했지만, 일본의 식민지로 전락해 제국주의 물결의 희생양이 되었다. 소설은 이 비극적 시대상을 고스란히 투영한 배경 속에서 거센 풍파를 맞은 '최 참판의 집안'의 이야기를 중심으로 그려진다. 578명에 이르는 등장인물들 대부분은 격동의 근현대사 속에서 온갖 고난을 겪는 '민초'들이었다.

"땅은 원래 자연의 소유물인데, 인간 사이에 소유권이 개입함으로써 사람의 역사가 투쟁과 전쟁으로 점철되었다."

작품 속에서는 박경리의 '땅'에 관한 인식과 반일의식이 엿보이는데, 일본이 한반도를 식민지화하는 데에 농지, 즉 땅을 징악한 것에서 출발했다는 인식이 바탕이 되었다.

소설은 나라가 해방을 맞이한 1945년에 대단원의 막을 내린다. 물리적인 시간으로는 50년간의 이야기지만, 등장인물인 '윤씨 부인'이 태어난 해인 1843년부터 따지면 백 년간의 시대상이 담겼다고 볼 수 있었다.

"사위의 구속과 수감생활, 고생하는 딸과 어리기만한 손자."

정릉의 집에서 집필 중인 모습

　박경리의 외면과 내면이 한없이 흔들릴 때였다. 그녀는 심적인 부담감과 부정적 감정들을 해소하고 자신의 정체성을 지키기 위해 펜을 놓지 않았다.

　"원보 애비가 계속 형무소에 있었는데, 계속 긴장을 하고 그 가운데 분노의 감정도 있다는 것이 작품 쓰는 데는 상당히 채찍이 된 것 같아요. 삶은 준열하고 나날의 노동 없이는 내 자신이 분해되고 말 것 같았고 긴장을 푸는 순간 눈을 감은 채 영원히 깨어나지 못할 것만 같았습니다. (…중략…) 오로지 목숨을 부지한 것은 가엾은 내 딸, 손자의 눈빛 때문입니다."

『토지』의 연재가 입소문을 탈 무렵인 1971년 8월경, 박경리는 청천벽력 같은 유방암 진단을 받았다. 당시 암 선고는 죽음을 확정하는 사형선고로 여겨졌다. 그녀는 3시간에 걸친 수술을 마치고 보름 만에 병원을 나섰고, 퇴원한 날부터 가슴에 붕대를 감은 채로 소설을 써나갔다[77].

"내가 행복했었더라면 문학을 하지 않았을 것이다. 사람 일생 중 일상에서 누릴 수 있는 행복감이 중요하지, 목숨 걸듯 문학에 매달릴 것까지는 없다."

박경리가 평소 후배 작가들에게 자주 했던 조언이다. 그녀에게 불행하고 결핍된 어린 시절은 '문학적'으로 성장하는 계기이며 원동력이었다. 현실의 가혹함에서 벗어나 피안(彼岸)[78]의 세상으로 가는데, 그 길이 곧 글이고 문학이었다는 의미였다.

원주로 이사 | 1980년 초여름, 박경리는 딸과 손자를 위해 원주시 단구동으로 이사했다. 수년째 이어지던 딸의 옥바라지는 가족이 원주에 정착한 그해 말, 사위 김지하가 출소해 집으로 돌아오며 끝이 났다. 이듬해에는 손주 김세희가 태어나며, 근 7년 만에 몸과 마음의 평화가 찾아왔다.

새로운 집은 '집필 공간'으로 아주 적합한 장소였다. 잔디가 깔린 넓은 뜰이 있어 그녀는 글이 막힐 때마다 밖에 나가 채마밭[79]

---

[77] 유방암은 재발이 많은 암으로 알려져 있다. 수술 후 재발은 없었지만, 그 후유증이 오래 남아 박경리 작가를 괴롭혔다고 한다.
[78] 현실적으로 존재하지 않는 현실 밖의 관념적 세계
[79] 먹거리로 삼는 식물을 심고 가꾸는 밭

에서 잡초를 뽑았다. 단순한 작업을 하다 보면 막혔던 사고가 뚫리고 새로운 생각이 샘솟는 기분이 들었다.

그녀는 원주에서의 색다른 감정들을 '환경과 자연 이야기를 담은 에세이[80]'를 통해 전했다. 자연과 사람의 관계, 사람으로서 살아가는 이치, 돈으로 대신할 수 없는 생명의 가치에 대한 깨달음들이었다.

당시 가족의 집안 살림은 검소한 선비의 집 같았다. 대청의 중심에 있는 서재와 부엌, 안방뿐만이 아니라 손님을 맞는 사랑방에도 흔한 장식 하나 없었다. 한쪽 작은 벽면에 손주 원보가 그린 새장 그림과 추상화 한 점이 걸려 있었고, 다른 쪽 넓은 벽면엔 아기 포대기가 벽 장식처럼 걸려 있었다.

"대문에 빗장을 지르고, 어느 것에도 사로잡히지 않은
공간과 시간 속에서 글을 쓰겠다."

한적하고 여유로워진 생활 덕분일까. 박경리는 원주로 갈 때의 다짐을 잊어버렸다. 정릉 시절 집 안팎에 담을 쌓고 사람들과 거리를 두고 살던 때와는 달리, 원주의 집은 '대문'이 항상 열려 있었다.

지인과 이웃을 대하는 태도도 훨씬 부드러웠다. 후배 작가들이나 지인들이 모여서 전화하면 언제나 "그래, 와서 점심 먹어"라며 반겨주었다. 일이 밀렸어도 다음에 오라는 말을 하는 경우가

---

[80] 『생명의 아픔』, 박경리, 자음과모음, 2004(2016년 마로니에북스를 통해 재출간).

거의 없었다.

물론 서울에서 일을 맡기러 오는 사람들이나 독자라고 찾아와 인생을 상담하는 사람들 때문에 불평할 때도 있었다. 그러나 찾아오는 족족 기자들을 쫓아내던 정릉 시절에 비하면, '원주 사람' 박경리는 훨씬 편안하고 넉넉한 모습을 보였다.

반일 작가 | 소설 『토지』 3부를 완성하고 4부의 첫 문장을 쓰며, 박경리는 다시 한번 깊은 고민에 빠져들었다. 4부의 시대적 배경은 1930년도였다. 일본의 식민통치가 날로 가혹해지고 수탈도 극심할 때였다. 당시 사람들의 아픔과 고통을 작품에서 구현해야 했던 그녀는 '어떻게 쓸 것인가'를 고민하며, 늘 무언가에 쫓기는 듯한 기분을 느꼈다.

"4부는 일본이 기둥이다. 철저한 일본의 분석 없이 작품의 진행은 거의 불가능한 일이며, 민족주의의 한 측면인 에고이즘[81]에서 빠져나가야 했고, 냉정히 통제하지 않으면 안 되는 감정, 수반의 신경의 바람에 전율하는 풀잎일지라도 무디게 뚫고 나가야 하고, 내면은 아우성이며 포탄이며 전진이었다."

박경리는 일제강점기를 겪은 '경험자'였다. 보통학교 시절에 조선말과 한글을 쓰지 못하게 하는 일본인 선생님을 겪었다. 진주고녀에 다닐 때는 조선인 무용 선생님이 조선어를 사용한 학생들을 벌주자, 친구들과 무언의 시위를 해서 사표를 쓰게 만들었다. 언제 어떻게 정신대에 끌려갈지 모르는 불안한 생활도 했다.

---

[81] 자기 자신의 이익만을 꾀하고, 사회 일반의 이익은 염두에 두지 않으려는 태도를 말한다.

스무 살이 될 때까지 일제의 수많은 억압과 차별을 받은 그녀는 가슴에 쌓인 '반감'을 숨기지 않았다. 평소 글이나 언론 인터뷰를 통해 스스로 '반일 작가'라고 칭할 정도였다.

"일본 지식인들의 대부분은 한국인의 분노를 지겹고 불쾌하고 귀찮아한다. 언제까지 이럴 것이냐 하면서 철도를 놓아주었다느니, 학교를 세워주었느니 한다. 아무도 그것을 부탁한 바 없는 일을 좀스럽게 쩨쩨하게 늘어놓는 데 대해선 말이 없다. 간간이 들려오는 침략이 아니라는 망언에 대해서도 그들은 무반응이다. 그들의 계속되는 망언은 괜찮아도 한국인의 분노는 왜 지겨운가. 사리를 명백하게 하지 않는 이상 잘못도 되풀이된다. 과거지사보다 미래를 내다보는 데서 오는 근심이다."

성장 — Growth	1968~1971년	1972~1973년	1974~1975년
	수필집 『Q씨에게』, 『기다리는 불안』 간행	『토지』 2부 연재 (문학사상 ~1975.10)	외손주 원보 출생
	『토지』 1부 연재 (현대문학 ~1972.9)	『토지』 1부로 제7회 월탄문학상 수상	사위 김지하의 구치소 수감 (1980년 12월 석방)
	유방암 수술	딸 김영주의 결혼 (사위 김지하)	어머니 김용수 타계
		미 워터게이트 사건	오일쇼크
	박정희 정권기	유신헌법 제정	

『토지』에 나타난 박경리의 비판의식의 중점은 '일본은 역사의식이 없다'라는 점이었다. 그녀는 '역사를 잊은 민족에게 미래는 없다'라는 말을 빌려 '역사를 부정하는 일본에게 미래는 없다'라고 비판했다. 또 그녀는 『토지』를 통해 독자들, 특히 일제강점기를 경험하지 못한 해방 이후 세대에게 과거 일본이 저지른 참모습을 알려주고자 했다.

'이를 위해서는 공부가 필요해.'

1979년 3부의 집필을 끝내고 '한 달 뒤에 4부를 쓰자'라는 결심은 '공부'로 인해 2년이나 늦어졌다. 그녀는 그 2년을 일본의 역사와 문화를 공부하는 데 사용했다. 1981년 간신히 연재를 시작한 뒤에도 중간중간 연재를 멈춘 적도 있었다. 장장 8년 뒤에야 1988년 4부의 연재가 마무리되었다[82].

1977~1980년	1981~1985년	1987년
▼	▼	▼
『토지』 3부 연재	『토지』 4부 연재	『토지』 4부 재연재
	(마당 ~1982.7 연재 중단)	(월간경향 ~1988.5)
원주시 단구동 주택으로 이사	수필집 『원주통신』 간행	
사위 김지하 석방	딸과 사위 가족이 전남 해남군으로 이주	
원주생활		
		체르노빌 원자력 발전소 폭발
전두환 정권기		

[82] 4부의 집필 기간은 5부 전체를 통틀어 가장 길었다. 그러나 집필 과정이 힘들었던 만큼 가장 분량이 적었다.

성과 | Result | : 60대~영면

대학 강의와 매지리 호수 | 치악산이 보이는 단구동 한쪽에서 살기 시작한 초반(1980년 여름), 박경리는 시내에 나가거나 이웃을 어울리는 일 없이 거의 집 안에만 머물렀다. 그녀의 머릿속에 온통 『토지』 4부 구상으로 가득 차 있었기 때문이었다.

변화의 시작은 원주의 아름다운 자연을 느끼고 여유를 찾으면서부터였다. 그녀는 자신의 나이를 실감하며 세상에서 찾을 새로운 인연에 관심을 두었다.

'그동안은 사람을 키울 마음의 여유가 없었는데, 이제 후학[83]을 키워야겠다는 생각이 드네.'

결심은 행동으로 옮겨졌다. 박경리는 연세대학교 매지캠퍼스(원주 분교)로 출강해 1991년 가을학기부터 '한국문학의 이해'라는 교양선택 강좌를 맡았다.

뒤이은 봄학기(1992년)에는 '소설창작론'이란 전공선택 과목으로 강의했는데, 그녀는 젊은 후배들과 교류하며 후배양성에 대한 깊은 책임감을 느꼈다.

"문학가는 서울에서 나서 자라기 어렵다. 자연을 어렵사리 만날 수 있는 서울의 땅은 작가가 생겨날 토양이 아니다. 반면에 원주는 자연이 아직도 넉넉하다. 학생을 만나보니 장차 작가로 자랄 만한 싹이 한둘 금방 느낌이 오더라."

---

83) 학문에서의 후배

또 박경리는 학생들의 다양한 질문에 답하며, "삶은 모순 속에 존재하고 갈등 속에 만들어진다. 삶은 절망이 있기에 희망이 있다. 갈등이 있어 인생이 있고, 인생이 있기에 문학이 있다"라고 자신의 문학관을 전하기도 했다.

'왜 쓰는가 하는 물음'은
'왜 사는가 하는 물음'과 통합니다.

박경리의 강좌는 학생은 물론 학과 교수들에게도 큰 호응을 얻었다. 1992년 가을학기까지 세 학기 동안의 강의 내용이 단행본[84]으로 묶여 판매되기도 했다.

그녀의 '소설 쓰기 특성과 스타일'이 진솔하게 드러나는 내용인 동시에, 글을 쓰고자 하는 문학 지망생뿐 아니라 삶을 진지하게 살아가는 보통 사람들도 크게 공감할 수 있는 문장들이 담긴 책이었다.

이후 박경리는 춘천 한림대학교, 연세대 신촌캠퍼스 등 여러 대학을 오가며 '특강'을 진행했다. 물론 연세대[85] 매지캠퍼스를 빼놓지 않았다. 그녀는 '매지리 저수지'와 어울려 아름다운 경관으로 이름난 매지캠퍼스에 남다른 애정이 있었다. 그녀는 학생들 앞에서 경관의 핵심인 저수지를 '호수'라고 불렀다.

---

[84] 『문학을 지망하는 젊은이들에게』, 박경리, 현대문학, 1995
[85] 박경리 작가는 연세대 초대 총장을 기린 제도인 '용재석좌교수'에 임명(1997년 3월, 1년 기간) 됐다. 학문 업적이 탁월한 사람을 선정한다.

"사계절을 정직하게 받아들이는 호수를 바라보며 교정을 거닌다는 것은 큰 행운입니다."

그러던 1995년 3월, 박경리는 학교 앞 저수지에 수상골프장이 건설된다는 이야기를 들었다. 매지리 저수지는 초겨울에 남쪽으로 가는 철새들이 머물며 먹이를 보충하는 '철새도래지'였다.

'이런 곳에 수상골프장을 짓는다는 게 말이 돼?'

호수가 망가질 수도 있는 상황이지만 반대하고 나서는 사람이 없었다. 원주시청과 학교 측도 별다른 조치를 하지 않았다. 박경리는 자신이라도 공론화해야겠다고 생각했다. 그녀는 문화일보 등 여러 언론사에 이 사실을 알렸고, 얼마 지나지 않아 저수지 문제가 대서특필 되었다.

이때 박경리는 '동아일보' 칼럼 「달맞이꽃과 백로(1995년 8월)」에 매지리 저수지의 골프 연습장 개발사업 당시 겪은 마음의 갈등을 이렇게 썼다.

"뿌리 뽑힌 잡초처럼 아무것도 손에 잡히지 않는다. 유랑민, 실향민, 이민, 민족의 대이동, 그런 말들이 있었다. 그것은 서사시치고도 가장 아픈 부분이다. 터전을 잃는다는 것은 생존을 거부당하는 거나 다름없다. 과연 영토개념은 달라졌는가. 달라진 것이 아니다. 생명의 생존은 터전에서 시작되고 터전에서 끝이 나는 이상, 생명이 생명인 한 영토개념은 달라질 수 없다."

박경리의 노력 덕분인지 원주 내외에서 저수지를 지키자는 여론이 생겨났고, 원주시청은 골프장 사업허가를 취소할 수밖에 없었다. '호수'를 지키겠다는 마음에 앞서, 그녀가 그간 쌓아온 인맥과 문학의 힘이 있었기에 가능한 일이었다.

치유와 힐링의 공간 | 『토지』의 4부와 5부가 완성되는 동안, 박경리의 단구동 집은 어느새 서러움, 아픔, 슬픔으로 힘들어하는 사람들에게 정신의 구원, 치유, 힐링의 공간이 되어갔다.

특히 자의식이 강한 여류(女流)[86]인사들에게는 더욱 특별한 곳으로 자리 잡았다. 역사학자인 이인호 박사가 대표적이었다. 그녀는 핀란드 대사에 이어 러시아 대사로 역임한 국내 최초의 '여성 대사'이며, 여성 차별의 장벽을 깬 최초의 여류인사였다.

그러나 그 위치에 이르기까지 온갖 차별과 어려움을 겪었고, 박경리와 단구동 집은 그녀에게 많은 위안과 힘이 되었다. 그녀는 「박 선생님께 진 사랑 빚, 타협 없는 삶의 풍성함과 외로움」이란 글에서 박경리 작가에 대한 고마움을 밝혔다.

"정신적으로 지칠 대로 지쳐 있던 내게 박 선생님과의 만남은 정말로 사막의 단비처럼 새로운 생명력을 불어넣어 주는 체험이었다. 염치 좋게도 나는 처음 뵙는 선생님께 며칠을 그 댁에서 쉬어갔으면 좋겠다는 말씀을 드렸다. 누군가 함께 있으면 전혀 글을 쓰시지 못하시는 선생님은 그 돌발적인 요청을 쾌히 승낙하시고 평소 잘 쓰시지 않는 방에 연탄을 갈아 넣으며 나를 보살펴 주었다."

[86] 전문적인 분야에서 활동하거나 학문·업무적으로 능숙한 여성

박경리 작가는 대하소설 『토지』를 완간하며 현대문학의 한 획을 그었을 뿐만 아니라, 사람들의 정신적인 지주이자 '큰 어른'으로 변모했다.

당시 그녀에게는 역사의 큰 흐름을 뚫어 보는 통찰력, 지성과 강한 의지, 그리고 사람들의 마음속의 작은 변화를 알아보는 관심과 사랑이 있었다.

그녀는 모든 것을 이해하는 '어머니'처럼, 때로는 모든 것을 품는 '토지'처럼 다양한 사람들의 아픔을 끌어안았다. 이름이 알려진 작가들은 글이 안 써지거나 심적인 치유가 필요할 때 단구동 집의 문을 두드렸다. 그리고 그녀의 넉넉한 품에서 문학 에너지를 충전하고 삶의 힘을 찾아갔다. 문단에 깊은 흔적을 남긴 소설가 박완서도 그중 한 명이었다.

박경리와 박완서, 두 사람 모두 '여류문인'이라는 호칭을 뛰어넘어 문학적, 상업적으로 크게 '성공한 작가'였다. 또 두 작가에게는 전쟁의 피해자라는 공통점도 있었다. 박경리는 전쟁 중 남편을 잃었으며, 박완서는 아버지의 역할을 해주던 오빠와 작은아버지를 잃었다.

또 다른 공통점도 있었다. 박완서는 남편을 병으로 잃은 지 3개월 만인 1988년에 대학병원 인턴으로 일하던 외동아들을 잃었다. 원인은 과로사였다. 충격을 받은 그녀는 사람들과의 교류를 끊은 채 한동안 수녀원에 머물렀는데, 박경리가 굳게 닫힌 마음의 문을 누드렸다.

"박완서 작가님, 단구동 집으로 오세요."

어린 아들을 잃은 적이 있는 박경리는 '같은 아픔'을 겪은 후배 작가를 집으로 초대한 뒤, 밤새 곰국을 고아 놓고 기다렸다. 원주에서 만난 두 사람은 서로를 껴안고 울음을 터트렸다. 박경리는 후배 박완서의 등을 두드렸다.

"힘들어도 글을 써야 해. 글을 써야만 이겨낼 수 있어."

그날 서로의 아픔을 이해한 두 사람은 자매보다 더 가까운 정을 나눴다. 박완서는 박경리의 집에서 점차 마음의 평안을 찾았고, 선배의 조언대로 펜을 잡고 글을 쓰기 시작했다. 왕래가 잦아지면 잦아질수록, 두 사람은 말을 하지 않아도 서로의 깊은 속마음을 눈치챌 수 있는 관계로 발전했다.

가족에 대한 사랑 | 박경리에게 '글쓰기' 빼고 가장 소중한 존재는 바로 가족이었다. 남편 옥바라지로 힘든 시기를 보낸 딸, 오랜 수감생활로 지친 사위, 그리고 눈에 넣어도 안 아플 손주들! 그녀는 아낌없이 내어주며 가족을 세심하게 살폈다.

감옥에서 나온 사위를 찾는 손님이 줄을 이을 무렵, 박경리는 잠깐 앉아 있을 틈도 없이 고생하는 딸의 모습을 보고 말았다. 얼마나 힘들었는지 딸의 머리카락이 다 빠지고 낯빛도 시커멓게 변해 있었다.

'계속 이렇게 둘 순 없어.'

그녀는 고심 끝에 딸 가족에게 '이사'를 권했다.

"이제 주변의 관심에서 조금 벗어날 필요가 있을 것 같네. 해남이 조용하고 경치가 좋다고 하니 그쪽으로 거처를 옮기는 게 어떤가?"

사위 김지하는 그간의 세심한 배려에 감사를 표하며 수긍했다.

"긴 세월 동안 정상적인 사회활동은 물론 벌이도 할 수 없어서, 저희 가정은 그야말로 침침하고 우울한 폐가와 다름없었습니다. 그런 우울한 나날에 병원비, 약값, 생활비는 모두 장모님의 은혜로 메꿀 수 있었지요. 장모님의 이 은혜를 어떻게 갚을 수 있을까요."

"자네와 영주, 그리고 손자들이 건강하게 잘 사는 것이 나의 행복일세."

딸 가족이 해남으로 이사를 떠날 때, 박경리는 딸을 따라가지 않고 전보다 허전해진 단구동의 집을 지켰다. 마음이 가난하고 힘든 지인들이 위로를 받기 위해 찾아오는 장소를 떠날 수 없었기 때문이다.

그러나 가족을 향한 마음은 항상 남쪽으로 향했다. 박경리는 딸의 집으로 전화를 걸었을 때 부재중이면 마음이 초조해졌다. 사위가 혹시나 전처럼 '구속'되진 않았을까 하는 불안이 물밀 듯이 밀려온 탓이다.

특히 늦은 밤이면 더했다. 딸 내외가 전화를 받지 않으면 걷잡을 수 없는 불안감에 휩싸였다. 어떨 땐 급히 택시를 타고 해남으로 향한 적도 있었다. 가는 동안에도 '사위가 또 잡혀간 건 아닐까', '원보가 어린 동생을 안고 울고 있을지 모른다'는 상상으로 공포에 떨었다.

그녀는 겉으로 글쓰기와 밭농사를 하며 주변의 힘든 지인들을 보듬어 안아 주는 차분한 생활을 했다. 그러나 이면에는 딸 가족에 대한 걱정으로 늦은 밤이든 새벽이든 여차하면 해남까지 달려갈 준비가 되어 있는 불안한 나날이 이어졌다.

그 사이, 딸 가족은 나름 해남에서의 일상에 적응해나가고 있었다. 이름이 알려진 시인 김지하를 만나려 먼 해남까지 찾아오는 손님들과 지인들이 있었지만, 원주에 있을 때보다는 훨씬 적은 숫자였다. 김지하는 훗날 해남에서의 몇 달이 '아내의 일생에서 가장 행복하고 애틋했던 시절'이었다고 회고했다.

당시 김지하는 몸과 정신이 건강하지 못했다. 오랜 수감생활로 병든 몸도 몸이지만, 석방 이후의 정치적 어려움으로 심적인 고통을 받았다.

그는 결국 1986년 4월 즈음부터 '알코올 중독'으로 인한 '정신황폐증'을 앓았고, 해남에서 강원도에 있는 원주기독병원으로 통원하며 치료를 받던 중, 너무 먼 거리에 지친 나머지 다시 원주로의 이사를 결정했다.

"아버지도 그렇고, 애들한테도 문제가 생겼다니……."

박경리는 두 손자마저 병을 앓자 속이 말이 아니었다. 작은 손자 세희는 아버지 김지하가 해남 시골집에서 처음 발작을 일으켰을 때 놀라는 바람에 뇌 신경의 반이 마비되고 말았다.

시간이 조금 지나서도 아이는 정상적인 생활을 하지 못하고 낮에는 자고 밤에는 깨어있는 상태가 계속됐다. 큰 손자 원보는 아버지의 발작을 본 뒤로 극도의 우울증에 걸려 공부를 완전히 놓아버렸다.

박경리는 두 손자가 원주로 돌아왔을 때부터 그 충격과 아픔을 사랑으로 살뜰히 보듬었고, 시간이 흐르며 두 아이의 상처도 치유되어갔다.

"딸과 손자, 그들이 고통받는다는 사실이
나를 버티게 했습니다."

어느 인터뷰에서 소설가 최일남이 '그동안 자신을 지탱해온 힘이 무엇이었냐'라고 물었을 때, 박경리가 당연하게 내놓은 대답이었다.

그만큼, '가족'은 그녀에게 그 어떤 고통을 겪더라도 단단한 자아를 지킬 수 있게 만든 버팀목이었고, '어머니'이자 '할머니'인 그녀에게 평화를 되찾아준 소중한 존재였다.

환경주의자로 살다 | 어느 날 단구동 박경리의 집에 놀러 온 박완서가 난간에 줄지어 널린 '면장갑'을 보고 놀란 일이 있었다. 그 광경이 꽤 인상적이었는지 그녀는 그날의 감상을 이렇게 기록했나.

'빨았다고는 하나 흙에 찌든 장갑이었는데, 박경리 작가의 매일 매일의 엄청난 노동의 흔적을 알 수 있었다. 박경리의 작품이 재치나 관념으로 빛나기보다 시류의 바람을 타지 않는 거목 같은 건강으로 빛나는 것은, 그분이 대작가라는 데 아무도 이의를 달 수 없음은, 엄청난 양의 정신노동과 육체노동의 기막힌 균형에 있다는 것을 역력하게 들여다본 것 같았다.'

1991년 가을, 박경리는 가끔 들르던 연세대 매지캠퍼스에서 환경공학부의 노수홍 교수를 만나 흥미로운 화제를 나눴다. 오래전 고가도로가 들어서며 사라진 서울 청계천 복원이 기술적으로 가능하다는 이야기였다.

원주에 살며 '환경과 자연'에 대한 관심이 많았던 터라 귀가 바로 솔깃했다. 그녀는 곧장 사람들의 관심을 촉구하며 청계천 복원 공론화에 앞장서기 시작했다.

"1970년대 청계천 둑을 거닐며 목욕탕에 다닌 추억이 있습니다. 강둑을 걸으며 흐르는 물, 풀과 나무, 인간과 온갖 생물이 어우러진 정취를 느낄 수 있었어요. 청계천을 복원하면 이처럼 무수한 생명이 되살아나고 너무 아름다울 것입니다"

그리고 1997년 가을, 박경리가 설립한 토지문화재단은 원주캠퍼스 환경과학기술연구소와 함께 심포지엄[87]을 열어 '청계천 되살리기'를 본격적으로 알렸다. 환경 관련 교수들은 물론, 서울시장 후보인 '이명박 캠프'에서 활동한 정치 인사가 심포지엄에 참석

---

[87] 특정한 문제를 두고 두 사람 이상의 전문가가 서로 다른 입장에서 의견을 발표하고 참석자의 질문에 답하는 형식의 토론회이다.

했는데, '청계천 복원' 문제가 서울시장 선거에서 중요한 '공약'으로 부상했다는 신호였다.

얼마 지나지 않아 정치권에서 '도시교통 측면에서 오랜 시간 편의성을 제공한 고가도로지만, 도시환경을 살리기 위해서는 철거해 자연을 복원해야 한다'는 공감대가 형성되었다.

서울시는 여론에 힘입어 2003년 7월 1일 청계천 복원[88]을 위한 착공에 나섰다. 완공까지 장장 2년 3개월이 걸렸지만, 그 이후 청계천은 '환경주의의 상징'으로 자리매김하며 전국적으로 '신선한 강물과 숲, 새 생명을 찾는 신호탄'의 역할을 했다.

사실 박경리는 어릴 때부터 낯가림이 심해 사람들 앞에 나서는 자체를 좋아하지 않았다. 어른이 되어서도 마찬가지였다. 그러나 청계천 복원 활동 이후로 '환경'에 관련한 일에서만큼은 낯을 가리지 않았다.

1993년 4월, 박경리는 환경운동연합 공동대표[89] 세 명 중 한 사람으로 이름을 올렸다. 2002년 8월에는 서울에서 열린 '세계생태학대회'에 기조 강연자로 참석했다. 당시 그녀는 지구환경보존운동이 내건 키워드인 '지속가능성'을 두고 재미있는 풀이를 내놓아 참석자들의 호응을 끌어냈다.

---

[88] 복원 구간은 종구 내행로에서 동대문을 거쳐 성동구 신답철교까지 5.8km에 이르렀고, 공사를 통해 수표교와 광교가 땅속에서 나와 햇빛을 보게 되었다.
[89] 이후 녹색운동의 취지보다 정치색이 더 강한 분위기를 느끼고 그만두게 되었다.

"원금은 건드리지 말고 이자만 갖고 살아야 함."

작가다운 해석이기에 앞서, 환경운동에 대한 박경리의 진정성을 알 수 있는 부분이었다.

청계천 복원 현장(왼쪽)과 복원 후(오른쪽)의 풍경

이후 박경리는 토지문화재단에서 작가들에겐 작품 지면을 제공하고, 독자들에겐 환경의식을 고취하겠다는 목표로 계간지 '숨소리(2003년 봄)'를 창간했다.

비록 비용 문제로 인해 2004년 겨울 제8호를 마지막으로 폐간했지만, 그녀는 '환경 살리기'와 '환경 운동 확산'에 도움이 되려는 걸음을 멈추지 않았다. 특히 서사시 「회촌 골짜기의 올해 겨울[90]」에 범지구적인 환경문제인 '기후변화'에 대한 깊은 고민을

90) 박경리 유고 시집 『버리고 갈 것만 남아서 홀가분하다』

담기도 했다.

박경리의 손 | 작가 박경리는 글을 쓰는 자신의 '손'을 자랑스럽게 생각했다. 더욱이 당시는 작가들 대부분이 손으로 직접 원고지에 글을 쓰던 시대였다.

"손이 더러우면 글 한 줄을 못 쓰고, 겨울이면 보기 싫게 되는 것이 두려워서 부지런히 장갑을 끼거나 호주머니에 손을 찌른다. (…중략…) 글 쓰는 직업에는 손이 연장 같은 것이니 아껴야 한다[91]."

작가 박완서도 박경리의 손에 대해 '늘 투박하고 거칠다'라고 말하며, 찾아오는 사람이 누구든 후하게 대접하는 손이라고 표현했다.

박경리는 손수 밥을 지어 열 마리가 넘는 고양이들을 돌보고, 젖고 마른 흙을 직접 헤집어 씨도 뿌리고 물도 주며 결실도 얻었다. 또 펜을 잡고 원고지 31,200장이 넘는 분량의 『토지』 5부를 적어 내려갔다.

박완서는 매일 꾸준히, 다른 이의 도움을 받지 않고 혼자서 글을 적어 내려간 그녀의 손을 '위대한 손'이라고 말하기도 했다. 더불어 '동시대에 위대한 작가를 가졌다는 건 우리 모두의 기쁨이오, 자랑요, 복이라[92]' 내심의 감동을 드러냈다.

---

[91] 박경리, 「손」, 『기다리는 불안』, 현암사, 1966, 183~184쪽
[92] 「치악산과 면장갑」, 『수정의 메아리(박경리의 삶과 문학)』, 박완서 외, 솔, 1994

작가 최일남은 '박경리의 손'이 "돌을 쌓고 풀을 뽑고 밭을 가는, 마당을 돌보느라 등이 까맣고 바닥엔 굳은살이 박인 손"이었다고 회상했다.

텃밭을 가꾸고 있는 박경리 작가 (가운데)

그의 말처럼 박경리의 거칠고 굳은살 박인 손은 글쓰기와 밭 가꾸기 사이를 자유롭게 오가며 둘 모두에서 보람을 느낀 '손'이었고, '박경리 문학'의 진정한 원동력이기도 했다.

『토지』 마지막 탈고 | 문화일보에 『토지』 5부 연재가 시작된 시기는 1992년 9월부터였다. 여러 번 연재 중단이 됐던 4부와 달리, 5부의 연재는 비교적 순조로웠다. 태평양전쟁이 일어나기 직전인 1940년부터 시작된 이야기는 일제의 패망이 예고되며 소설의 '끝자락'으로 한발 다가섰다.

그리고 1994년 8월 15일 새벽, 박경리는 마지막 607회의 집필을 마무리했다. 흥미롭게도 소설의 마지막 장면의 날짜는 '1945년 8월 15일'이었다.

"만세! 우리나라 만세! 아아 독립 만세! 사람들아! 만세다!"

그녀는 그 마지막 장면에 해방을 맞아 감격한 사람들의 모습을 생생하게 그려냈다. 사람들은 기쁨을 만끽하고 만세를 외쳐댔다. 누군가는 춤을 추고, 옆 사람은 두 팔을 번쩍번쩍 쳐들었다. 그동안 사람들이 일본으로부터 얼마나 큰 고통을 받아왔는지 함축적으로 보여주는 장면이었다.

박경리는 5부를 쓰기에 앞서 한동안 자신만의 '일본론'을 정리하는 시간을 가졌다. 몇 편의 글을 완성한 그녀는 일본의 지식인들도 꼭 읽었으면 좋겠다고 생각해 '일본어'로 번역하기도 했다. 일제강점기를 겪은 세대로서의 사명감이었다.

"일제강점기를 겪은 나와 같은 세대가 사라지면 이런 글을 쓸 사람이 없을 것이다. 일본이 두 번 다시 입을 못 떼도록 다음 세대를 위한 일본론을 남겨야겠다."

그녀가 쓴 일본론의 일부를 살펴보면 다음과 같다.

"일본을 이웃으로 둔 것은 우리 민족의 불운이었다. 일본이 이웃에 폐를 끼치는 한 우리는 민족주의자일 수밖에 없다. 피해를 주지 않을 때 비로소 우리는 민족을 떠나 인간으로서 인류로서 손을 잡을 것이며 민족주의[93]도 필요없게 된다."

---

[93] 민족에 기반을 둔 국가를 창건하고 유지, 확대하려는 민족의 정신과 활동

또 그녀는 과거의 '잘못'을 인정하고 제대로 된 '사과'조차 하지 않는 일본에게 이렇게 일침했다.

"피해자가 불이익을 안고 과연 평등의 세계주의로 갈 수 있을까? 허구요 망상이다. 한국인의 반일이 그런 논리에 있는 것은 물론 아니다. 분풀이라는 감정적인 것도 인정한다. 그러나 정치적 차원이지만 일본인의 의식도 간과할 수 없는 만큼 일본은 왈가왈부할 처지가 못 된다. 그것은 과거의 잘못보다 오늘의 잘못이기 때문이다. 그들은 한국인의 분을 풀어주지 않았다."

비판의 화살은 곧 안쪽으로 향했다. 박경리는 한국과 일본이 나눈 회담을 두고 '민족의 피 값으로 푼돈 받아낸 치욕의 한일회담'이라고 쓴소리했다.

그녀는 근거 없는 반일주의를 경계하면서도, 세계주의[94]를 내세우는 일부 정치인과 지식인들, 친일을 부끄러워하지 않는 세태를 향해 날카로운 글을 남겼다.

"사실 요즘 일본에 관하여 거론한다는 것 자체가 일부 첨신한 지식인들의 귀에는 사양(斜陽)[95]의 만가(挽歌)[96] 쯤으로 들리는 모양이고 민족주의자들의 촌스러운 몸짓으로 보이는 모양인데 그것은 과거 강자(强者)의 논리가 아직 건재해 있음을 의미한다. 이른바 새로운 친일 인사에게 '민족주의의 극복', '세계주의 표방' 같은 것은 빌려 입기에 그보다 안성맞춤의 것이 달리 없을 것이다."

---

[94] 소극적이고 방어적인 민족주의의 원리와 '아시아적 가치'의 강조만으로는 세계 변화에 대응하면서 발전할 수 없으므로 기존의 폐쇄적 관행과 규범에서 과감히 탈피해야 한다는 주의
[95] 새로운 것에 밀려 점점 몰락해 감
[96] 죽은 사람을 애도하는 노래나 가사

또 역사를 부정하고 반성하지 않는 일본에게 적극적으로 대응하지 못하는 한국에 대해서도 비판했다.

"한일합방을 늑대 이빨에 찢기는 양의 비극으로 비유한다면 수많은 이 강산의 딸들이 일본 병사의 화장실 역할을 했던 일은 무엇으로 비유해야 하는지, 침묵하는 이 땅 남성들에게 묻고 싶다. 만일 아우슈비츠[97]의 참혹보다는 낫다고 자위하는 리얼리스트[98]가 있다면 우리는 인간임을 사양할밖에 도리가 없을 것이다."

그리고 일본 사회 내부에 남아있는 '가미카제[99]', '할복[100]' 등의 죽음을 예찬하는 문화를 신랄하게 꼬집었다.

사실 박경리의 일본론은 미완성의 원고였다. 박경리가 타계한 이후 그녀의 딸 김영주는 유품을 정리하다가 원고를 발견하고, 문화평론가 이승윤 교수를 만났다.

김영주는 이 교수와 함께 박경리가 생전에 쓴 미발표 육필원고, 그전에 발표한 일본 관련 글들을 엮어 『일본산고』를 세상에 내보냈다. 이 교수는 이 책을 소개하며 이렇게 말했다.

"『토지』가 소설로 쓴 일본론이라면,
『일본산고』는 실제적인 현재진행형의 일본론이다."

---

[97] 과거 나치에 의한 유대인 대량 학살이 자행된 수용소이다. 폴란드 남부 비엘스코주 아우슈비츠에 위치하고 있었다.
[98] 현실주의를 따르거나 실제로 얻을 수 있는 이익 따위를 우선시하거나 좇는 사람을 말한다.
[99] 제2차 세계 대전 말기에 일본 제국이 만든 자살 공격 부대로 전투기에 폭탄을 싣고 적함에 들이받아 자폭 공격을 행하였다.
[100] 칼과 같은 흉기로 배를 갈라 죽는 자살의 한 종류

대하소설의 확산과 정화 | 『토지』가 완성되고 전집이 출간된 무렵이었다. 『토지』 전집의 출간을 맡은 출판사 '솔'은 일반적인 출판기념식이 아닌, 문단이나 문화계에 한정되지 않는 '범사회적인 행사'를 구상했다.

그러나 낯가림이 심한 박경리는 그 행사를 쉽게 승낙하지 않았다. '시의적절한 홍보 효과'가 있을 거라고 출판사가 여러 번 요청을 한 뒤에야 겨우 수긍했다.

1994년 10월 8일, 박경리의 집이 있는 원주 단구동이 정오부터 사람들로 북적거렸다. 그들 대부분은 '토지 잔치마당'이란 잔치에 초대된 손님들로, 『토지』의 작가에게 깊은 애정을 가진 독자들이기도 했다. 5백 평 남짓한 채마밭, 가득 차려진 잔칫상 앞으로 문인들과 애독자들이 모여 웃음꽃을 피웠다. 그 손님 중에는 평소 박경리의 작품에 대한 사랑이 남달랐던 현대그룹의 정주영[101] 명예회장도 있었다.

당시 현장에서는 박경리의 작가로서의 업적을 칭찬하는 진심 어린 자리가 마련되었는데, 몇몇 이는 그녀의 작가적 정신과 곧고 깊은 심지를 언급하기도 했다.

"감사합니다."

그때 박경리는 민망해하며 겸허한 답사를 전했다.

"끝났다는 생각이 들지 않습니다. 글은 내가 살아온 자취일 뿐이고, 살아가듯이 글을 썼을 뿐인데, 이처럼 축하받을 일인가 싶어 당황스럽습니다."

---

101) 『토지』 5부가 현대그룹의 산하인 '문화일보'에서 연재한 인연이 있었다.

손님들은 '이렇게 기쁜 날이 없다'라며 연신 축하의 말을 건넸지만, 정작 박경리는 슬픈 마음을 감추지 못했다. 지난 시간을 되돌아보니 온갖 생각과 감정이 밀려들었기 때문이다.

『토지』 완간 기념행사에서

황석영의 『장길산』, 김주영의 『객주』, 이병주의 『지리산』, 조정래의 『태백산맥』 같은 대하소설들이 쏟아져 나오던 1980년대, 박경리의 『토지』는 대하소설의 확산과 정화를 이끄는 선두 역할을 했다.

한국일보에 실린 사설 「토지의 대미」는 당시 박경리 작가의 문학적 성취를 이렇게 찬양했다.

"양적인 차원에서 한국문학의 스케일을 크게 넓히고 질적인 차원에서 민족 문학의 새로운 지평을 활짝 연 『토지』는 집필에 14년이 걸린 숄로 호프의 『고요한 돈강』 등 세계문학 속의 대작과 견주어 단 한 치의 손색이 없음은 물론 민족의 서사시로서 더 진한 감동을 준다."

또 박경리에게 명예문학박사 학위를 수여한 이화여대는 학위기(學位記)[102]에 작가의 문학적 업적을 적었다.

"40년간 창작 활동을 하며 수준 높은 작품으로 한국문학의 발전에 이바지했으며, 작가로서 고결한 생활 자세를 지켜 후배에 귀감이 되었으며, 작품을 통해 민족수난기에 깨어있는 여성상을 탁월하게 그려낸 점 등이 이대 교육이념과 부합되어 학위를 수여한다."

해방 반세기를 맞은 1995년, 국내의 신문사들이 문학가들을 상대로 한 설문 조사에서 박경리의 『토지』를 50년 최대의 문학적 성취로 꼽았다.

이후로도 여러 포상이 이어졌다. 1996년 3월 호암아트홀에서 호암상 예술부문을 수상했고, 4월에는 칠레 정부로부터 가브리엘라 미스트랄 메달[103]을 받았다. 1999년에는 한국예술평론가협의회가 선정한 '20세기를 빛낸 한국의 예술인'에 박경리의 이름이 올랐다.

---

102) 대학에서 어떤 분야의 학술을 전문적으로 연구하거나 일정한 과정을 거친 사람의 정도를 인정하여 수여하는 증서이다.
103) 칠레 정부가 수여하는 상이다. 시인인 가브리엘라 미스트랄의 '라틴 아메리카 대륙 최초의 노벨문학상 수상' 50년을 기념하여 매년 '미스트랄 메달'을 세계적으로 문학적 업적을 세운 작가들에게 수여하고 있다.

젊은 작가들을 위한 토지문화관 설립 | 어느 날 박경리는 오랜 세월 살아온 원주 단구동의 집에 개별지역에 포함되었다는 말을 들었다. 당시 한국토지공사는 거액의 토지보상비를 주고, 그녀가 살아 있는 동안까지 '거주할 것'을 제안했다[104].

그러나 이런 부분에서 결벽증이 있던 박경리 작가는 보상금을 받은 이상 빨리 집을 비울 생각밖에 없었다. 그녀는 다른 집을 알아보고 짐을 정리한 뒤 깔끔하게 이사를 나갔다.

'문화관이나 센터를 지어서 운영해볼까.'

그 무렵, 박경리는 원주에 '문화적 활력을 불어넣을' 거점을 만들어 운영하고 싶다는 생각을 품었다. 그녀는 후배작가들이 마음껏 집필에 몰두할 수 있고, 여러 주제를 두고 자유롭게 토론할 수 있는 공간을 구상했다.

'건물을 지을 땅이 필요한데…….'

건물부지를 두고 고심하던 그녀는 연세대 원주캠퍼스와 가까운 매지리 '회촌 마을[105]'의 땅을 사들였다. 그리고 남은 돈으로 '단구 문학상'을 만들어 젊은 문학인을 격려하려는 계획을 세웠다.

"박경리 문학상이요?"

그때 통영시와 토지개발공사로부터 제안받은 문학상 제정은 곧장 거절했다. 이름 사용을 한 번 수용하면 이후 여기저기에서 남발될 수도 있다는 우려 때문이었다.

---

[104] 단구동 집은 『토지』 4부와 5부를 집필했던 공간이라는 특별한 의미가 있었다.
[105] 회촌 마을에서 전승되어 온 사물놀이 '매지리 풍물' 같은 전통문화를 이어가겠다는 결심도 있었다.

'문학상은 다시 생각해봐야겠다.'

박경리는 자신이 준비하던 문학상 제정을 그만두었다. 대신 문화관 설립을 추진했고, 선행적으로 문화관의 체계적인 운영을 위한 토지문화재단이 발족했다.

"첫째, 학자와 예술가들이 도시의 먼지를 털고 쉬어가는 데는 더할 나위 없는 적지로서, 모여 토론하고 의견을 나누며 미래를 위해 고민하고 모색하는 것은 1년에 수상자 한 명을 내는 일보다 파급효과가 있고, 개인의 영광보다 우리 문화의 보존이나 발전을 위해 그 기여도가 크다고 생각합니다. 둘째, 재능있는 청소년들(연대 원주캠퍼스의 문과 전공자가 주 대상)을 개도하고 발굴하고자 합니다. 셋째는 외국의 학자 문인들과의 교류 공간으로 활용하겠습니다."

주변에서 문화관보다 '문학관'이 어울리지 않겠냐는 제안이 있었지만, 박경리는 자신의 결정을 바꾸지 않았다. 문학은 문화예술의 틀 속에서 구실을 다 할 수 있다는 생각 때문이었다.

"문화관은 사는 문제의 전반에 관련된 모든 것을 힐 수 있는 공간입니다. 그래서 문학관이 아니라 문화관인 거죠. 정치, 경제 등 현안을 놓고 격렬한 토론이 이어지는 공간이었으면 합니다."

이후 박경리는 작가 지망생에게 당장 필요한 게 무엇일까 고민했다. 그녀는 비가 오는 날이면 천장에서 빗물이 떨어지던 돈암동 전셋집을 떠올렸다. 정확히는 한쪽 구석에 있는 앉은뱅이책상 앞에 앉아 뚝뚝 떨어지는 빗방울을 맞으며 묵묵히 글을 쓰던 자신의 모습을 떠올렸다.

토지문화재단 전경

'무엇보다 글을 쓸 수 있는 장소가 우선이야.'

그녀는 집필 공간 없이 글을 쓰고 있는 작가들과 작가 지망생들을 위해 제대로 된 공간을 '사회적인 방법'으로 마련해야겠다고 판단했다.

독일 베를린의 반제하우스[106], 프랑스 국립도서센터가 주관하는 '작가의 집', 미국 아이오와대학이 주관하는 '국제집필사업' 등 사회가 작가에게 집필 공간을 제공하는 외국 선례가 있었기 때문이다.

국내에는 미술 분야에서 활동하는 작가에게 작업공간을 제공하는 일이 종종 있었으나, 문학 분야는 '박경리의 시도'가 처음이라고 할 수 있었다.

---

106) 독일 베를린에 있는 역사관(House of the Wannsee Conference)으로 건물이 과거 나치의 게스트하우스로 사용되었다. 나치 시대의 희생자들을 추모하는 공간이며, 나치와 홀로코스트에 관한 전시물을 관람할 수 있다.

1997년 IMF 당시, 부실 건설사들의 문제로 잠시 삐걱거린 문화관 건립은 1999년 6월 9일 우여곡절 끝에 무사히 완공되었다. 높이 4층의 건물 안에는 박경리의 사재로 마련한 물건들이 채워졌고, 작가들이 글을 쓰고 토론하며 문학적 에너지를 나누는 공간도 마련되었다.

토지문화재단 건물

"상 차릴 테니 먹고 가."

비슷한 시기인 1998년, 매지리의 집으로 옮겨온 박경리는 직접 농사를 지어 수확한 작물들로 갖가지 반찬을 만들어 두었다. 그리고 찾아오는 후배 작가들에게 하루 한 끼는 꼭 챙겨주었다.

반세기만의 귀향 | 전쟁 당시 피란을 위해 찾았던 고향 통영, 박경리는 반세기가 지나 다시 그리운 그곳을 찾았다. 실로 오랜만의 귀향이었다.

"고향이 그립지 않은 사람은 없다. 고향은 삶의 기초다.
특히 문학하는 사람은 어린 시절의 추억이 밑천이다."

2004년 11월, 박경리 작가의 방문은 통영 전역을 들썩이게 했다. 무명의 여인 '박금이'가 대작가 박경리가 되어 돌아왔으니, 그야말로 금의환향[107]이었다. 고향 사람들은 그녀를 반갑게 맞았고, 그녀도 환한 미소로 화답했다. 거리 곳곳에는 그녀를 환영하는 현수막들이 내걸려 있었다.

박경리의 귀향 인사는 통영 시민문화회관 대극장에서 열렸는데, 총 8백 석의 좌석이 빈자리 없이 사람들로 꽉 들어찼다. 사람들은 '고향 생각' 노래를 부르며 환영하는 마음을 전했다. 사실 박경리는 원주에 있는 집 땅뙈기 한쪽을 자신의 묫자리로 생각하고 있었다. 그런데 한 번 고향에 다녀온 뒤로 마음이 달라졌다.

그녀는 진의장 통영시장에게 연락해 이렇게 부탁을 했다.

"내가 죽으면 통영에 묻어주세요. 유품들은 흐트러지게 하지 말고 모두 통영으로 가져가세요. 그중 재봉틀, 국어사전, 나비장을 소중하게 여겨주세요. 재봉틀은 나의 생활이었고, 국어사전은 나의 문학이고, 나비장은 고향 통영이 내게 내려준 나의 예술이에요."

2007년 7월, 박경리는 병원에서 폐암 진단을 받았다. 의사는 항암치료를 권유했지만, 그녀는 이를 거부하고 평소의 일상을 그대로 이어갔다. 그 일상 중 하나는 토지문학관의 젊은 작가들에게 '밥해주기'였다.

---

[107] '비단옷을 입고 고향으로 돌아오다'라는 의미이다. 즉 성공을 거둔 후 사람들의 환영을 받으며 고향으로 개선하는 모습을 뜻한다.

"하숙 치는 사람이 되었네요."

젊은 작가들에게 따뜻한 밥과 건강한 반찬을 내주는 그 자체가 박경리에게 한없는 기쁨이었다. 그녀는 채소밭에서 가꾸는 푸성귀나 외부에서 보내주는 음식들은 전부 문화관 식당으로 보내며 뿌듯함을 느꼈다.

채소를 가꾸고 있는 모습

다음 달 14일, 박경리는 '소설 『토지』의 날'을 맞아 원형으로 복원되고 있는 단구동의 옛집을 찾았다. 그리고 펜으로 쓴 원고지(육필 원고) 370매와 책 35권 등 400여 점을 토지문학공원에 기증했다.

그 안에는 『토지』와 『환상의 시기』, 『파시(波市)』 등 '박경리 작가'의 손때가 묻은 서적들도 포함되어 있었는데, 그 희소성과 문학적 가치는 그 무엇으로도 환산하기 어려웠다.

2008년 봄, 청와대의 요청으로 서울에 도착한 박경리는 몸에 이상 증상을 느꼈다. 즉시 서울아산병원에 입원한 그녀에게 의사는 '뇌출혈'이라는 진단을 내렸고, 얼마 지나지 않은 5월 5일 향년 81세의 나이로 영면에 들어갔다.

장지[108]는 생전 그녀의 요청대로 통영 산양읍으로 정해졌고, 영결식에는 선후배 작가들과 지인들이 찾아와 편안한 영면을 기원했다.

성과 — Result	1990~1992년	1994년	1996년
	▼	▼	▼
	제4회 인촌상 수상	이화여대 명예문학박사 학위	제6회 호암상 수상 (예술 부문)
	연세대 원주캠퍼스 강의 (~1992년 가을학기)	『토지』 완간 기념행사 (원주의 집에서)	가브리엘라 미스트랄 문학기념메달 수상(칠레)
	『토지』 5부 연재 (문화일보)	유네스코 서울협의회 '올해의 인물' 선정	토지문화재단 창립

탈냉전기

독일 통일　　　　　　　　　　　　　세계무역기구 출범
　　　　　　　　김영삼 정부

108) 장사하여 시신을 묻는 땅

전직 대통령 등 사회적 위치가 있는 명망가부터 머리가 하얀 노인부터 10대 학생까지, 생전 그녀와 면식이 없던 독자들이 찾아와 추모했다.

"이 나라 강산을 사랑하시는 문학의 큰 별 고히 잠드소서."

이명박 대통령이 아산병원 분향소 방문 당시 남긴 방명록의 글이었다. 그는 분량과 함께 박경리에게 금관 문화 훈장을 추서하며 '작가로서의 업적'을 기렸다.

"글과 생활이 함께 되는 본보기를 후학에게
보여주는 분이셨습니다."

1997~1999년	2000~2004년	2008년
연세대 용재 석좌교수 선정	출판인들이 뽑은 '20세기 최고의 작가' 선정	뇌졸중 증세로 서울 아산병원 입원
원주 매지리 사저 완성	문화환경 계간지 창간 (숨소리)	5월 5일 원주의 자택에서 별세
토지문화관 개관식	에세이집 『생명의 아픔』 출간	
	통영 방문	서울 아산병원 장례
IMF 사태	청계천 복원 사업	전국 각지에서 추모식
김대중 정부	노무현 정부	

장례위원장을 맡은 박완서는 추모사를 읽으며 울컥 올라오는 울음을 숨기지 못했다. 힘들고 아팠던 시절, 원주 단구동에서 고인이 지어준 따뜻한 밥을 먹고 눈물범벅이 되었던 순간, 그리고 토지문화관 창작실에 머물 때 매일 아침 엎드려 밭을 매던 모습이 떠올랐기 때문이다.

장례가 끝나고 통영에는 박경리의 문학 정신을 기리는 **박경리 기념관**이 들어섰다. 전시실에는 '한국 현대문학의 어머니' 박경리의 문학과 삶을 고스란히 느낄 수 있는 토지 친필 원고와 편지 등의 유품이 전시되었다. 전시실 벽 한쪽에는 그녀의 생각이 담긴 어록이 적혀 있다.

"문학이라는 것은 '왜'라는 질문에서 출발합니다.
우리는 '왜'라는 질문을 멈출 수 없습니다.
바로 이것이 문학의 골자입니다."

기념관 건물은 통영의 미륵산을 끼고 멀리 한산대첩 격전의 현장이 내려다보이는 장소에 있는데, 박경리 작가가 묻힌 곳이 바로 그 뒷산 중턱 양지바른 땅이었다. 바다를 한눈에 내려다볼 수 있는 해변의 묘지였다.

1998년부터 생의 마지막을 보낸 공간 (박경리뮤지엄 보존)

정신 | Mind |

"후배 작가들을 위한 '토지'를 일군,
우리 시대의 큰 어른!"

고추를 말리고 있는 박경리 작가

박경리 작가의 일생은 그야말로 『시장과 전장』을 오가는 삶이었다. 평범하지 않았던 가정환경, 불우한 어린 시절, 짧았던 두 번의 결혼 생활과 아들의 죽음, 대를 이은 옥바라지까지!

한없이 결핍되고 굴곡진 인생에서 그녀를 지탱한 건 오직 '글'이었다. 어릴 때부터 읽었던 많은 글과 책은 그녀가 작가로 성장할 수 있는 토대를 마련해 주었고, 역사의식을 일깨웠다. 덕분에 그녀는 연이은 시련과 불행에도 좌절하고 쓰러지지 않았다.

"행복했다면 문학을 하지 않았을 것."

'박경리 작가'가 대중적으로 사랑받는 작가가 될 수 있었던 이유는 그녀의 말처럼 셀 수 없는 고통과 상실감, 결핍을 '글'로 분출했기 때문이다. 사람들은 그녀의 작품을 통해 간접적으로나마 그녀의 삶을 느끼고 감동하며, 또 공감했다.

박경리 작가는 처음에는 예민하고 사람들과 왕래도 하지 않는, '날이 선 모습'이었다. 그러나 원주로 이사하고 주변 사람들의 아픔을 보듬어 주기 시작하면서 날은 점점 무뎌졌다.

텃밭과 새들, 길고양이들까지 돌보고, 아픔과 고민을 삼고 찾는 이들을 포근하게 맞이했다. 높은 담장을 쌓고, 어려움을 호소하며 찾아온 김지하를 매몰차게 내쫓던 서울에서의 모습과는 정반대로 변했다. 마치 『토지』에 나오는 주인공 서희가 토지와 재산을 되찾기 위해 복수의 칼날을 갈던 강인한 모습에서 점차 부드러운 어머니로 변한 것과 닮았다.

전국에 세워져 박경리 작가를 기리고 있는 시설들, 토지문화관(원주), 박경리문학공원(원주), 박경리문학관(하동), 박경리기념관(통영)

등만 봐도 그녀의 따뜻함을 느낄 수 있다. 그중 대회의실, 집필실, 창작실 등이 갖춰진 토지문화관은 그녀가 사재를 털어 만든 '문화예술인을 위한' 장소였다.

이렇게 그녀는 소위 성공한 작가가 된 후에도 힘들었던 시절을 잊지 않고 젊은 후배 작가들에게 도움의 손길을 내밀었다. 후배 작가들은 생업과 일상에서 벗어나 창작에만 전념할 수 있는 공간을 마련하고, 그녀 자신은 먹이를 나르는 어미 새처럼 그들의 끼니를 직접 챙겼다.

이곳을 이용하는 작가들은 최대 3개월까지 숙식과 도서관 이용 등 문화예술 활동을 지원받으며 생활할 수 있다. 2004년부터는 문인 외에도 디자인, 연극, 웹툰 등 다양한 방면의 예술인에게도 창작공간을 지원하고 있다. 그뿐만 아니라 장애 예술인, 외국인 예술가에게도 창작실의 문을 열었다.

"꿈꾸는 자가 창조한다."

박경리 작가의 동상에 새겨진 말이다. 토지문화관은 이 말을 구현하기 위해, 2001년부터 오늘날까지 950여 명의 문화·예술인들의 쉼터가 되었다. 이곳을 거친 예술인은 소설가 은희경[109], 번역가 박종대[110], 소설가 겸 영화감독 정대건[111] 등 다양한 예술 분

---

[109] 1995년 동아일보 신춘문예로 등단했다. 2007년 제38회 동인문학상, 2014년 제14회 황순원문학상 등을 수상했다.

[110] 성균관대학교 독문학과와 동 대학원 졸업, 독일 쾰른 대학교에서 문학과 철학을 공부했다. 현재 전문 번역가로 활동하며 생명과 환경을 중시하는 시민단체 '생명회의'에 몸담고 있다.

야에서 활약하고 있다. 그녀가 생전 바랐던 일이 바로 현실로 이어지고 있는 셈이다.

박경리 작가가 작고한 뒤 토지문화재단은 딸 김영주가 이어받았고, 지금은 '후배 작가'이며 손자인 김세희가 이사장 겸 토지문화관장을 맡아 할머니의 뜻을 이어오고 있다. 토지문화재단 역시 2011년 제정한 '박경리문학상[112]'을 오늘날까지 순조롭게 운영해 오고 있다.

역대 수상자로는 1회 수상자 최인훈을 필두로, 베른하르트 슐링크(독일), 아모스 오즈(이스라엘), 응구기 와 시옹오(케냐), 리처드 포드(미국), 이스마일 카다레(알바니아), 윤흥길(한국) 등이 있으며, 2023년 12회 수상자는 오스트리아 작가 크리스토프 란스마이어Christoph Ransmayr였다.

박경리의 작가 정신이 한국을 넘어 세계로 전해지는 특별하고도 중요한 계기였다.

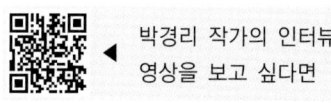
박경리 작가의 인터뷰 영상을 보고 싶다면

---

[111] 2011년 서울독립영화제 우수작품상, 2018년 바르샤바국제영화제 경쟁 1-2 부문 특별언급상(메이트)을 수상했다.
[112] 국내 최초의 세계문학상으로서 삶의 고통과 의미를 통해 인간의 가치를 밝혀내는 문학의 중요한 역할을 추구하는 작가 1인을 선정하여 시상한다.

나는 한국의 문화를
수출하기 위해
세상을 떠도는
문화상인이다.

3장

백 남 준
Paik Nam-june

천재 아티스트
비디오 아트
플럭서스
한국-세계 예술의 가교
독일 괴테 메달 수상자

1932~2006

어린 시절 | Childhood |

피아노를 사랑한 소년 | 햇살이 따뜻한 어느 날 오후, 거실에서 한 소녀가 피아노를 연주하고 있었다. 여섯 살 정도 되는 남자아이는 옆에서 누나가 피아노 치는 모습을 싱글벙글 즐겁게 구경하고 있었다.

"큰누나, 나 방금 그거 칠 수 있다?"

"정말? 넌 피아노를 배운 적도 없는데?"

"누나가 치는 걸 보고 따라 해 봤지. 한번 볼래?"

남자아이는 피아노 앞에 앉아 방금 큰누나가 연주한 곡을 연주했다. 박자와 음정은 잘 맞지 않았지만, 어깨너머로 배운 것치고는 꽤 괜찮은 연주였다. 남매는 아버지가 거실에 들어온 줄도 모르게 신나게 피아노를 쳤다.

"너희 지금 뭐 하고 있는 거야?"

"아, 아버지! 남준이 좀 보세요. 피아노를 배운 적이 없는데도 이렇게 잘 쳐요."

큰누나의 말에 남자아이는 칭찬을 기대하며 아버지의 얼굴을 보았다. 그러나 무서운 얼굴이 된 아버지는 아이에게 버럭 호통쳤다.

"남자가 피아노를 쳐서 뭐하겠다고! 남준이 너는 앞으로 피아노 앞에 얼씬도 하지 마라!"

크게 혼이 난 남자아이는 축 처진 어깨로 뒷마당 구석으로 향했다. 잠시 쪼그려 앉아 울음을 참고 있는데, 문득 나뭇가지 하나가 눈에 띄었다.

아이는 그 나뭇가지를 집어 마당 흙바닥에 피아노 건반을 그려 넣었다. 그리고 금방 혼이 난 사실도 잊어버린 채 양손으로 신나게 건반을 두드리기 시작했다. 바로 세계적인 예술가로 이름을 알린 '백남준'의 어린 시절이었다.

백남준의 돌사진 (왼쪽은 아버지 백낙승, 오른쪽은 할아버지 백윤수)

백남준은 1932년 7월 20일, 서울 종로에서 직물 업계의 큰손으로 불린 기업가 백낙승과 그 아내 조종희 사이에서 3남 2녀 중 막내로 태어났다.

백남준의 집안은 대대로 풍족했다. 할아버지 백윤수는 서울 종로 5가와 동대문 일대 포목상의 절반을 소유할 정도로 부자였다. 그는 조선 왕실에 청나라 비단을 독점으로 판매하며 부를 쌓았고,

국상[1] 때는 조정의 벼슬아치들이 입는 상복과 제복을 만들어 팔았다. 가업을 이은 아버지 백낙승 또한 해방 이후 태창무역과 태창직물 등의 기업을 만들어 '한국 최초의 재벌'로 불린 인물이었다. 덕분에 백남준은 어릴 때부터 이웃들이 '큰 대문 집'이라는 넓은 집에서 살았고, 당시 집에는 피아노와 전축은 물론, 서울에 단 2대 밖에 없던 캐딜락[2]이 있었다.

'피아노를 치고 싶다…….'

왕실이나 양반 자제들이 다니던 유치원에 입학할 정도로 유복한 환경에서 자란 백남준이었지만, 집에 있는 피아노를 마음껏 만지지 못한다는 아쉬움이 있었다. 아들이 '사업가'가 되길 바라는 아버지는 그가 피아노에 손을 댈 때마다 크게 혼을 냈다.

어린 시절의 백남준 (4살)

어린 백남준은 피아노 개인 교습을 받는 큰누나(장녀) 백희득의 어깨너머에서 피아노 치는 법을 익혔고, 몰래 땅에 건반을 그려놓고는 했다. 땅바닥 건반에서 소리가 날 리가 없었지만, 그의 귀에는 아름다운 피아노 선율이 들렸다. 눈앞에는 악보가 펼쳐지고 음표가 날아다녔다.

[1] 왕실의 초상으로 국가에 속한 이라면 빠짐없이 상복으로 추모했다.
[2] 미국제 고급 승용차

"이야, 악보가 춤을 춘다! 너무 신나는 음악이야!"

그는 땅바닥 건반을 치면서 더욱더 상상의 나래를 펼쳐 나갔다. '음악을 귀로만 듣는다'라는 고정관념을 깨도록 도와준 아주 특별한 시간이었다.

음악을 배우다 | 어린 백남준이 처음 초등학교에 갔을 때, 함께 입학한 아이들은 그의 두 가지 모습에 관심을 보였다. 첫 번째는 서울에서도 보기 힘든 자동차를 타고 등교했다는 점이고, 두 번째는 너무도 남루한 옷차림 때문이었다.

"저렇게 좋은 자동차를 타고 온 애가 옷은 왜 저럴까?"

그는 자신의 옷차림을 전혀 신경 쓰지 않았다. 어머니와 큰누나가 신경 써서 좋은 옷을 입혀도, 움직일 때 불편하면 훌렁 벗어버렸다. 어쩔 땐 멀쩡한 옷에 구멍을 내 놓고는 했다. 옷감이 귀하던 시절 큰 꾸지람을 받을 일이었지만, 큰누나는 어린 남동생을 혼내지 않았다.

'남들은 다 장난꾸러기라고 하는데, 내 눈에 남준이는 좀 특별한 아이 같아. 예술가가 될 재능이 있어.'

큰누나는 아버지의 반대 때문에 피아노 근처에도 못 가는 상황을 안타까워해 막냇동생을 살뜰히 돌봤다. 어린 백남준도 자신을 챙겨주는 큰누나를 엄마처럼 따랐다.

백남준 가족이 살았던 서린동 자택

1945년 수송초등학교를 졸업한 백남준은 경기공립중학교[3]에 입학해 평생 잊지 못할 두 명의 스승을 만났다. 그중 한 명은 당시 음악 교사로 활동하던 피아니스트 신재덕[4]이었다.

큰누나의 친구였던 신재덕은 백남준의 음악적 재능을 알아보고, 그에게 피아노 연주부터 작곡과 성악에 이르기까지 음악의 다채로움을 알려주었다.

또 다른 스승은 그녀와 같은 학교의 음악 교사이자 가곡 작곡가인 이건우[5]였다.

백남준은 열성적인 두 선생님으로부터 당시로선 접하기 힘든 20세기 피아노와 신음악을 배웠고, 14세부터는 직접 곡을 쓰기

---

[3] 경기고등학교의 전신으로 6년제 학교였다.
[4] 훗날 이화여자대학교 음대 교수이자 학장을 지냈다.
[5] 윤이상, 김순남과 함께 한국 근현대 음악을 이끈 작곡가로 평가받는 인물이다.

시작했다. 그때 두 번째[6]로 만든 음악이 시인 조벽암의 시 〈향수〉을 음률을 더한 곡[7]이었다.

　　해만 저물면 바닷물처럼 짭조름이 저린 여로(旅路)
　　오늘도 나그네의 외로움을 차창(車窓)에 맡기고

　　언제든 갓 떨어진 풋 송아지 모양으로
　　안타까이 못 잊는 향수를 반추(反芻)하며

　　아늑히 살 어둠 깃들인 안개 마을이면
　　따스한 보금자리 그리워 포드득 날라들고 싶어라[8].

　당시 이건우는 음악 수업 때마다 백남준에게 새로운 음악 세계를 소개했다.
　"여러분, 서양 음악에는 몇 개의 음이 있죠?"
　"도, 레, 미, 파, 솔, 라, 시, 일곱 개의 음이 있어요."
　이건우의 물음에 제일 먼저 대답한 학생은 백남준이었다. 그는 음악 시간이면 더욱 활기를 띠는 학생이었다.
　"맞아요. 그러나 이 7개의 음에서 탈피해서 12음 기법을 창시한 작곡가가 있습니다. 바로 **아놀드 쇤베르크**Arnold Schönberg[9]입니다."

[6] 제일 처음 만든 곡은 어린 나이에 썼던 터라 백남준 작가 자신도 기억해내지 못했다.
[7] 악보는 6·25전쟁 당시 유실되었다가 휴전 이후에 백남준 작가가 기억을 더듬어 다시 썼다고 한다. 다만 〈향수〉라는 제목을 기억하지 못해 〈짭조름〉이라는 제목을 붙였다.
[8] 타지를 오가는 나그네의 신세와 고향을 향한 그리움을 소재로 한 조벽암의 시 「향수」의 원문

쇤베르크는 '도레미파솔라시'라는 전통적인 7개 음에서 벗어나 12음기법을 만들어 음악계에 파란을 일으킨 작곡가였다.

당시 백남준은 다른 아이들보다 클래식 음악과 최신 전위음악 등을 쉽게 접할 수 있는 유복한 환경에 있었다. 그는 다양한 장르의 음악을 접하며 기존(전통적) 음악의 틀을 깨는 '새로운 음악'에 관심을 가졌다.

특히 '전위음악'은 그에게 새롭고 획기적으로 다가왔다. '전위'는 맨 앞에서 싸우는 군인을 뜻하는 말인데, 예술계에서는 '가장 앞선 새로운 예술'로 통했다. 전위음악에서 소리는 그 자체로 중요하고 소음까지도 음악이 될 수 있었다.

'오늘은 음반을 구할 수 있을까?'

쇤베르크의 신선한 음악에 빠진 백남준은 현대음악에 관한 다양한 소식에 귀를 기울이는 한편, 스승 이건우와 함께 쇤베르크의 음반을 구하러 백방으로 뛰어다녔다.

그러나 제2차 세계대전이 끝난 지 얼마 되지 않았던 당시 상황에서 외국 음악가의 음반을 구하기는 쉽지 않았다.

"드디어 레코드를 손에 넣었어!"

1947년[10], 무려 3년이나 걸려 일본산 쇤베르크의 음반을 구한 백남준은 기뻐 펄쩍펄쩍 뛰었다. 레코드판에서 흘러나오는 선율은 그의 '음악을 향한 열망'을 더 들끓게 했다.

---

9) '도레미파솔라시' 7개 음이 중심이 되는 전통 음악을 배격하고 '12음기업'을 창안한 오스트리아 출신의 현대음악 작곡가이다.
10) 쇤베르크의 음악이 미국에 소개된 시기가 1948년인 점을 보면 백남준 작가의 현대음악을 향한 관심은 이보다 앞서 있었다고 볼 수 있다.

"나의 10대 시절에 자랑할 만한 것이 있다면
그것은 쇤베르크의 발견에 있을 것이다.
쇤베르크는 단순한 음악가가 아니라
서양 음악에서의 고질적 계급을 소멸시킨 전위예술가이며
음악을 소리개념으로 확장한 인물이다."

이렇게 이건우와 쇤베르크와 함께한 어린 시절은 훗날 백남준의 아방가르드[11]적 예술 성향과 행위예술 '퍼포먼스performance'에 아주 깊은 영향을 주었다.

경기공립중학교 시절의 백남준 (앞줄 가운데)

---

[11] 원문은 Avant-Garde이며, 전위예술이라고도 한다. 문화·예술적 영역에서 규범이나 현상의 경계를 허물고자 하는 운동으로, 실험적이거나 급진적인 예술 작품과 작품을 가리킨다.

통역원이 되다 | 어느 날, 아버지가 진지한 얼굴로 막내아들을 불러세웠다. 백남준은 혹시나 자신이 몰래 음악 공부를 하고 있다는 사실을 알고 혼낼까 싶어 잔뜩 겁을 먹었다.

"남준아, 너 영어 할 줄 알지?"

"네, 아버지……."

"그래, 그럼 아버지를 따라 홍콩에 가서 통역을 맡아주면 되겠구나. 할 수 있겠지?"

"네."

백남준은 얼떨결에 대답하고도 반신반의했다. 해외 출국이 오늘날 우주에 가기보다 어렵던 당시, 군대도 가지 않은 17살의 소년이 해외로 나간다는 건 거의 불가능에 가까웠다.

얼마 지나지 않아 그는 아버지 백낙승이 정부로부터 '홍콩에서 외국 상인들에게 인삼을 팔아 외화를 벌어오는 일'을 받았으며, 자신은 겸사겸사 아버지를 따라가게 되었다는 사실을 알게 됐다.

'정말 외국으로 나가는구나!'

1949년 11월 출국 당일, 백남준은 아버지와 함께 난생처음 비행기에 몸을 실었다.[12]

'우와! 진짜 영화에서 보던 것처럼 금발에 푸른 눈이야.'

눈에 보이는 모든 것이 신기한 순간이었다. 백남준은 비행기 내부와 창밖, 승무원을 비롯한 여러 외국인 승객들을 살펴보느라 정신이 없었다.

---

12) 당시 백남준의 여권 번호는 7번, 아버지 백낙승의 여권 번호는 6번이었다. 한 자리 숫자의 여권 번호를 통해 해외에 나갈 수 있는 사람들이 극소수였다는 사실을 알 수 있다.

백남준의 여권 (1953년 3월 19일 날짜, 여행지는 일본과 홍콩)

"남준아."

그러다 아버지가 그를 불러 통역을 시키면 부랴부랴 외국인의 말을 통역했다. 얼마나 당황했는지, 당시 자신이 무슨 말을 했는지도 전부 잊어버릴 지경이었다.

비행기에서 내려서도 바쁜 일정이 이어졌다. 백남준은 아버지를 따라 홍콩 여기저기를 돌아다니며 상인들을 만났다. 어느 상인과는 가격 흥정이 뜻대로 되지 않아 갈등을 빚었는데, 아버지는 그에게 '이렇게' 통역하라고 이야기했다.

"우린 바로 당신의 경쟁사인 '천우사'를 방문할 예정이라고 전해라. 천우사에선 우리 인삼을 다 살 것 같다고 말이야."

"네? 오늘 일정에 그런 약속이 있었나요?"

"잔말 말고 어서 통역해라."

백남준이 아버지의 말을 그대로 옮기자, 상인은 잠시 고민하다니 거래하겠다고 대답했다.

"아버지, 아까 천우사 이야기는 뭐예요?"

"거짓말이다. 사업을 할 땐 가끔 이렇게 머리를 써야 한다."

사업 수완이 좋았던 아버지는 거래하는 상인들의 경쟁사도 다 조사하고 있었다.

"너도 나중에 사업가가 될 테니, 이번에 아버지가 일하는 방식을 잘 봐둬라."

아버지는 자신의 수완을 자랑스럽게 말했지만, 백남준은 시간이 지날수록 도리어 사업에 대한 흥미를 잃어갔다.

'사업가가 되려던 저렇게 거짓말도 하고 사람들에게 뇌물도 줘야 하나? 속임수는 쓰고 싶지 않은데…….'

일정이 거의 마무리되어갈 무렵, 아버지는 백남준을 홍콩의 어느 학교로 데려갔다.

"오늘은 학교에서 거래하나요?"

"아니, 여긴 앞으로 네가 다닐 학교다. 여기서는 쓸데없는 음악에 관심 두지 말고 사업 공부에 집중하거라."

아버지는 백남준이 음악에 심취해 있다는 사실을 알고도 모른 척했다. 그는 아들을 홍콩으로 데리고 올 때부터 현지 학교에 보낼 계획이었다.

'싫어요! 전 사업가가 아니라 음악을 하고 싶다고요!'

백남준은 이렇게 말하고 싶었지만, 엄격한 아버지의 뜻을 거스를 용기가 없었다.

아버지는 결국 백남준을 홍콩의 로이덴스쿨로 전학시키고 홀로 한국으로 돌아갔다. 울며 겨자 먹기로 홍콩에 남은 백남준은 이듬해 5월까지 로이덴스쿨에 다니며 외롭고 힘든 시간을 보냈다.

조선을 벗어나 세계로 | 백남준이 귀국하고 얼마 지나지 않았을 무렵인 1950년 6월 25일, 전쟁이 발발했다. 위험을 직감한 아버지 백낙승은 전 재산을 챙겨 피난에 나서기로 결단했다. 온 가족이 짐을 싸느라 분주한 그때,

"떠나기 전에 이것 좀 먹으렴."

백남준을 붙잡아 앉힌 어머니는 잘 깎은 파인애플[13]을 앞에 내밀었다. 어머니와 누나들이 먼저 떠나고 잠시 서울에 남아 있을 막내아들에 대한 걱정과 애정의 표현이었다.

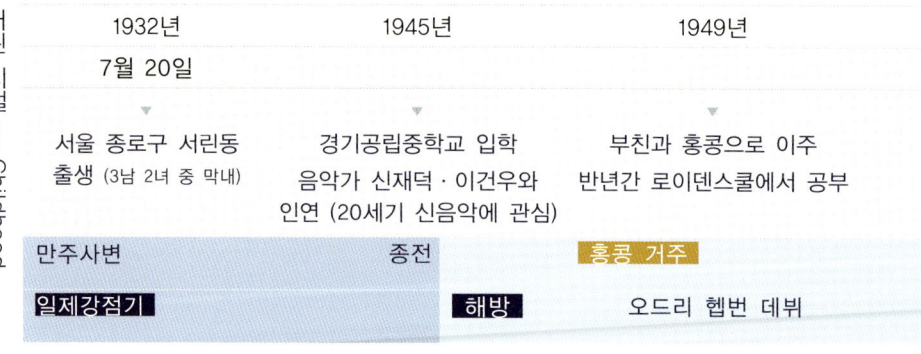

[13] 당시 국내에는 잘 알려지지 않았을 정도로 귀하고 비싼 수입산 과일이었다.

'집이 텅 비니까 기분이 이상하네.'

홀로 서울 집에서 기다리다가 2차 피난대열에 합류하려던 백남준은 서울로 진입한 '북한 인민군'에 대한 소식을 들었다. 이웃들은 인민군이 무슨 짓을 벌이는 건 아닐까 두려워했지만, 백남준은 오히려 그들의 정체가 궁금했다.

'말로만 들어선 모르잖아. 직접 보고 싶어.'

백남준은 경기공립중학교 재학 시절 처음으로 마르크스 이론[14]을 접했다. 사업가의 아들로 경제적으로 풍족하게 성장한 그였지만, 사회 부조리에 직면한 여타 젊은이들처럼 자연스럽게 카를 마르크스가 정립한 사회주의 사상에 스며들었다.

'사회주의 혁명이 성공한다면 세상이 평등해지겠지. 그러면 사람들은 빈부격차도 없이 모두 행복하게 살 수 있을 거야.'

하지만 서울을 점령한 인민군이 집으로 들이닥쳐 백남준의 안일한 생각을 완전히 뒤바꿨다.

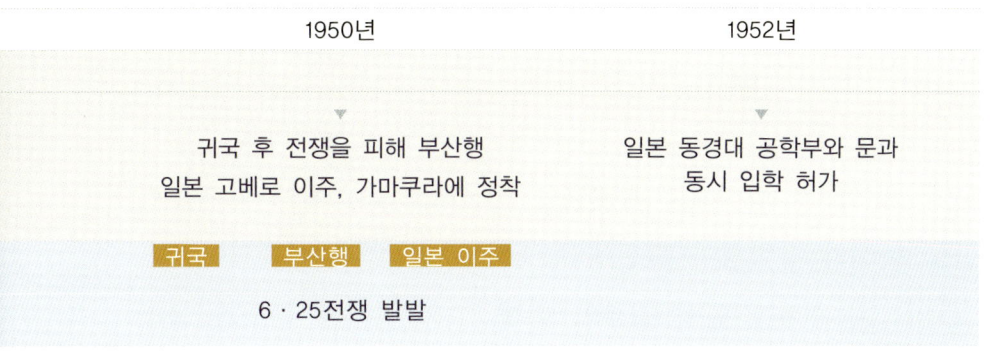

14) 독일의 공산주의 혁명가이자 사회주의자인 카를 마르크스(Karl Marx)가 공상적 사회주의와 고전 경제학을 비판하여 창시한 사회주의 이론이다.

"이야, 여긴 부잣집이라 값나가는 게 많네!"

인민군들은 집 안을 쓱 둘러보고 세간 살림을 뒤져 쓸 만한 물건을 싹 털어갔다. 일부는 며칠이고 그의 집에 눌러앉아 음식을 축냈고, 끝내는 집에서 기르던 개들마저 잡았다.

'끔찍하다.'

캄캄한 밤, 집 안팎 여기저기 횃불을 밝혀 놓고 개를 삶아 먹으며 낄낄거리는 그들의 모습은 한없이 실망스러웠다.

'사회주의자의 정체가 이런 거였어? 강도와 약탈꾼과 뭐가 달라?'

훗날 백남준은 당시에 느낀 감정을 이렇게 회상했다.

"당시 내가 철저한 마르크스주의자였다면 아마 나는 지금쯤 북한의 어느 시골에서 음악선생을 하고 있을 것이다. 인생에서 이데올로기와 현실은 어긋난다."

사회주의에 환멸을 느낀 백남준은 집을 떠나 부산으로 향했다. 가족들과 무사히 재회했지만, 금방 끝날 줄 알았던 전쟁은 끝이 보이지 않았다. 백남준 일가는 부산에서 희망을 잃고 홍콩을 거쳐 일본 가마쿠라(鎌倉)[15]에 정착했다.

현지에서 고등학교를 마친 백남준은 1952년 동경대학교 입학시험에 합격했다. 당시에도 동경대는 명문대로 손꼽히는 학교였고, 한국 출신의 유학생이 단번에 합격하는 일은 꽤 이례적이었다. 그 비결은 혹독한 입시 공부와 함께, 그의 남다른 수학과 물리 실력 덕분이었다[16].

15) 일본 가나가와현 동남쪽의 도시

"잘했다, 남준아! 네가 정말 자랑스럽다."

아들이 동경대 상과[17]에 입학했다는 소식을 들은 아버지는 크게 기뻐했다. 그러나 백남준은 자신을 칭찬하며 웃는 아버지의 모습을 똑바로 바라볼 수가 없었다.

'거짓말해서 죄송합니다. 아버지가 원하시는 상과가 아니라 미학과[18]를 선택했습니다.'

음악가가 되고 싶다는 열망 하나로 아버지를 까맣게 속인 그는 동경대 미학과 입학 절차를 밟았다.

---

16) 사실 그는 '다시 태어난다면 물리학자가 되고 싶다'라고 말했을 정도로 이전부터 수학과 물리학 성적이 좋았다.
17) 경제와 상업을 연구하는 학과
18) 자연, 인생 및 예술에 담긴 미의 본질과 구조를 철학적으로 연구하는 학과

도전 | Challenge | : 20~30대

조용한 한국 학생 | 백남준의 대학 생활이 막 시작된 시점이었다. 아들에게 모든 입학 절차를 맡겼던 아버지는 우연히 대학에서 온 우편물을 보고 '진실'을 알게 되었다.

"이게 뭐냐?! 동경대 미학과? 네가 아버지를 속여?"

화가 머리끝까지 오른 아버지는 그에게 학비와 생활비는 꿈도 꾸지 말라며 엄포를 놨다.

'이걸 어떡하지?'

그러자 동생의 예술적 재능을 아깝게 여기던 큰누나 백희득이 형제들을 모아 설득했다.

"남준이가 아버지를 속인 건 잘못이지만, 막내도 오죽하면 그랬겠어. 우리가 좀 도와주자."

백남준은 큰누나와 형제들이 보탠 학비로 무사히 동경대에서의 공부를 이어갔다. 그는 문학부에서 미술사학과 미학, 음악학, 작곡 등을 배우며 예술적 토대를 다졌다. 당대의 대표적 작곡가인 **모로이 사부로(諸井三郎)**[19]가 그의 스승이었다.

"쟤지? 그 조선인이라는?"

당시 동경대 안에서는 소수의 한국인 유학생을 두고 '식민지배를 받은 민족'이라며 무시하고 차별하는 학생들이 적지 않았다. 전쟁 중이라는 상황도 불리하게 작용했다.

[19] 작곡가연맹 위원과 음악문화협회 이사를 역임한 독일 낭만파 계통의 일본 작곡가

그러나 음악학을 가르치던 노무라 요시오(野村良雄)[20] 교수와는 상관없는 이야기였다.

"남준아, 그거 알아? 노무라 교수님이 예전에 조선의 독립운동을 지원하셨대."

"정말이야? 일본인이 그런 일을 하긴 여간 힘든 일이 아니었을 텐데."

한국 학생으로부터 노무라 교수에 관한 이야기를 전해 들은 백남준은 더욱 존경하는 마음을 가졌다.

동경대 재학 시절 백남준은 조용하고 얌전한 학생이었다. 그는 주로 음악과 철학에 관련된 책을 읽으며 지냈고, 2학년 때는 프랑스의 인상주의 음악가 드뷔시[21]에 대한 논문에 몰두했다. 훗날 대학 동기 도시오 마쓰모토(松本俊夫)[22]는 그를 이렇게 기억했다.

"그는 매우 얌전하고 수줍은 학생이었다. 그런데 졸업 후 몇 년 뒤인 어느 날, 그가 동경에 돌아와 퍼포먼스를 하는 것을 보고 나는 아연실색하였다. 피아노를 때려 부수고 머리에 먹물을 뒤집어쓴 채 글씨를 쓰는가 하면……. 옛날의 백남준은 간 곳이 없었다."

그러나 음악을 향한 열정은 조용하지 않았다. 백남준은 음악적 우상인 '쇤베르크'에 깊이 빠져들었다. 다만 동경대학 안에서도

---

[20] 동경대 예술대학 강사, 음악학회 이사 등을 역임한 일본의 음악학자
[21] 드뷔시(Claude Debussy)는 프랑스의 작곡가이자 인상파 음악의 창시자이다.
[22] 백남준과의 교류를 통해 '비디오 아티스트'가 되었다.

쇤베르크에 대한 심도 있는 지식을 가진 교수가 드물었다.

"자네 졸업논문 주제가 쇤베르크에 대한 연구라고 했었나? 졸업논문이면 좀 더 유명한 예술가를 연구하는 편이 좋지 않을까 싶은데."

백남준이 쇤베르크 연구 과제로 삼겠다고 하자, 교수들 대부분은 그를 만류했다. 그러자 그는 쇤베르크의 활약과 독창성을 강조하며 교수들을 설득했다.

"유명한 예술가에 대한 논문은 이미 많습니다. 하지만 전위예술의 창시자나 마찬가지인 쇤베르크의 논문은 거의 없습니다. 저는 10대 시절부터 그의 음악에 매료되었고, 그의 음악을 꼭 연구하고 싶습니다."

"전위예술? 아, 존 케이지John Cage 같은 예술가가 하는 것 말이군."

"존 케이지요?"

"존 케이지는 미국과 유럽에서 명성을 떨치고 있는 전위음악가일세. 나중에 한 번 만나보게나."

노무라 요시오 교수는 백남준에게 '존 케이지'라는 예술가를 알려줬다[23].

"쇤베르크 연구도 나쁘지 않겠어."

당시 노무라 교수를 비롯한 교수진 몇 명만이 백남준의 연구를 지지했다. 백남준은 1956년에 졸업 눈문 「아놀드 쇤베르크 연구[24]」를 완성하고 학사 학위를 받았다.

[23] 백남준은 이때만 해도 '존 케이지'가 자신에게 어떤 영향을 끼칠지 전혀 알지 못했다.

독일 유학 생활 | 대학 졸업을 앞둔 백남준은 향후 진로를 고민하기 시작했다. 단지 '한국으로의 귀국' 아니면 '해외에서 음악 공부를 이어 갈까'의 문제였다.

'지금 독일은 현대음악의 메카로 불리고 있다. 이왕 시작한 음악 공부, 독일에서 할 수 있다면 좋을 거야.'

백남준은 생각한 대로 행동했다. 그는 독일 유학을 결정하고 바로 뮌헨 대학교(대학원) 음악과에 지원하고 입학 허가까지 받아 냈다.

그러나 현실은 녹록하지 않았다. 대학교 학비는 형제들이 보내 준 돈으로 해결이 되었지만, 독일 유학에 들어가는 비용은 상상 이상이었다.

백남준은 아버지에게 도움을 청할 수밖에 없었다. 음악가의 길을 반대하는 아버지를 설득하는 일은 어려웠다. 그는 무릎까지 꿇으며 설득을 이어갔고, 아버지는 아들의 고집을 꺾지 못하고 돕겠다 약속했다.

물론 거기에는 '조건'이 있었다.

"독일 유학비의 일부를 지원해 주마. 단, 음악 실기가 아닌 이론을 전공해야 한다."

마지못해 한 결정이라 마음이 좋지 않았던 아버지는 그 말을 끝으로 등을 돌려버렸다.

백남준은 졸업 직후 독일로 건너가 뮌헨 대학교에 입학해 음악사를 공부하기 시작했다.

24) 이 논문은 독일 슈투트가르트현대미술관에 소장되어 있다.

'너무 지루하네……'

그러나 그는 강의실에 앉아서도 강의에 집중하지 못했다. 현대음악과 쇤베르크의 전위음악을 즐겨 듣던 그에게 서양 음악사 공부는 너무도 따분했다.

"이론공부는 너무 지루해. 게다가 보수적인 분위기의 뮌헨은 나와 맞지 않아."

이론 공부보다 실제로 작곡을 하고 싶었던 그는 아버지 몰래 뮌헨을 떠나 프라이부르크로 향했다. 그리고 프라이부르크 대학교 고등음악원에 들어가 공부와 작곡에 몰두했다. 그는 이곳에서 볼프강 포르트너Wolfgang Fortne[25]에게 현대음악을 배우고 처음으로 현악 4중주곡을 작곡했다.

당시 포르트너 교수는 백남준이 전위음악에 상당한 관심과 재능이 있다는 것을 알게 되었다.

"쾰른 방송국에 자네를 소개할까 하는데 어떤가? 거긴 전위음악의 본거지나 마찬가지니, 배울 게 많을 거야."

포르트너 교수는 쾰른의 서독 라디오방송국WDR[26]에 백남준을 소개하며, '보기 드문 매우 비상한 학생'이란 문구를 적은 추천장을 보냈다. 당시 방송국 내의 전자음악 연구소에는 독일의 현대 전위 작곡가로 전자음악의 발전에 크게 이바지한 카를하인츠 슈톡하우젠Karlheinz Stockhausen 등 독일 최고의 전위음악가들이 활동하고 있었다.

---

[25] 오페라 ≪피의 결혼식(Die Bluthochzeit)≫로 유명한 독일의 작곡가이자 지휘자
[26] Westdeutscher Rundfunk의 약자

백남준은 방송국을 오가며 다름슈타트[27]에서 열린 국제 신음악 페스티벌에 참석했다. 다름슈타트는 쇤베르크의 영향을 크게 받아 현대음악에 대한 다양한 실험과 도전이 활발하던 '전위음악'의 도시였다.

이후 그는 '다름슈타트 국제 하계 현대음악 강좌'에 참석하면서 직접 카를하인츠 슈톡하우젠을 만나 친분을 쌓았고, 또 같은 강좌에서 작곡가 윤이상[28]을 만나 인연을 맺었다.

다름슈타트에서 백남준(왼쪽)과 윤이상(오른쪽)

"타국에서 한국인을 만나니 반갑네요."
"네, 한국에선 전위음악이 잘 알려지지 않았을 텐데 신기해요."
그날 두 사람은 15살의 나이 차이에도 불구하고, 행사 내내 같은 방을 쓰며 친구처럼 음악에 관한 이야기를 나눴다.

27) 독일 헤센주에 있는 도시이다.
28) 대한민국을 대표하는 작곡가이며, 독일에서 활약한 바이올리니스트, 기타리스트, 첼리스트이다. 서울대학교에서 작곡과 이론을 가르치다가 프랑스로 갔으며, 다시 베를린으로 가 정착했다.

스승과의 운명적 만남 | 백남준이 다름슈타트에서 윤이상을 만난 무렵, 또 한 번의 운명적인 만남이 이루어졌다. 바로 존 케이지와의 만남이었다.

존 케이지는 미국의 현대 음악가이자 훗날 국제적인 전위예술 운동인 플럭서스Fluxus에 참여해 활동한 전위예술가였다. 그는 과거 쇤베르크의 제자가 되었음에도 1년 만에 '그와 맞지 않는다'라며 결별을 알렸는데, 다른 제자들에게는 냉담했던 쇤베르크가 지인들에게 '그는 눈여겨볼 만한 제자'라고 평가했던 일이 뒤늦게 알려졌다.

쇤베르크의 예상처럼 그는 자신의 길을 걸으며 전위음악으로 세계적 명성을 떨쳤다. 또 작곡뿐만 아니라, 판화 제작, 드로잉, 글쓰기 등 다양한 영역에 영향력을 발휘하며 현대예술에 중요한 존재로 자리매김했다.

존 케이지가 작곡가로 처음 이름을 알린 곡은 〈4분 33초〉였다. '연주곡'이지만 4분 33초 동안 연주자가 그 어떤 연주도 하지 않는, '연주가 없는 곡'이었다. 대신 연주를 기다리는 관객들이 스스로 귀를 기울여 '주변의 소리'를 발견하게 하려는 의도가 숨어 있었다[29].

"우리가 듣는 모든 소리가 음악이다!"

---

[29] 이는 동양의 '공(空)' 사상을 음악으로 표현한 것이다. 공은 인간을 포함한 모든 만물에는 고정불변하는 실체가 없다는 불교 교리이다.

존 케이지는 이러한 시도를 통해 절대적인 침묵이란 없음을 강조하고 환경의 소리, 즉 소음도 음악이 될 수 있다는 새로운 발상을 보여줬다.

"존 케이지의 음악을 다름슈타트에서 들을 수 있다니, 너무 흥분됩니다!"

백남준과 윤이상은 '존 케이지'의 음악회에 가기로 약속한 무렵이었다. 윤이상은 출발하기 전부터 어린아이처럼 들떠 있었고, 백남준은 한껏 시큰둥한 상태였다.

"동경대학에 재학 중일 때 노무라 요시오 교수님께서 존 케이지에 대해 언급한 적이 있었어요. 서양인인데 동양의 선종 사상[30]을 활용해 작곡한다면서요."

"맞아요! 케이지는 동양인보다 더 선종 사상을 잘 알고 있을 겁니다."

"글쎄요, 그건 제가 직접 보고 듣기 전엔 못 믿겠어요. 지금까지 동양 정신 운운하던 서양인들치고 제대로 아는 사람이 없어서요."

백남준은 음악회 현장에서도 이런 생각을 떨쳐내지 못하고 있었다.

'진정한 동양 정신을 아는 서양인이 있을 리가 있나. 고작 흉내만 낼 뿐이겠지.'

---

[30] 참선으로 자신의 본성을 구명하여 깨달음의 묘경(妙境)을 터득하고, 부처의 깨달음을 교설(敎說) 외에 이심전심으로 중생의 마음에 전하는 것을 종지(宗旨)로 하는 종파이다. 중국 양나라 때 달마 대사가 중국에 전하였다. 우리나라에는 신라 중엽에 전해져 구산문이 성립되었다.

그러나 그 편견은 얼마 지나지 않아 완전히 뒤집혔다. 처음 존 케이지의 음악이 귀로 파고든 순간, 백남준은 머리를 망치로 얻어맞은 기분을 느꼈다.

'소음은 물론이고, 공허와 침묵까지 음악으로 만들었어. 음악은 소리로, 소리가 음악으로 바뀐 거야. 이거야 말로 내가 찾던 진짜 음악이야!'

백남준은 온몸을 파고드는 전율을 느꼈다. 기존의 '음악'에 만족하지 못했던 그는 존 케이지의 음악을 통해 새로운 세계를 발견했다.

그는 1970년대에 제작한 비디오 작품 〈텔레비전을 위한 백남준의 편집〉에서 그날의 음악회에 대한 감상을 이렇게 밝혔다.

"처음에는 매우 시니컬한 기분으로 케이지의 콘서트를 보고 있었다. 그런데 이상하게도 시간이 흐르면서 나는 서서히 케이지의 음악 속으로 빠져들기 시작했다. 그리고 콘서트가 끝났을 때 나는 완전히 다른 사람이 되어 있었다."

이처럼 백남준은 존 케이지의 파괴적 접근과 자유 정신으로부터 깊은 영감을 얻었고, 그 예술관에 지대한 영향을 받았다. 그는 그날 이후로 존 케이지를 평생의 스승이라고 여기며 '아버지'라고 부르기 시작했다.

"내 삶은 1958년 8월 저녁 다름슈타트에서 시작되었다. 존 케이지를 만나기 전인 1957년이 내게는 기원전(B.C) 1년이 된다."

동양에서 온 문화 테러리스트 | 이듬해 백남준은 뒤셀도르프의 갤러리 22에서 존 케이지에 대한 존경이 물씬 담긴 첫 연주회를 열었다.

데뷔곡의 제목은 <존 케이지에 대한 경의: 테이프와 피아노를 위한 음악[31]>, 베토벤 교향곡 제5번과 라흐마니노프 피아노 협주곡 제2번, 독일 가곡 등 클래식 명곡과 함께 사이렌 소리, 수탉 울음소리 등 미리 녹음한 여러 소리가 흘러나오는 공연이었다.

백남준, 〈존 케이지에 대한 경의: 테이프와 피아노를 위한 음악〉, 1958-1962.
© Nam June Paik Estate.
백남준아트센터 소장.
사진: 고혜경.

Nam June Paik, *Hommage à John Cage: Music for Tapes and Piano*, 1958-1962.
© Nam June Paik Estate. Courtesy of Nam June Paik Art Center. Photo by Go Hye-kyung

---

31) Hommage à John Cage: Music for Tape Recorder and Piano

"행동 자체도 음악이 될 수 있다!"

이 공연에서 백남준은 바이올린을 내리쳐 부수는 '해프닝[32]'도 보여주었다. 무대 위에서 발로 깡통을 차서 유리판을 깨트리고, 손 대신 머리로 세 대의 피아노를 연주하기도 했다.

고전 음악과 소음, 녹음된 소리, 무대 연주곡, 심지어 연주자의 행동까지도 전부 '음악'이라는 그만의 예술관이 마음껏 드러난 순간이었다.

이렇게 각기 다른 요소를 조합하는 음악적 '콜라주collage[33]'를 시작으로, 백남준의 공연은 갈수록 더 과감해졌다. 1960년 10월 6일, 독일 쾰른에서 〈피아노 포르테를 위한 연습곡[34]〉 공연한 날이었다.

현장에는 '주목받는 신인 예술가'의 공연을 보기 위해 찾아온 관객들과 예술 관계자들로 북적였다. 백남준이 스승으로 여기는 존 케이지와 그의 친구 **데이비드 튜더**David Tudor[35]는 말쑥한 양복 차림으로 관람석 맨 앞줄에 자리를 잡았다. 그 옆에는 전위음악가인 카를하인츠 슈톡하우젠이 앉아 있었다.

잠시 불이 꺼지고 공연이 시작됐다. 관객들에게 공손히 인사한 백남준은 피아노 앞에 앉았고, 쇼팽의 피아노곡을 연주하기 시작

---

[32] 해프닝(happening)은 1950년대부터 자주 이루어졌던 일회성이 강한 공연 예술이나 작품 전시를 말한다.
[33] 시각 예술에서 주로 쓰이며 다양한 재질의 원료를 붙여 화면을 구성하는 기법으로, 어원은 '접착하나(to glue)'는 의미의 프랑스어 'coller'에서 파생되었다
[34] Etude For Piano Forte
[35] 미국의 작곡가이자 피아노 연주자

했다. 전위적 예술을 기대한 사람들은 평범한 연주에 고개를 갸웃거렸다.

그때 조용히 피아노를 치던 백남준이 벌떡 일어나더니 무대 위를 뛰어다녔다. 뒤이어 피아노를 마구 부수고 부품들을 하나둘 뜯어 바닥에 내동댕이쳤다. 그러더니 관객석으로 내려가 존 케이지의 앞에 섰다. 그의 한 손이 거칠게 존 케이지의 넥타이를 잡았고, 가위를 쥔 나머지 손이 넥타이 중간을 싹둑 잘라버렸다.

여기서 끝이 아니었다. 백남준은 미리 준비한 샴푸를 꺼내서 존 케이지와 데이비드 튜더의 머리에 들이부은 뒤 거침없이 어미를 감기기 시작했다. 그리고 머리와 옷이 흠뻑 젖은 두 사람을 보며 만족스러운 표정을 지었다.

'양복 차림이 마음이 들지 않았어.'

백남준은 공연 직전부터 존 케이지의 복장이 불만스러웠다. 그래서 즉흥적으로 남성의 질서와 권위를 상징하는 '넥타이'를 자르고, 말끔한 머리와 옷차림을 엉망으로 만들었다. 그리고 그 모습을 코앞에서 지켜보고 깜짝 놀란 슈톡하우젠에게 몇 마디를 던졌다.

"당신에겐 안 할 테니 걱정하지 마."

백남준은 이 말을 끝으로 바람처럼 공연장을 빠져나갔다. 잠시 후, 공연장에 전화벨 소리가 울리더니 백남준의 목소리가 스피커를 통해 흘러나왔다.

"여러분, 공연은 끝났습니다!"

'기발하고 충격적인 퍼포먼스'에 넋이 나간 관객들은 한참이나 자리에서 일어나지 못했다. 연주자가 전화로 공연의 끝을 알리는 것도 처음 접하는 일이었다.

"쇤베르크가 '무조성[36]'을, 존 케이지가 '무작곡'을 했다면,
나는 '무음악'을 추구하겠다."

첫 공연 이후 백남준은 본격적으로 음악적 콜라보를 시도하며, 다양한 퍼포먼스를 통해 정통 음악의 영역을 해체해 나갔다. 특히 1961년의 음악 퍼포먼스 ≪오리기날레^{Originale}≫가 사람에게 아주 깊은 인상을 남겼다.

독일어로 '괴짜들'이라는 뜻의 이 공연은 카를하인츠 슈톡하우젠과 그의 부인이면서 독일의 현대 예술가인 마리 바우어마이스터^{Mary Bauermeister}가 함께 기획한 음악·연극 형식의 작품이었다.

"어어, 저건 뭐하는 거죠?"

이날 백남준은 머리카락과 손, 넥타이 등에 검은 잉크를 잔뜩 묻혀 바닥에 놓인 종이 위를 기어가면서 천천히 선을 긋는 퍼포먼스 〈머리를 위한 선^{Zen for Head}〉을 펼쳤다. 그가 움직일 때마다 신체의 미세한 움직임이 날 것 그대로 종이 위에 남겨졌는데, 동양의 참선(參禪)[37]을 표현한 것이었다.

더불어 그는 벗은 구두에 물을 따라 단숨에 마셔버리는 〈심플

---

36) 모든 조성을 망라하여 조성 중심이 없는 음악 양식
37) 깨달음을 얻기 위해 궁극적인 진리를 탐구하고 자기 본래 모습을 들여다보는 불교 수행법이다.

Simple〉을 선보여 시선을 끌었다.

다음 해에 백남준은 뒤셀도르프의 카머슈필레 공연장에서 〈바이올린 솔로를 위한 독주One for Violin Solo〉를 연주하던 중, 바이올린을 부수는 퍼포먼스를 펼쳤다. 바이올린을 천천히 들어 올린 그가 아래로 세게 내리치는 순간!

"안돼! 그만둬!"

객석에 앉아 있던 뒤셀도르프 시립관현악단의 바이올리니스트가 소리쳤다.

"바이올린을 살려줘!"

그러자 또 다른 관객이 버럭 했다.

"이봐, 콘서트 방해하지 마!"

그는 바로 독일 출신의 예술가 요제프 보이스Joseph Beuys[38]였다. 넉분에 무사히 공연을 끝까지 마친 백남준은 요제프 보이스와 사담을 나눴고, '평생의 예술적 동지'이자 '친구'로 인연을 맺게 되었다.

그 시기 요제프 보이스는 이름이 알려진 예술가였지만, 오만하지 않고 같은 길을 추구하는 사람들에게 마음이 열려 있었다. 그는 신인 예술가 백남준과 급속도로 가까워져 많은 공연을 함께 했으며, 서로에게 영감을 주는 '뮤즈Muse'가 되었다.

---

[38] 조각, 드로잉, 설치 미술과 행위예술 분야에서 활동하면서 다양한 작품을 남긴 예술가이다. 교육가와 정치가로도 활동했다.

"나는 충격, 표현주의, 낭만주의, 클라이맥스,
놀라움, 기타 등을 보여준 것이다."

파격적인 퍼포먼스로 인해 백남준은 금방 유명세를 탔다. 미국의 해프닝 예술가인 앨런 카프로^{Allan Kaprow}는 급진적인 행위예술을 시도하는 그를 보며 '동양에서 온 문화 테러리스트'라고 평하기도 했다.

그만큼 독일에서의 예술 활동은 다른 실험 음악과 확연히 구별되었다. 눈으로 보고 몸으로 느끼는 음악인 '액션 뮤직^{Action-Music}'의 경우는 또 특별했다. 기본적으로는 존 케이지의 정신을 따라서 '음악을 해방한다'라는 철학이 베인 행위예술이지만, 어느 순간부터는 스승을 넘어서 '백남준만의 예술'로 재탄생했다. 훗날 존 케이지는 이를 두고 이렇게 말했다.

"좋은 예술가는 스승이 따로 존재하지 않는다.
내가 백남준에게 한 일이라곤 그의 생각을
조금 일찍 실천하게 만든 것뿐이다."

텔레비전의 등장 | 1960년대 이후 신인 예술가 백남준이 과감한 예술 세계를 펼칠 수 있었던 데에는 같은 전위예술가 집단의 힘과 지원이 컸다.

1961년, 백남준은 미국의 리투아니아계 예술가이자 플럭서스 운동[39]의 창시자인 조지 마키우나스$^{George\ Maciunas}$와 독일에서 처음 만나 인연을 맺었다. 조지 마키우나스가 기억하는 그의 첫인상은 이랬다.

"그는 키가 작고, 머리카락은 보리밭같이 삐죽 올라섰으며, 겨울에도 샌들을 신고, 목도리를 눈 밑까지 하고 다녔습니다. 그러나 누구에게나 '할로', '할로' 하면서 인사를 하고, 뉴욕 사람들과는 다르게 대단히 겸손했습니다."

강렬한 첫 만남 이후 두 사람은 '국가를 넘어 인류의 공통된 관심사에 주목하는 예술가 연대' 플럭서스의 창립을 함께 했고, 독일 플럭서스 운동의 주도자로 활약했다.

또한 요제프 보이스 등 세계적 전위예술가들을 영입해 활발한 활동을 이어갔다.

백남준은 플럭서스 멤버들과 소통하며 자신만의 예술 세계를 성립하고 선보이며, 전자음악$^{Electronic\ music}$에 관한 관심도 드러냈다. 그는 1958년부터 다닌 WDR(쾰른의 라디오방송국) 전자음악 연구소를 통해 전자음악에 관련된 상당한 지식과 기술을 습득한 상태였다.

독일의 각 가정에 본격적으로 '텔레비전'이 보급된 시기, 사람들은 화면 속에서 살아 움직이는 영상에 매료되기 시작했다. 백남준도 마찬가지였다.

---

[39] '플럭서스'라는 명칭은 조지 마키우나스가 1961년에 출판한 책의 제목이었다. 그는 특정 계층만이 누리는 예술의 개념에 정면으로 도전하며, 예술과 일상을 하나로 인식하는 '삶과 통합된 예술'을 지향했다. 또한 플럭서스 운동은 결과 중심의 관점에서 벗어나 참여자의 기여도나 과정에 초점을 맞추며, 실험적 공연을 중심에 두었다.

'머지않아 텔레비전 예술을 시도하는 사람들이 늘어날 거야. 영화감독이나 화가들.'

큰 충격에 텔레비전 화면에서 헤어나오지 못하던 그는 번쩍 무언가를 떠올렸다.

'가만, 내가 하면 안 될 이유라도 있어? 왜 나는 못 한다고 한계를 긋고 있지?'

백남준은 자신의 관념을 과감히 깨뜨리자 결심하고 전기·전자 공부에 매진했다. 또 「TV 수리법」이나 「TV 회로도」 같은 전문 서적 수십 권을 읽으며 실용적인 기술을 쌓았고, 전기회로를 이해하기 위해 물리학 교과서까지 독파했다.

'물리학은 시처럼 로맨틱하고 수학은 잘 어우러진 악보 같다.'

그는 이때 쌓은 지식과 기술로 각종 예술적 시도를 벌였다. 우선 두 명의 기술자를 고용한 뒤 비밀 스튜디오를 마련해 각종 실험을 진행했다.

한국인 비디오 아티스트 탄생 | 2년여간 TV를 활용한 미디어아트의 가능성을 실험한 백남준은 1963년 3월 첫 개인전인 ≪음악의 전시-전자 텔레비전[40]≫을 열어 세상을 놀라게 했다.

"정말 획기적이네요."

독일의 작은 도시 부퍼탈^{Wuppertal}에 위치한 파르나스 갤러리안, 전시회는 시작부터 끝까지 화제의 연속이었다. 백남준의 전시회는 '포스터'부터 남달랐다. 한국에서 발행한 '한글 신문' 위에

[40] Exposition of Music-Electronic Television

'빨간 잉크'로 전시회 안내 문구를 프린트한 포스터였다.

그뿐만 아니었다. 백남준은 전시회가 열리기 직전 도살장에 가서 막 도축한 '황소 머리'를 가져와 갤러리 입구에 매달았다. 피가 뚝뚝 덜어지는 충격적인 광경은 전시회에 관객들과 기자들의 주목을 모았다.

그러나 이를 불쾌하게 여긴 주민의 신고로 전시회가 끝나기도 전에 경찰들의 손에 치워졌다.

"텔레비전이 다 몇 개야?"

관객들은 무려 13대의 텔레비전과 3대의 피아노, 소음기 등이 절묘하게 배치된 전시장을 둘러봤다. 전시장 안의 피아노들은 다양한 장치들이 설치되어 우리가 알고 있던 형태와 전혀 다른 '작품'이 되어 있었다.

피아노 건반에 집게, 압정, 지우개, 사발, 전화기 같은 물건들을 못질해 일반적인 연주를 할 수 없게끔 되어 있었다. '연주를 위한 악기'라는 기존의 개념을 파괴해 '전시용'으로 못 박은 셈이었다.

이 〈총체적 피아노[41]〉라는 작품은 건반을 누르면 전동 모터가 돌아가고, 그 힘으로 설치된 헤어드라이어에서 뜨거운 바람이 흘러나왔다.

다른 건반을 누르면 전시회 조명과 각종 시설의 전원이 한순간에 꺼지기도 했다. 시각과 촉각 등 모든 감각을 체험할 수 있는 특별한 피아노였다.

"저거 도끼에요?!"

---

[41] <Klavier Intégral, manipulated piano with various items>

그날 요제프 보이스는 백남준의 사전 동의 없이 전시장에 도끼를 들고 나타났고, 설치된 피아노 중 하나를 박살 내는 퍼포먼스를 벌였다.

"말하지 않아도 우리는 서로를 알아보았다."

그러나 백남준은 그를 탓하지도, 따로 보상을 요구하지도 않았다. 그는 '정신적 쌍둥이' 요제프의 행동에 기쁨을 표했으며, 미술계 역시 이를 시대를 앞선 신선한 행위예술로 받아들였다. 요제프는 한바탕 소란을 피운 뒤, 백남준의 작품들을 둘러봤다.
"텔레비전 배치가 흥미롭네요."
그중 13대의 텔레비전 화면이 제각각으로 연출된 작품이 유독 그의 시선을 끌었다. 어떤 화면은 뒤집혀 있었고, 어떤 화면에는 비틀어진 미국 대통령의 얼굴이 등장했으며, 또 어떤 화면은 동그라미와 수직선만 나타냈다.
백남준은 관객의 적극적인 참여(소통)를 끌어내고 싶어 했다. 예술가로서 그에게 '관객'은 감상만 하는 존재가 아니라 직접 참여해 작품을 함께 만드는 '공동제작자'였다. 작품 중에는 관객이 발로 건드리거나 손으로 만져야만 작동되었다.
"이거 봐요, 내가 움직일 때마다 선이 같이 움직여요."
"그러게, 신기하네?"
특히 텔레비전 작품 〈참여 TV[42]〉은 관객이 마이크 앞에서 소

[42] ⟨Participation TV⟩

리를 낼 때만 다채로운 선들이 화면에 나타났다. 방송국에서 송출한 영상과 소리 등 수많은 정보를 일방적으로 전달하는 '기계'로만 여겨지던 당시, 쌍방향 소통의 가능성을 보여준 놀라운 발상이었다.

즉 백남준만의 오리지널리티^{Originality}, 새로운 예술 장르 '비디오 아트'의 시작점이었다.

백남준의 첫 전시회에는 즉흥 음악, 퍼포먼스, 그리고 비디오 아트의 시도가 공존했다. 그는 자신의 작품 세계를 '동시성', '참여' 같은 16개의 주제로 정리해 드러냈는데, 내용은 파격적이고 완성도는 매우 높았다.

이후에도 그는 '관객들의 참여'로 완성되는 작품들과 다양한 비디오 아트를 선보였다. 1965년에 선보인 〈자석 TV[43]〉도 관객이 텔레비전 화면 앞에서 막대자석을 이리저리 움직이면, 움직임에 따라 다양한 선들이 표현되는 작품이었다.

그러나 당시 그의 야심 찬 TV 작품들은 생각보다 큰 주목을 받지 못했다. 특히 첫 전시회에서의 작품 제작에는 장장 2년이 걸렸는데, '소머리'와 요제프 보이스의 피아노를 박살내는 퍼포먼스에 묻혀 버리고 말았다.

"텔레비전 13대가 황소 머리 하나를 당해내지 못했다."

---

43) 〈Magnet TV〉

백남준의 아쉬움은 클 수밖에 없었다. 작업실에 작은 침대조차 놓지 못하는 형편이었지만, 그는 여윳돈만 생기면 달려가 TV를 사 들고 돌아왔다. 그 당시 텔레비전은 아주 희귀하고 비싼 전자제품이었다.

'이제 아버지께 손을 빌릴 수도 없고…….'

5·16군사정변[44] 당시 가진 재산을 몰수당한 아버지는 그에게 '더는 학비를 부쳐줄 수 없다'고 통보한 뒤 마지막 학비를 송금했다. 그는 1962년을 전후로 생활고에 시달렸지만, 주식에 투자하는 등 가진 돈을 아끼며 TV 수집을 이어갔다. 첫 전시회의 텔레비전 13대는 그렇게 모은 보물이었다.

평생의 조력자를 만나다 | 첫 전시 이후, 백남준은 텔레비전을 비롯한 다양한 전자 매체에 관심을 가졌다. 마침 일본에서 독일로 날아온 형 백남일이 그에게 '텔레비전을 더 깊이 연구해 볼 생각이 있는지' 물었다.

"일본에 소니 전자처럼 전자제품과 텔레비전 신기술을 가진 회사가 많잖아. 네가 아예 일본으로 와서 생활하면 연구할 거리도 많을 거고, 독일에서보다 경제적으로 나아질 거 같은데, 어떻게 생각해?"

형의 제안을 듣고 고민에 빠진 그는 발전된 전자 기술을 볼 수 있다는 생각에 결단을 내렸다. 더구나 일본은 가족들이 살고 있어 생활에 걱정이 없을 것 같았다.

[44] 정권을 교체하기 위한 군사 정변으로 직후 박정희 정부가 집권했다.

"동양의 문화 테러리스트를 드디어 만나게 됐군요!"

독일에서의 생활을 정리하고 일본으로 건너온 직후, 백남준은 그의 예술 인생에서 빼놓을 수 없는 아주 중요한 사람을 만났다. 바로 전기 공학자이자 TBS 테레비$^{テレビ45)}$ 소속 전기기술자 아베 슈야(阿部修也)였다.

두 사람은 첫 만남 이후 급격히 가까워졌다. 백남준의 천재성에 매료된 아베 슈야는 기술적인 면으로 그를 도울 수 있기를 희망했고, 둘은 함께 고물 텔레비전과 트랜지스터라디오를 재료로 한 〈로봇 K-456[46)]〉 제작에 나섰다.

로봇 형태의 이 작품은 20채널의 라디오로 조정이 되었고, 10채널의 데이터 기록기도 갖추고 있었다. 팔을 흔들며 걷기고 하고, 노래를 부르고 소리도 지를 수 있었다. 똥처럼 마른 콩을 배설하기도 했다. 스피커로 만들어진 입과 종이 모자, 소형 선풍기 배꼽은 꽤 볼썽사나웠지만, 보기와 달리 연약해 돌봄이 필요했다. 몇 걸음 옮길 때마다 고장이 나서 네다섯 명의 엔지니어가 쫓아다니며 손을 봐야 했다[47)].

◀ 〈로봇 K-456〉 작품 사진

"나의 로봇을 움직이려면 수많은 사람의 도움이 필요하다. 많은 실업자를 구제할 수 있으니 요즘 같은 시절 나의 로봇은 매우 유용하다."

[45)] 일본 TBS 홀딩스 산하의 민영 TV방송사
[46)] 〈Robot K-456〉
[47)] 백남준은 혼자선 움직일 수 없는 로봇을 아이처럼 여기고 때론 '아들'이라 불렀다.

백남준은 〈로봇 K-456〉에 당시 만연해있던 '기술만능주의'에 대한 경고의 메시지를 담았다. 훗날 〈로봇 K-456〉이 교통사고로 사망하는 퍼포먼스를 추가해 '기계도 단지 인간의 발명품에 불과함'을 사실적으로 강조했다.

이후 아베 슈야는 백남준의 기술 조력자 역할을 톡톡히 했다. 그는 백남준이 '비디오 아티스트'로 성공할 수 있도록 도움을 준 가장 중요한 사람 중 하나였다.

백남준이 일본의 전위예술가들과 교류하며 전자 기술을 습득하던 무렵, 그는 '독일에서의 성공'이 알려지며 일본 전위예술의 상징적 무대인 소게츠 미술관에서 공연할 기회를 얻었다.

일본 첫 공연에서 백남준은 마음껏 피아노를 부수고, 신고 있던 구두에 막걸리를 부어 마시고, 머리카락에 먹물을 묻혀 글씨를 써나갔다.

그 모습을 본 일본 관객들은 파격적인 예술에 놀라 입을 다물지 못했다. 그들 중에는 전도유망한 조각가 구보타 시게코(久保田成子)도 있었다.

'저 사람의 광기는 어디서 오는 거지? 저 안에 마치 새로운 세계가 숨겨져 있는 거 같아. 이제껏 본 적도 들은 적도 없는 아주 낯선 신세계가……'

그녀는 공연이 끝나서도 폭풍이 휩쓸고 간 듯한 기분에 한동안 자리를 떠나지 못했다.

사실 그녀는 이미 일본 신문을 통해 '유럽에서 활동한 한국인 전위예술가 백남준'을 잘 알고 있었다. 그에 대한 호기심은 점차 흠모하는 마음으로 바뀌었다. 그녀는 기사를 스크랩해 벽에 붙여 두고, 틈날 때마다 '반드시 그의 공연을 직접 보리라' 다짐했다.

'기사에서 봤을 때보다 더 대단한 거 같아! 그 보수적인 동경대를 다녔던 사람이 어떻게 이런 파괴적이고 반항적인 공연을 할 수 있을까?'

마침내 문화계 친구들과 실제 공연을 본 구보타는 커다란 충격과 자극을 받았고, 백남준의 강렬한 에너지에 완전히 매료되었다. 그녀는 공연이 끝나고 친구들과 무대 뒤편으로 찾아갔다.

"안녕하세요, 공연 너무 잘 봤어요. 저희도 다 예술을 하는 사람들인데, 함께 차 한잔 마시지 않을래요?"

"감사합니다. 뒷정리 마치고 바로 가겠습니다."

구보타는 친구들과 미술관에서 멀지 않은 찻집에서 백남준을 기다렸다. 한참 후 나타난 백남준의 몰골은 아주 엉망이었다. 머리와 옷은 축축하게 젖어 있었고 신발은 볼품없는 슬리퍼였다. 그러나 그 모습마저 그녀에게 너무도 매력적으로 보였다.

'아, 머리에 묻은 먹물을 씻고 왔구나. 구두도 아까 물을 부어 마셔서 못 신을 테고.'

구보타가 멀리 떨어진 자리에 앉아 말도 못 붙이고 있을 때, 백남준은 친구들에게 독일과 유럽의 전위예술에 관한 재미난 이야기를 하고 있었다. 그는 그녀의 친구로부터 구보타의 이름을 듣고 바로 말을 걸었다.

"아, 나이쿠아 갤러리에서 개인전[48]을 했던 그 구보타 시게코 씨 맞죠? 그날 전시회에 갔습니다. 인사하고 싶었는데 현장에 안 계시더군요."

"어머, 정말이세요?"

"작품이 아주 창의적이고 독특해서 좋았어요. 일본 여성분들 작품은 작고 섬세한 경우가 많던데, 대륙적이고 큰 규모의 작품으로 느껴졌어요."

그는 찬사와 함께 그녀의 작업실에 방문하고 싶다는 의사를 전했다. 그녀는 당연히 기뻐했다. 두 사람은 작업실 방문 이후로 교류를 이어가며 가까워졌다.

로봇과 함께 도착한 미국 | 1964년 '제2회 뉴욕 아방가르드 페스티벌'에 초청된 백남준은 아베 슈야, 〈로봇 K-456〉과 함께 뉴욕 땅을 밟았다. 이날 뉴욕의 케네디 공항에 도착한 백남준을 맞이한 사람은 바로 **샬롯 무어만**[49]이었다.

샬롯 무어만은 줄리아드 음악 학교에서 첼로를 전공한 클래식 연주자였으며, 유명 오케스트라에서 첼로 수석 주자로 활동한 이력이 있었다.

그녀는 백남준처럼 전위예술의 매력에 빠져든 뒤로, 플럭서스

---

[48] 1964년 초 열린 첫 개인전 〈연애편지〉이다. 구겨진 신문지를 쌓아놓고 흰 천을 덮은 다음 그 위에 청동 조각을 설치한 작품이 전시되었다.

[49] Madeline Charlotte Moorman

의 일원이 되어 뉴욕 아방가르드 페스티벌을 이끄는 전위예술가로 변모했다.

백남준이 뉴욕에 도착하기 전, 샬롯 무어만은 백남준과 카를하인츠 슈톡하우젠이 함께 만든 공연 ≪오리기날레≫를 준비하고 있었다. 그러나 '동양에서 온 괴물 예술가' 역할을 할 사람을 찾지 못해 고심하고 있었다.

'맞아, 그가 있었지.'

샬롯 무어만은 과거 백남준이 독일에서 직접 '동양에서 온 문화 테러리스트 겸 시인' 역할을 맡았던 사실을 떠올렸다. 존 케이지와 카를하인츠 슈톡하우젠도 백남준을 추천했다. 그녀는 곧장 백남준에게 전화했다.

"그 역할에 어울리는 사람은 한 사람 밖에 없어요."

두 사람은 예술적 성향이 잘 맞았고, 두 사람이 함께 한 공연 ≪오리기날레≫는 큰 인기를 끌었다. 백남준의 작품 〈로봇 K-456〉도 뉴욕 저드슨 홀 앞 거리를 누비고 다니며[50] 대중의 눈길을 사로잡았다.

백남준의 인연들 | 백남준이 뉴욕에서의 공연이 성공적으로 끝난 직후 활동 무대를 완전히 옮겨왔다. 때마침 구보타도 조지 마키우나스의 초청으로 뉴욕에 도착했다. 백남준은 활짝 웃으며 그녀를 맞았다. 헤어진 지 근 한 달만이었다.

두 사람의 오랜 인연을 이야기할 때 빼놓을 수 없는 지인이 있

---

50) 노래를 부르고 케네디 대통령의 취임사를 흉내 냈다.

다. 바로 오노 요코(小野洋子). 그녀는 아방가르드 작품을 통해 이름을 알린 일본의 설치미술가 겸 행위예술가였으며, 비틀즈의 멤버인 존 레논^{John Lennon}의 아내였다.

백남준이 오노 요코를 처음 만난 시기는 1963년 말, 당시 그녀는 플럭서스의 초창기 멤버이자 존 케이지의 대변인으로서 도쿄에 머물고 있었다. '플럭서스'와 '존 케이지', '예술을 향한 열정'이라는 강력한 공통점을 가진 둘의 인연은 일본을 넘어 뉴욕으로까지 이어졌다.

뉴욕에 머물던 오노 요코는 백남준을 미국으로 초청한 샬롯 무어만의 룸메이트이기도 했다. 구보타 시게코 역시 오노 요코와 인연이 있었다. 그녀는 이전부터 전위예술에 관심이 있었던 구보타에게 조지 마키우나스를 소개한 장본인이었다. 백남준의 예술적 파트너인 샬롯 무어만, 그리고 인생의 동반자인 구보타 시게코, 사실상 두 사람 모두 오노 요코가 인연을 이어준 셈이었다.

뉴욕에서 재회한 백남준과 구보타는 플럭서스 멤버들과 어울리며 예술적인 교류를 이어갔다. 당시 백남준은 샬롯 무어만과의 공연인 《오리기날레》에 계속 참여하고 있었는데, 공연은 뉴욕 예술계의 비상한 관심을 받으며 연일 매진을 기록했다.

"이제 무어만과 공연하지 마."

어느 날, 조지 마키우나스는 백남준에게 샬롯 무어만과의 공연을 두고 불만을 토로했다. 그러나 백남준은 그의 마음을 이해하지 못했다.

"왜? 그녀는 똑똑하고 재능이 넘쳐. 예술관도 나랑 아주 잘 맞아."

"무어만이 하는 공연은 플럭서스의 핵심 개념인 '해프닝'에서 따온 거야. 내 아이디어를 훔친 거라고! 그 여자와 계속 공연한다면 난 널 다신 보지 않겠어."

조지 마키우나스가 주관한 플럭서스 공연의 관객이 20명 안팎이었던 반면, 샬롯 무어만의 아방가르드 페스티벌에는 무려 700명이 넘는 관객이 찾았다. 상황을 지켜보던 조지 마키우나스는 결국 경쟁심을 숨기지 못했다.

"미안하지만, 난 내가 옳다고 생각하는 일을 할 거야."

백남준은 샬롯 무어만과의 공연을 계속하기로 했고, 조지 마키우나스와는 예술적으로 결별했다. 플럭서스의 부회장을 맡고 있던 구보타의 입장은 아주 난처했다.

'어쩌나 이렇게 됐지?'

마음 같아선 좋아하는 백남준을 따라가고 싶었지만, '일은 일이고 사랑은 사랑'이라는 생각도 확고했다. 결국 구보타는 플럭서스에 잔류하는 대신, 백남준과는 개인적인 친분을 이어나가기로 결론을 내렸다.

1964년 9월, 구보타는 백남준으로부터 공연 ≪오리기날레≫에 초대되었다. 플럭서스 멤버 중 유일했다. 공연이 끝나고 처음으로 백남준과 단둘이 있는 기회를 얻은 구보타는 자신의 마음을 있는 그대로 전했다. 백남준도 그녀의 감정에 확신을 줬고, 두 사람은 공식적인 연인으로 거듭났다.

더욱 과감해진 예술 | 1965년, '작가들의 작가'로 거듭난 백남준은 뉴욕의 유명 화랑인 보니노 갤러리로부터 제안을 받고, ≪전자 미술≫이란 주제로 미국에서의 첫 개인전을 열었다.

또 ≪오리기날레≫ 공연 이후부터 여러 공연에서 함께 한 샬롯 무어만과 뉴욕의 갤러리 파르나스에서 열린 '24시간 해프닝'에 참여했다.

백남준을 포함해 샬롯 무어만, 요제프 보이스 등 전위예술가 8명[51]이 6조로 나뉘어 각자의 방에서 24시간 동안 자신만의 퍼포먼스를 벌이는 '합동 공연'이었다. 관객들이 뷔페처럼 각 방을 돌며 퍼포먼스를 관람하는 동안, 백남준과 샬롯 무어만은 존 케이지의 곡을 연주할 준비를 했다.

"샬롯?"

그러나 정작 퍼포먼스를 시작할 타이밍에 샬롯 무어만이 깊은 잠에 빠져 일어나지 않았다[52]. 백남준은 아무리 흔들어도 그녀가 일어나지 않자 옆에 나란히 누워 자는 척을 했다. 그는 나중에 진짜로 잠들어 버렸고, 홀로 잠에서 깬 무어만은 혼자 연주를 시작했다.

[51] 요제프 보이스는 커다란 버터를 가져와 그 옆에 삽을 놓거나, 버터를 잘라서 베개 삼아 눕기도 하는 퍼포먼스를 선보였다. 다른 참가자는 한 시간에 한 줄씩 시를 썼고, 또 다른 참가자는 갓 잡은 소고기 한 덩이를 들고 와서 바늘로 고기를 찔렀다 뺐다 하는 행동을 반복했다.
[52] 공연 전의 긴장을 없애려고 누군가 준 약을 먹었는데 하필 그게 수면제였다.

관객들은 이 모든 과정을 두 사람의 퍼포먼스인 줄 알고 흥미롭게 관람했다.

"어제 혼자 연주해서 미안해. 오늘은 나와 로봇 K-456이 대신 공연할게."

다음날 백남주는 샬롯 무어만에게 용서를 구하는 의미로, 작품 〈로봇 K-456〉을 가져와 함께 노래하고 정치적 구호를 외치는 퍼포먼스를 벌였다.

이날부터 '24시간 해프닝'은 플럭서스의 대표적 행사로 여겨졌다. 백남준과 샬롯 무어만[53]도 이 시점부터 한 팀이 되어 세계 무대를 종횡무진했다.

1966년, 샬롯 무어만은 독일 아헨에서 백남준이 작곡한 곡을 첼로로 연주했다. 아무 옷도 걸치지 않은 상태로 무대에 올라 화제가 된 공연 〈오페라 섹스트로니크[54]〉였다. 클래식 음악과 성(性)을 접목한 백남준의 아이디어였다.

두 사람은 1년 뒤 독일 공연의 여파로 미국에서의 공연 요청이 많아지자 뉴욕 45번가에 있는 영화제작자극장에서 재연하기로 했다. 그러나 미국 당국은 "음란한 공연을 한다면 강경하게 대응하겠다"라고 못 박았다. 매서운 경고를 받은 샬롯 무어만은 걱정에 휩싸였다.

"어떡하지? 미국이 유럽보다 보수적인 나라인 것 같아."

---

[53] 당시 호사가들은 항상 같이 일하는 두 사람을 두고 예술계 스캔들을 예상하기도 했지만, 백남준에게는 연인 구보타가, 샬롯 무어만에게는 사랑하는 남편이 있었다. 두 사람은 어디까지나 서로를 예술적으로 지지하고 돕는, '예술적 동반자'였을 뿐이다.

[54] Opera Sextronique

"걱정하지 마. 여기서 주눅 들면 전위예술가가 아니야. 비공개로 공연하면 돼."

두 사람은 일반인은 입장할 수 없는 비공개 공연을 준비하며 200명의 관객을 엄선해 초대장을 보냈다. 뉴욕 공연의 막이 오른 날, 비키니 차림의 샬롯 무어만은 무대에 올라 첼로를 연주하기 시작했다. 그녀가 2막이 이르러 비키니 상의를 벗고 연주를 이어 가는데,

"그만! 당신을 체포합니다!"

사복경찰 3명이 무대 위로 뛰어올랐다. 경찰들은 코트로 샬롯 무어만의 상체를 감싼 뒤, 그녀와 백남준을 경찰서로 끌고 갔다. 양복을 입고 있는 백남준은 훈방조치로 풀려났으나, 샬롯 무어만은 외설 혐의로 재판에 넘겨졌다.

"예술은 예술일 뿐, 외설이 아닙니다!"

백남준은 그녀를 구명하기 위해 백방으로 뛰어다녔다. 예술계 인맥을 총동원해 탄원서를 모으고, 부족한 변호사 비용을 마련하러 한국의 가야금 명인 황병기[55]를 뉴욕으로 초청한 뒤 모금 연주회[56]를 열었다.

그의 도움으로 우여곡절 끝에 재판에서 승소한 샬롯 무어만은 '전위예술의 잔 다르크'라는 별명을 얻었다. 백남준 역시 '예술적 자유'를 상징하는 아이콘으로 떠올랐다. 이 사건은 전위예술이 미국 뉴욕을 중심으로 시대적 조류를 형성하는 계기가 되었고, 누

---

55) 백남준의 경기고 후배이기도 하며, 둘째 누나 백영득의 가야금 선생이었다.
56) <전위적인 재판 기금 모금 연주회>

드 공연을 예술로 인정하는 법 개정으로 이어졌다.

1986년 7월 4일, 뉴욕 맨해튼의 배터리 파크에서 미국 독립 200주년 기념행사가 열렸다. 20년 전 뉴욕 언론을 떠들썩하게 만든 사건의 중심에 있던 백남준은 지난 200년간 미국의 정체성 형성에 기여한 예술가로 선정되어, 영광스러운 '자유의 여신상'을 수상했다.

구보타와의 이별 | 백남준이 샬롯 무어만과의 공연으로 바쁜 나날을 보낼 무렵이었다. 연인 구보타는 혼자 지내는 기간이 길어질수록 불안과 걱정을 떨쳐내지 못했다. 그때 연인 백남준이 샬롯 무어만과 함께 경찰에 연행되는 사건이 터지자, 두 사람 사이의 갈등이 수면 위로 올라왔다.

"당신과 샬롯의 해프닝은 찬사보다는 적을 더 만들 뿐이에요. 당신은 지금 재능을 낭비하고 이름을 더럽히고 있어요."

"난 하고 싶은 일을 하는 것 뿐이야. 더 잔소리하지 마."

그녀는 동료가 할 수 있는 조언을 했지만, 백남준의 기분은 더 상하기만 했다.

이후 백남준과 샬롯 무어만은 예술가로서 큰 명성을 얻으며 자주 공연을 함께 했다. 반대로 구보타의 외로움은 나날이 커져만 갔다.

'나와의 사랑과 샬롯과의 예술 중에 무엇을 더 중요하게 생각하는 걸까? 어떨 땐 연인인 나보다 샬롯과 더 깊은 교감을 나누

는 것 같아.'

어느 날 괴로워하는 구보타의 앞에 한 남자가 나타나 '청혼'을 했다. 존 케이지를 추종하던 유태인 작곡가 **데이비드 베어먼**[57]이었다. 그동안 그녀에게 호감을 표시한 남자들은 몇 명 더 있었지만, 백남준 한 사람만을 바라보며 구애를 거절해왔다. 그러나 이번에는 상황이 달랐다. 연인으로부터 마음의 상처를 입은 그녀는 흔들렸다.

"남준, 언제까지 당신을 기다리면 될까요?"

"……."

구보타의 물음에 백남준은 아무 대답도 하지 않았다. 그러자 그녀가 다시 얘기했다.

"전 당신을 오래 기다릴 수 없어요. 얼마 전 데이비드가 제게 청혼했어요."

구보타는 백남준이 자신을 잡아주길 바랐다. 그러나 한참 만에 입을 뗀 그의 대답은 충격적이었다. 자신은 결혼과 맞지 않는 사람이니 '그와 결혼하라'는 말이었다. 모든 힘이 빠진 구보타는 이별을 선택하고 돌아섰다.

얼마 후 백남준은 그녀가 데이비드 데이먼과 결혼했다는 소식을 들었다.

인간화된 예술 | 1960년대에서 1970년 사이는 퍼포먼스 예술이 주목받기 시작한 시기다. 그 중심엔 다양한 오브제[58]를 이용한 예

---

[57] David Behrmam

술이 있었다. 평범한 물체를 두고 본래의 용도와 분리해서 바라보고, 잠재의식 만드는 새로운 이미지에 집중하는 방식이었다. 프랑스 화가 마르셀 뒤샹의 1917년도 작품 〈샘[59]〉의 변기가 대표적인 예였다.

"전자와 기술을 인간화한 공연이 될 것이다."

당시 백남준에게 변기는 바로 '텔레비전'이었다. 그는 기술과 사람을 더 가깝게 당기고자 첼로와 침대, 안경 등으로 텔레비전을 만들었다. 샬롯 무어만은 그에게 선물 받은 텔레비전으로 침대를 만들어 공연하기도 하고, '텔레비전 안경'을 쓰고 '텔레비전 첼로'를 연주하기도 했다. 음악, 퍼포먼스, 비디오를 결합한 그들의 무대는 매회 센세이션을 일으켰다.

1969년, 백남준은 뉴욕 하워드 와이즈 갤러리에서 열린 《창조적 매체로서의 TV》 전시에서 〈살아있는 조각을 위한 TV 브라[60]〉를 선보여 사람들의 관심을 끌었다. 플렉시글라스[61] 소재의 상자 두 개를 만들고, 그 안에 각각 작은 TV를 넣은 후 투명 테이프로 공연자의 상체에 붙여 연주하는 공연이었다. 화면에서는 당시 실시간 방송이나 CCTV에 담긴 관객들의 모습 등의 다양한

---

[58] 사물이나 객체, 물체를 뜻하는 말이나 전위예술과 만나면 새로운 의미로 쓰인다.
[59] 샘(Fountain)은 평범한 남성용 변기에 작가의 서명을 적은 작품인데, 당시엔 많은 평론가들의 비판을 받았다. 그러나 시간이 흘러 '예술은 대상이 아닌 개념을 만드는 것'이라는 그의 주장이 주목을 받기 시작했고, 예술의 정의 자체를 바꿔버린 작품으로 평가받는다.
[60] Bra for Living Sculpture
[61] 플렉시글라스(Plexiglass)는 유리보다 투명하고 강한 플라스틱을 말한다.

영상이 흘러나왔다.

같은 해 7월 20일, 샬롯 무어만은 워싱턴의 코코란 갤러리에서 열린 〈사이버 횡재〉 전시에서 다시 'TV 브라'를 착용하고 첼로를 연주했다. 화면에서는 인류 최초의 달 착륙 장면이 방영되고 있었다.

"오! 저것 봐, 인류의 기술과 예술의 만남이야!"

이를 본 관객들은 감탄했고, 백남준이 말하는 '인간화된 예술'이라는 말의 뜻을 이해하기 시작했다.

백남준은 1972년 텔레비전 8대를 이어붙여서 사람들이 그 위에 누울 수 있는 〈TV 침대〉를 만들었고, 뒤이어 텔레비전 12대(또는 24대)를 이용한 〈텔레비전 시계〉를 선보였다. 정보 전달이라는 본래의 용도가 아닌 생활 속 도구로의 변화였으며, 텔레비전이 대중의 숭배대상에서 벗어나 인간에 의해 제어될 수 있는 도구라는 메시지였다.

음악과 미디어, 인간이 만나 긴밀하게 연결된 퍼포먼스들에는 '기술은 절대적으로 만능이 아니며, 충분히 인간화될 수 있다'라는 백남준만의 아이디어와 해석이 담겼다.

다만 패션과 대중음악, 공연 등 종합예술로 두루 활용되는 현재와 달리, 당시 '퍼포먼스 예술'은 대중적인 인정은커녕 기이하고 낯선 개념으로 여겨졌다. 이런 보수적인 분위기 속에서 백남준은 '텔레비전'이라는 대중적인 소재를 예술의 영역으로 끌고 왔고, 사람들과의 거리를 빠르게 좁혀 나갔다.

예술의 중심 뉴욕에서 | 1965년, 일본 소니전자에서 세계 최초로 휴대용 비디오카메라인 '포타팩Portapak'을 출시했다. 그 소식을 들은 백남준은 당장 달려가 비디오카메라를 샀다. 가진 전 재산을 털어 주머니는 가벼웠지만, 마음은 기쁨과 충족감으로 가득했다.

"저건 뭐하는 거지?"

신나서 뉴욕 길거리를 촬영하는 도중, 우연히 미국 뉴욕을 처음으로 방문한 교황 요한 바오로 6세의 행렬을 발견했다.

"이 역사적인 사건은 기록해야지."

그는 방금 산 카메라로 교황의 모습을 촬영하고, 그 영상[62]을 카페 오 고고에서 상영했다.

"콜라주가 유화를 대체하듯 브라운관이
캔버스를 대체하게 될 것이다."

이처럼 비디오카메라의 등장과 함께 백남준의 예술관은 시류를 타고 빠른 변화를 맞았다.

시작은 1970년, 록펠러 재단과 방송국 WGBH의 지원을 받은 뒤 아베 슈야와 함께 완성한 기계 '백-아베 비디오 신시사이저[63]'였다. 방송 영상 이미지를 실시간으로 합성하고 영상을 조작할 수 있는 획기적인 발명품이었다.

---

62) 미술사에서는 공식적으로 '백남준 비디오 아트'의 시작으로 기록됐으나, 현재는 백남준이 첫 번째 전시를 한 1963년을 그 시작점으로 보고 있다.

63) synthesizer

당시 백남준은 방송국에서 '백-아베 비디오 신시사이저'로 4시간 동안 생방송을 진행했는데, 바로 비틀즈[64]의 노래를 배경으로 일본의 TV 광고와 조작된 몇몇 영상이 콜라주 된 작품 <비디오 코뮨Video Commune>이었다.

1960년대에는 TV를 기술적으로 조작해 화면의 이미지를 바꾸는 '실험적 TV'를 선보이며 한정된 공간에서 관객의 참여를 이끌었다면, 1970년대에 이르러서는 조작된 이미지를 미 전역의 TV 화면으로 보내어 더 많은 대중과 소통하게 된 것이다.

"어느 시대건 대중이 버스로 갈 때,
예술가는 자동차로 달려야 한다."

도전 — Challenge	1954~1957년	1958~1960년
	동경대 미학 및 미술사학과 전공으로 공부	쾰른의 서독방송국 전자음악 스튜디오에 취업
	졸업 후 독일 뮌헨대 철학과 입학 (음악학과 미술사 수학)	존 케이지와의 운명적인 첫 만남
	다름슈타트 하기강좌에서 음악가 슈톡하우젠을 만남	최초의 퍼포먼스 〈존 케이지에게 바치는 경의〉
	독일 유학	
휴전	박경리 작가 데뷔	
이승만 정권기		4·19 혁명

[64] 비틀즈(Beatles)는 60~70년대에 뛰어난 음악성과 대중성으로 전 세계에서 압도적인 인기를 얻은 영국의 4인조 록 그룹이다.

백남준의 선언처럼 이후의 비디오 아트는 다양한 광고와 영화, 뮤직비디오 제작에 접목되어 놀라운 도약과 변화의 물결을 일으켰다.

백남준은 이 변화의 시기인 1971년부터 본격적으로 록펠러 재단의 후원을 받으며 '뉴욕 WNET TV 실험실'의 상주 예술가로 활동했다.

그는 방송국의 지원을 받으며 독창적이고 아름다운 영상을 마음껏 창조할 수 있었고, 동시에 보수적인 방송 영역에서 금기를 깨부수고 과감한 시도[65]를 거듭했다.

진보적인 예술가로서 입지를 굳히고 대중으로부터 인정을 받은 그는 뉴욕주의 뉴캐슬대학에서 보조금을 지원받기 시작했다. 보

1961~1963년	1964~1967년	1970~1973년
▼	▼	▼
슈톡하우젠의 《오리기날레》 공연 참가	샬롯 무어만과 《오리기날레》 공연	아베 슈야와 비디오 신시사이저 개발
플럭서스 운동 및 창립기념 공연 참여	보니노 화랑에서 미국 최초 개인전	파리 퐁비두 센터에 〈TV 정원〉 전시
아베 슈야와의 만남 〈로봇 K-456〉 제작	샬롯 무어만과의 퍼포먼스 과정에서 경찰에 연행	다양한 비디오 아트 활동 전개
플럭서스 운동 참여	미국 진출	
		『토지』 1부 연재 시작
5·16 군사정변	박정희 정권기	

[65] 덕분에 WNET TV는 '가장 진보적인 방송'으로 변화할 수 있었다.

니노 갤러리로부터는 '개인전'을 제의받았다. 생활비에 구애받지 않고 작품 활동에 몰입할 수 있는 환경이 마련된 셈이다.

백남준은 본격적으로 여러 분야의 예술가들과 광범위하고 다양한 작업을 시도했다. 대표적 작품은 1973년 존 케이지와 미국의 시인 앨런 긴즈버그[66]의 작품을 활용한 〈글로벌 그루브[67]〉였다.

1971년 뉴욕 갤러리아 보니노에서
(왼쪽부터 존 레논과 오노 요코, 백남준, 아베 슈야)

---

[66] 앨런 긴즈버그(Allen Ginsberg)는 1950년대에 군사주의와 관료주의 등을 반대한 시인으로, 비트 세대의 선구자로 꼽힌다.
[67] Global Groove

돌풍 | Sensation | : 40~50대

사람과 자연을 향한 시선 | 1960년대 후반부터 미국 예술 시장을 중심으로 미디어에 호의적인 분위기가 형성되기 시작했다. 다양한 예술가들의 미디어 전시가 늘어나는 등, 백남준은 시대적 흐름을 타고 자신만의 예술 세계를 자유롭게 펼쳐나갔다.

1974년에 뉴욕 에버슨 미술관에서 개인전[68]을 열어 예술과 기술을 교차시키는 작품을 선보였고, 영상에 제한됐던 비디오 아트를 설치 미술로 전환하여 활동 영역을 확장해 나갔다. 특히 비디오 아트와 동양 사상 및 감수성을 접목한 작품들이 주목을 받았는데, 1968년 보니노 갤러리(4번째 개인전)에서 처음으로 선보인 〈TV 부처〉는 '백남준'이라는 이름을 가장 널리 알린 작품 중 하나로 꼽혔다.

그는 처음에 여러 텔레비전을 설치해 '하늘을 나는 물고기'를 연출하고 했지만, 예산이 부족해 전시 며칠 전까지 텔레비전을 구하지 못했다.

'이 넓은 공간을 어떻게 채우지?'

한참 고민하던 백남준은 얼마 전 사들인 불상을 떠올렸다. 그는 TV 앞에 불상을 배치한 뒤, 그 앞에 CCTV를 설치해 '명상하는 부처가 TV를 통해 자기 모습을 들여다보며 깊은 상념에 빠진' 듯한 묘한 분위기를 조성했다.

---

[68] 백남준: 비디아 앤 비디올로지(Nam June Paik: Videa 'n' Videology) 1959~1973

대중과 평단은 독특하고 다양한 해석이 가능한 이 작품을 두고 박수를 보냈다. 백남준은 성원에 힘입어 '돌에 둘러싸인 부처'나, '흙 속에 묻힌 부처' 등 여러 가지 모습으로 작품을 변형하기도 했다. 또 1974년 쾰른 미술관에서 열린 퍼포먼스에서는 직접 부처상의 앉는 파격을 보여줬다.

이뿐만 아니라 〈텔레비전 달〉과 〈달은 가장 오래된 텔레비전이다[69]〉로 동양적인 감수성을 드러내며 호평받았다. 특히 〈텔레비전 달〉은 초승달에서 만월까지 달의 12가지 크기 단계를 비디오로 연출한 작품인데, 마지막 모니터에 달 주변을 너울너울 날아다니는 기러기를 연출하여 동양적 서정성을 극대화했다.

"동양의 '정신'과 서양의 '기술'이 만난 위대한 비디오 아트의 탄생이네요!"

"과학기술이 단순히 시끄럽고 번잡한 문명사회의 상징이라는 우리들의 생각을 소멸시켜주는 하나의 단서입니다."

언론과 평론가들은 백남준의 작품을 이렇게 평가하며 극찬을 아끼지 않았다.

'회색 빌딩 숲과 각종 소음에 시달리는 도시인들에게 자연의 활력을 불어넣어 줄 방법이 없을까?'

그 무렵 백남준은 자연과 환경 문제를 바라보는 시선을 작품 <TV 정원>으로 승화했다. 열대 우림의 작은 숲을 만들어 곳곳에 TV를 설치하고 화면에 '꽃'이 피어나는 장면을 상영했는데, 자연과 문명이 공존하는 세상을 살아가는 인간의 모습을 형상화한 것

[69] Moon Is the Oldest TV

백남준, 〈TV 정원〉, 1974(2002)
© Nam June Paik Estate. 백남준아트센터 소장. 사진: 고혜경.

Nam June Paik, *TV Garden*, 1974 (2002).
© Nam June Paik Estate. Courtesy of Nam June Paik Art Center.
Photo by Go Hye-kyung

이었다. 또 대중이 어렵지 않게 이해하고 감동할 수 있는 작품이었다.

"저 물고기들 다 죽은 건가?"

백남준은 한 환경 다큐멘터리에서 환경오염으로 떼죽음 당한 물고기들을 보고 큰 충격을 받았다. 그는 강물에 둥둥 떠다니던 물고기들에 안타까움을 느끼고, 20대의 텔레비전을 천장에 매단 뒤 물고기 영상을 틀었다. 〈물고기가 하늘을 날다[70]〉라는 작품이었다.

---

[70] Fish flies on sky

'바다에서 살지 못한 물고기들아, 하늘에서라도 마음껏 헤엄쳐 다녀라.'

환경오염으로 인해 물속에서 살 수 없게 된 물고기들을 '하늘'로 올려보낸 셈이다.

물고기를 소재로 한 작품은 또 있다. 〈TV 물고기〉는 일렬로 늘어선 24개의 어항 뒤로 24대의 텔레비전 화면이 놓인 작품이다. 어항 안에는 물고기들이 헤엄치고 있으며, 화면에는 춤추는 안무가[71]의 모습, 바닷속을 헤엄치는 물고기, 하늘을 나는 비행기가 등장했다.

관객들은 어항과 모니터가 합쳐지는 시각적 현상을 통해 매일 보는 텔레비전이라는 매체를 낯설게 느낄 수 있고, 하나의 공간에 존재하는 실제 물고기와 영상 속 물고기를 통해 자연과 문명을 조화시키고자 하는 작가의 의도를 파악할 수 있었다.

위의 작품들은 자연과 비디오 아트를 '전자적'으로 결합해 새로운 생명력을 구현했다는 높은 평가를 받았다. 백남준은 덕분에 공중파 TV에서 자신의 비디오 아트 작품을 보여줄 기회를 얻는 등, 비디오 아트 분야의 정점에 올라섰다.

다시 만난 사랑, 떠나는 친구 | 과거의 연인 구보타 시게코와 다시 인연이 닿은 시기도 그 무렵인 1970년대 중반이었다. 백남준과 헤어지고 다른 사람을 만난 구보타 시게코의 결혼 생활은 순탄하지 못했다. 그녀는 오랜 시간 백남준을 잊지 못해 괴로워했

---

[71] 미국의 혁신적인 안무가로 알려진 머스 커닝햄(Merce Cunningham)이었다.

으며, 결혼 당시부터 '일본인 며느리'를 반대한 '유대인[72]' 시부모님과 깊은 갈등을 겪었다.

"독일인이나 일본인이나 다 전쟁에 미친 민족 아니냐!"

구보타 시게코는 결국 결혼 3년 만에 이혼하고, 백남준이 있는 미국으로 돌아갔다. 그 당시 백남준은 캘리포니아의 한 대학에서 비디오학을 강의하고 있었다. 이혼하고 돌아온 자신을 받아줄지에 대한 걱정도 잠시, 백남준은 혼자가 된 그녀를 따뜻하게 맞아줬다.

1974년 뉴욕 스튜디오에서 백남준과 구보다 시게코

---

[72] 당시 유대인들은 유대인 학살 등으로 독일인(나치)과 전쟁 자체에 반감이 컸다.

'이렇게 행복한 게 얼마 만인지 모르겠어.'

그녀는 백남준과 함께 지내는 하루하루가 꿈만 같았다. 그러나 지나친 안락함은 예술가에게 독이라고 생각했고, 예술의 중심지인 뉴욕으로 돌아가야겠다고 판단했다.

백남준도 그녀의 생각에 동의했다. 두 사람은 결국 안정적인 일자리와 넉넉한 월급을 뒤로하고 뉴욕에서의 춥고 배고픈 생활을 시작했다. 때로는 동료 작가로, 때로는 다정한 연인으로 함께한 14년의 세월이었다.

과거 무거운 TV를 수백 대씩 나르면서 백남준의 비디오아트 작업을 도왔던 구보타 시게코는 그동안 대표적인 작품[73]을 남기며 유명한 작가로 성장했다. 세계 최고의 현대 미술관으로 알려진 뉴욕의 모마 미술관과 구겐하임 미술관 등에서 전시회가 열릴 무렵엔 누구도 그녀가 뛰어난 비디오 아티스트임을 부정할 수 없었다.

그러던 1977년의 어느 날, 몸에 이상을 느껴 병원을 찾은 구보타 시게코는 충격적인 진단을 받았다.

"남준, 저 병원에 갔다 왔는데……자궁암이래요."

백남준은 크게 당황하고 놀랐지만, 불안해하는 그녀를 보고 우선 안심시켰다.

"걱정하지 마. 치료만 잘 받으면 암도 나을 수 있어."

"하지만 치료비가 많이 들잖아요. 전 그럴 형편이 못 돼요."

"그럼 나와 결혼하자. 그렇게 하면 내 의료보험 혜택을 당신도

---

[73] <뒤샹피아나: 계단을 내려오는 나부(Duchampiana: Nude Descending a Staircase)>

받을 수 있을 거야."

두 사람은 곧장 뉴욕 시청으로 가 '결혼서약'을 하고 부부가 되었다.

'병과 돈 때문에 결혼하다니······.'

그러나 구보타 시게코의 심정은 복잡했다. 자궁암으로 아이를 갖지 못하는 자신의 몸 상태도 우울했지만, 백남준이 의료보험 때문에 등 떠밀려 결혼한 건 아닌지 걱정됐기 때문이다. 이때 백남준은 그 고민을 느끼고, 진심으로 그녀의 기분을 풀어주려 노력했다.

> "내가 처음 남준을 만났을 때 가졌던 직감,
> 즉 이 사람은 한 세기에 한 번 나올까 말까 한 천재이며
> 곧 세상의 전설이 되리라는 것은 놀랍도록 정확했다[74]."

1978년, 백남준은 뒤셀도르프 쿤스트 아카데미의 교수직을 제안받고 독일로 향했다. 그는 10년간 독일 최고의 예술대학에서 교수로 생활하며 '미술계의 거장'으로 인정받았다. 대학의 안정적인 지원 덕분에 작품 활동을 이어가며, '비디오 아트의 창시자이자 선구자'로서 독일인들로부터 각별한 사랑을 받았다.

---

[74] 백남준이 세상을 떠나고 그와의 삶을 회고한 책 『나의 사랑, 백남준』에 '유산'과 관련한 일화가 있다. 백남준이 형으로부터 1만 달러의 유산을 받았다는 이야기를 들은 구보타는 가난한 생활에 숨통이 트이리라 기대했지만, 백남준은 그 돈으로 컬러텔레비전과 여러 골동품을 사는데 모두 써버렸다. 놀랍게도 이때 사들인 골동품 중 하나인 '불상'은 훗날 <TV 부처>라는 작품이 되어 뉴욕 미술계를 놀라게 했다.

이후 백남준은 유럽 너머로 영향력을 넓혀갔다. 1982년 뉴욕 휘트니 미술관[75]에서 열린 첫 회고전은 백남준의 예술 세계를 미국 사회에 제대로 각인시키는 계기였다. 2년 뒤인 1984년, 백남준은 요제프 보이스와 함께 일본 도쿄 소게쓰(草月)홀에서 <코요테Koyote III[76]> 공연을 성황리에 마쳤다.

"서울 아시안 게임 때 함께 공연하죠."

"좋아요, 약속한 겁니다."

그러나 요제프 보이스는 약속을 지키지 못하고, 갑작스러운 심장병으로 세상을 떠났다. 백남준은 서울의 갤러리현대에서 ≪진혼굿≫을 열어 그를 떠나보낸 슬픔과 안타까운 마음을 달랬다.

"내 인생의 하나의 행운은 존 케이지가 성공하기 전에, 요제프 보이스가 거의 무명일 때 만난 것이다. 이로써 나는 역경 시대의 동지로서 그들과 동등하게 교우를 유지할 수 있었다."

위성 아트의 탄생 | 1984년은 전 세계를 인공위성으로 연결해 실시간으로 소통한 작품 〈굿모닝 미스터 오웰[77]〉의 발표와 함께 '백남준'이라는 이름이 전 세계에 큰 반향을 일으킨 해이다. 미술가와 음악가, 무용수, 시인, 가수, 배우, 코미디언 등 세계적인 인물들[78]이 출연한 퍼포먼스 영상으로 구성된 이 작품은 뉴욕과 샌

---

[75] 미국 현대미술을 선호하는 대표적인 중심지
[76] 몽골의 늑대 울음소리와 초원의 달빛을 음악적으로 표현한 공연이다.
[77] Good Morning, Mr. Orwell
[78] 백남준과 교류가 깊었던 존 케이지, 요제프 보이스, 샬롯 무어만, 머스 커닝햄, 앨런 긴즈버그

프란시스코, 파리, 베를린, 서울 등으로 송신되었다. '전례가 없는 국제적 규모의 위성(다원) 생중계'로 기록된, 새로운 차원의 비디오 예술로써 '위성 아트'가 탄생하는 순간이었다.

이 작품에 출연한 인물 중, 존 케이지는 반주에 맞춰 선인장을 타악기처럼 두드렸다. 요제프 보이스는 커다란 종이로 감싼 피아노를 연주했다. 샬롯 무어만도 백남준이 만든 'TV 안경'을 쓰고 'TV 첼로'를 연주했다. 네덜란드의 한 미술가는 자신의 수염을 면도했고, 프랑스 출신의 유명 배우는 신나게 탭댄스를 추며 노래도 불렀다.

이들의 모습이 담긴 영상들은 정신없이 교차하고 또 일그러져 TV 화면으로 송출됐다. '분할 스크린 기법'을 통해 다양한 크기로 영상을 분할시켜 몇몇 영상들을 동시에 보여주기도 했다.

1984년 1월 2일 방송 〈굿모닝 미스터 오웰〉

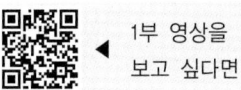
◀ 1부 영상을 보고 싶다면

뿐만 아니라, 프랑스 출신 세계적인 배우 이브 몽땅(Yves Montand), 초현실주의 거장 살바도르 달리(Salvador Dali) 등 유명 아티스트들이 대거 등장했다. 또한 아방가르드 작가 로리 앤더슨(Laurie Anderson), 영국의 록 가수 피터 가브리엘(Peter Gabriel), 미국 밴드 오잉고 보잉고(Oingo Boingo) 등의 예술가와 스타가 참여했다.

이 작품의 제목에 언급되는 '오웰'은 영국의 천재 작가 조지 오웰George Orwell을 의미했다. 그의 대표작인 「1984」은 독재자 '빅 브라더'가 텔레비전을 연상시키는 '텔레스크린'으로 인류를 24시간 동안 감시하는 암울한 미래 사회를 상상하여 쓴 소설이다.

〈굿모닝 미스터 오웰〉이라는 제목처럼, 백남준은 작품을 통해 소설의 내용을 반박하는 동시에, 텔레비전이 오히려 전 세계를 하나로 묶어 준다는 사실을 증명하고자 했다. 작품을 세상에 알린 시기가 '1984년'인 점도 다분히 의도적이라 볼 수 있었다.

"이제껏 본 적도 들은 적도 없는 새로운 쇼였기에 비록 시청자들은 무엇을 기대해야 하는지를 잘 알지 못했지만, 장면 장면들은 신뢰감을 부여했기에 모든 것이 다 타당했다."

사람들이 현대 과학의 발전을 긍정적으로 바라보길 원한 백남준의 의도대로, 〈굿모닝 미스터 오웰〉은 전 세계에 깊은 인상을 남겼다. '과학기술'을 이용한 예술 작품의 가능성을 새로이 한 작품이라는 언론의 찬사도 이어졌다.

"우주 오페라!"

전 세계에서 다양한 예술가들이 참여한 종합 예술이라는 뜻이었다. 언어를 초월한 화려한 영상은 사람들의 마음을 사로잡고 새로운 경험을 선사했다. 나라 간 시차나 문화 차이, 선입견 등은 방해가 되지 않았다.

본 방송과 재방송의 전 세계 시청자 수는 무려 2천5백만 명! 미국 PBS 방송국이 집계한 시청률은 7%였는데, 방송국 평균 시청률의 2배가 넘는 기록이었다.

"백남준이 그렇게 유명한가? 정말 우리나라 출신이래?"

한국에서는 방송국 KBS1을 통해 방영된 〈굿모닝 미스터 오웰〉을 보고 나서야 '비디오 아티스트 백남준'을 알게 된 사람들이 적지 않았다. 국내 언론은 이 작품으로 전 세계적인 명성을 얻고 34년 만에 고국 땅을 밟은 백남준에게 깊은 관심을 보였다.

당시 '왜 외국 무대에서만 활동하냐'는 기자들의 질문에 백남준은 이렇게 대답했다.

"문화도 경제처럼 수입보다는 수출이 필요해요. 나는 한국의 문화를 수출하기 위해 세상을 떠도는 문화 상인입니다."

시간이 흘러 백남준은 〈굿모닝 미스터 오웰〉을 발판 삼아 '위성 아트 3부작'이란 작품명으로 활동을 이어갔다. 그와 동시에 인공위성을 이용한 작품이 남긴 '빚'도 감당을 해야 했다. 무려 40만 달러[79]에 달하는 제작비였다. 당시 백남준과 동료들이 모은 돈은 7만 달러에 불과했고, 록펠러 재단과 프랑스 텔레비전 방송사의 지원금은 충분하지 않았다.

백남준은 경제적 어려움을 딛고 위성 아트 시리즈의 제2편인

---

[79] 한화로 대략 3억 2천만에 달했고, 백남준은 작품 〈굿모닝 미스터 오웰〉이 완성된 뒤로 오랫동안 빚을 갚아야 했다.

〈바이 바이 키플링[80]〉을 제작해, 1986년 서울 아시안 게임 개최에 맞춰 전 세계로 중계했다. 제목의 '키플링'은 영국 출신의 작가 러디어드 키플링Rudyard Kipling[81]이었다. 백남준은 그녀의 시 「동과 서의 노래[82]」에서 '동은 동, 서는 서, 둘은 절대 만나지 않으리'라는 구절에 불만이 있었다. 동서양 사이에 도저히 넘을 수 없는 벽이 있다는 뜻이었다.

"동이 서이고, 서가 동이 될 수 있다."

그는 예술을 통해 그녀의 생각을 부정하고자 했다. 도쿄, 뉴욕, 서울 세 도시의 풍경을 교차시켜 동서양이 같은 시간 축에 살고 있음을 드러냈고, 한국의 사물놀이패와 미국의 타악기 연주자의 연주를 화면에 동시에 내보낸 뒤에 미국인과 일본인이 손을 내밀어 위성 악수를 하는 장면을 보여줬다. 너무 다르게 느껴지는 동양과 서양도 제3자의 생명체가 봤을 땐 쌍둥이처럼 똑같아 보인다는 메시지였다.

또 〈바이 바이 키플링〉의 압권은 뉴욕에서 연주되는 강한 리듬의 음악에 맞추어 서울에서 펼쳐지는 마라톤 경기의 현장이었다. 동양과 서양, 음악과 스포츠가 하나가 되어 만나는 모습을 연출해 큰 감명을 주었다. 그러나 백남준의 시도는 당시 한국에서 부

---

[80] Bye Bye Kipling
[81] 소설 「정글북(The Jungle Book)」의 작가이자 노벨 문학상 수상자이다.
[82] The Ballad of East and West

정적인 평가를 받았다.

"저 영상은 마치 아시아의 문화적 선두주자가 일본이라고 말하는 것 같아."

논란의 발단은 일본인 마라토너가 우승하는 장면이었다. 언론사를 중심으로 "백남준의 '키플링'은 예술을 내세운 일본의 선전 쇼다!" 같은 비난이 이어졌다.

그러나 이 논란은 1988년 위성 아트 3부작의 마지막 편 〈손에 손잡고[83]〉가 공개되자 빠르게 사그라들었다. 서울 올림픽 개막식 일주일 전에 공개된 이 작품은 이전보다 더 많은 국가가 참여한 대작으로 남았다.

백남준은 전 세계의 축제인 올림픽을 무대로 세계인의 공통 언어인 '춤과 음악'으로 동양과 서양의 조화를 극대화했다. 예술과 스포츠의 만남, 동서양의 조화뿐만 아니라 교류가 쉽지 않은 자본주의와 공산주의가 손을 맞잡는 과정을 보여줬다. 그리고 '세계적 조화와 공존'이라는 메시지를 전달하며 막을 내렸다. 위성 연결을 통한 네트워크가 어떻게 새로운 예술을 탄생시킬 수 있는지를 보여준 기념비적인 작품이었다.

'한국적'인 예술의 의미 | 서울 올림픽을 앞둔 1988년, 백남준은 국립현대미술관 과천관 로비에 〈다다익선(多多益善)〉이라는 작품을 설치하고 영구 기증했다. 이 작품은 TV 모니터를 5층 탑 형태(높이 18.5m)로 쌓아 올린 '나선형 비디오 타워'였다.

---

[83] Wrap around the World

개천절(10월 3일)을 뜻하는 1,003대의 TV는 삼성전자가 기증했으며, 탑의 구조는 경기고 후배이자 건축가인 김원이 자원해서 설계했다. 총 작업 시간은 장장 2년, 백남준의 비디오 작품 중 가장 큰 규모였다.

한 번에 세기도 어려운 1,003개의 화면에서는 각기 다른 영상이 흘러나왔다. 한국의 전통을 상징하는 경복궁, 부채춤, 고려청자 등과 프랑스의 개선문, 그리스의 파르테논 신전 등 각 나라의 문화적 상징물이 담겼다. 동양과 서양, 과거와 현재, 세계 인류가 '예술과 과학기술'로 조화를 이룬다는 백남준의 작품 세계가 표현됐다.

백남준은 서울 올림픽 개최와 〈다다익선〉의 공개를 기점으로 국내의 일반 대중에게 비디오 아티스트로서 입지를 굳히고 인지도를 높였다.

◀ 작품 〈다다익선〉이 보고 싶다면

이전만 해도 백남준을 해외에서 활동하는 괴짜 예술가 정도로 알고 있는 사람들이 많았다. 그는 오랜 외국 생활로 한국어가 서투름에도 한국을 그리워하고, 한국적인 이미지나 한국의 숨겨진 아름다움을 예술로 자주 표현했다.

많은 서양인이 열광하는 〈촛불 하나[84]〉는 지극히 영적이면서도 한국적인 아름다움이 느껴지는 작품으로 알려져 있다.

또 백남준은 어린 시절 경험한 한국의 무속문화를 사랑하고 무한한 자부심을 느꼈다.

---

[84] 원문은 One Candle이다. 흰 스크린 위에서 흔들거리는 커다란 촛불의 영상이 고즈넉한 한국의 정서를 보여준다.

그의 어머니는 가끔씩 집으로 무당을 불러 굿을 하기도 했고, 어린 그는 한국의 무속을 '신과 인간을 연결해 주는 소통', 즉 '세상의 시작'으로 믿게 됐다.

"나는 굿장이에요. 여러 사람이 소리를 지르고 춤을 추도록 부추기는 광대나 다름없지요."

이런 그에게 한국의 샤머니즘은 종교의 개념이 아닌 '예술적 영감'을 얻는 소재였다. 훗날 세상을 떠난 오랜 친구[85]를 추모하는 방법을 보면 알 수 있다. 그는 직접 갓과 도포 차림을 하고 진혼굿을 벌였는데, 수백 명의 관객 앞에서 쌀이 든 밥그릇을 피아노 위에 놓는 퍼포먼스를 벌였다. 이 장면은 프랑스 TV를 통해 방송되기도 했다.

비엔날레 첫 등장 | 1993년 6월, 전 세계 미술인들의 큰 잔치인 '베니스 비엔날레'가 개최되었다.

오랫동안 독일에서 예술 활동을 이어온 백남준은 '독일관' 대표로 참가하게 되었는데, 사실 그는 훨씬 오래전인 1966년에 베니스에 온 적이 있었다.

비엔날레에 초대받지 못한 그해, 백남준은 예술적 동반자인 샬롯 무어만과 재밌는 해프닝을 계획했다. '베니스는 자동차를 폐기한 이후 세계에서 가장 진보적인 도시가 되었다[86]'라는 문구를

---

85) 샬롯 무어만과 요제프 보이스

적은 전단지를 준비한 뒤, 곤돌라에 올라 베니스 운하를 떠다니며 '곤돌라 해프닝'을 연출했다.

두 사람이 번갈아 존 케이지의 곡을 연주하고, 백남준이 연주할 때는 샬롯 무어만이 베니스의 물로 들어갔다가 다시 곤돌라로 돌아오는 행동[87]을 반복하는 행위예술이었다. 오가는 주민과 여행자들의 시선을 끌어모았다.

"목표는 베니스 비엔날레다."

백남준은 평소 수더분하고 경제적 욕망이 없는, 아주 즉흥적인 성격처럼 보이는데, 사실 '예술'에 관해서 만큼은 먼 미래를 내다보며 철저하게 계획하는 사람이었다.

돌풍 — Sensation

1974~1977년	1978~1981년	1982년
▼	▼	▼
뉴욕 에버슨 미술관에서 회고전	독일 뒤셀도르프 아카데미 교수로 초빙	미국 뉴욕 휘트니 미술관에서 회고전 개최
구보타 시게코와 재회한 후 결혼	요셉 보이스와 공연 (조지 마키우나스 추모)	〈로봇 K-456〉의 교통사고 연출
당뇨병으로 고생	베를린에서 빌 그로만 상 수상	플럭서스 창립 20주년 기념 행사 참가
	흑백 TV가 컬러로 전환	
오일쇼크		오드리 헵번 유니세프 활동
	전두환 정권기	

[86] 1958년 존 케이지가 베니스를 찬양하며 쓴 글이었다.
[87] 이로 인해 샬롯 무어만은 피부 발진으로 꽤 오랫동안 고생했다. 운하의 오염된 물 때문이었다.

그는 자신이 원하는 것이 뭔지 너무도 잘 알고 있었다. 주류 예술계로부터 '비디오 아트'를 인정받는 것. 국제적으로 가장 권위 있는 행사인 베니스 비엔날레는 매해 그의 예술적 욕망과 도전욕을 자극했다.

1991년 예술계의 노벨상이라 불리는 '독일 고슬라 카이저링[88] 상'을 받은 백남준은 ≪백남준, 비디오 때·비디오 땅[89]≫ 전시 때마다 백남준은 이런 말을 했다.

"이번 전시는 베니스 비엔날레 예행연습이야."

그는 훨씬 전부터 베니스 비엔날레에 참가한 뒤 황금사자상을 받는 미래를 머릿속으로 그리고 있었다. 로마에서의 전시가 열린 1992년, 동료와 조수들을 데리고 베니스로 향한 그는 비엔날레가 열릴 장소를 둘러봤다.

1984~1988년	1990~1992년	1993년
▼	▼	▼
〈굿모닝 미스터 오웰〉 전 세계 생중계	현대화랑에서 요셉 보이스를 위한 추모굿	베니스 비엔날레 독일관 작가로 초청
〈바이 바이 키플링〉 인공위성 중계	유네스코 피카소 기념상 수상	비엔날레에서 '황금사자상' 수상
〈다다익선〉 국립현대 미술관에 영구 설치	국내에서 최초 회고전 개최	

귀국 후 활동

| | 독일 통일 | 탈냉전기 | 오드리 헵번 영면 김영삼 정부 |

---

[88] Goslar Kaiserringhaus
[89] Video Time-Video Space

"내년에 우리가 전시할 곳이니 공간을 미리 익혀둬. 현장을 미리 확인해야 진짜 작업할 때 문제가 안 생겨."

그로부터 1년여 뒤, 백남준은 자신의 장담처럼 독일을 대표하는 예술가로서 당당히 베니스 비엔날레에 참석했다. 독일 출신으로 미국에서 활동한 예술가 한스 하케Hans Haacke와 함께였다. 두 사람이 이끄는 독일관은 비엔날레 기간 내내 화제가 됐다.

우선 한스 하케는 독일관 내부의 바닥을 다 뜯어 뒤집어엎고, 전시장 벽에 큼지막한 글씨를 적었다. 게르마니아Germania! 히틀러가 독일제국을 꿈꾸며 계획한 도시의 이름을 내세워 나치즘을 비판하려는 관념적인 의도였다.

반면 백남준은 〈전자 고속도로: 베니스에서 울란바토르까지[90]〉라는 제목의 작품을 독일관 외부에 전시했는데, 한스 하케의 작품과 달리 동적이고 요란했다. 앞마당에 자동차와 모니터, 꽃으로 만든 TV 로봇인 '마르코 폴로[91]'를 설치하고, 건물 뒤쪽(바다 방향)에는 한민족의 시조인 단군을 형상화한 로봇 '스키타이 왕, 단군'을 세웠다.

그뿐만 아니라 유럽까지 진출한 몽골의 칭기즈칸, 거대한 제국을 세운 알렉산더 대왕, 러시아의 캐서린 대제 등 동서양을 넘나들었던 역사적 영웅들을 로봇으로 선보였다.

---

90) Electronic Superhighway: From Venice to UlanBator
91) 이탈리아 베니스 출신의 여행가이자 『동방견문록』의 저자이다. 어릴 때부터 아버지를 따라 동방 여행을 다녔고, 약 17년간 아시아와 인도의 통상을 전담했다.

"축하합니다, 남준 백!"

백남준은 그해 출품한 작품들로 베니스 비엔날레의 '황금사자상'을 손에 쥐었다. 비디오 아트라는 장르를 개척해 독보적인 예술 세계를 선보인 예술가로 인정받은 셈이었다.

그 이후에도 그는 유네스코 피카소 기념상(1992)과 후쿠오카 문화상(1995) 등을 수상하며 세계에서 예술성을 인정받았으며, 한국호암재단 호암상(1996) 등을 받으며 국내외의 높아진 위상을 드러냈다.

성과 | Result | : 60대~영면

광주 비엔날레 자문과 활약 | 1995년, 백남준은 제1회 광주 비엔날레의 공동 기획자로서 한국 땅을 밟았다. 당시 그는 베니스 비엔날레에 참여한 경험을 살리며, 해외의 인맥을 백분 활용해 파격적인 예술 장르들을 국내에 소개했다.

광주 비엔날레는 국내외 관람객 160만 명이 다녀갈 정도로 성공을 거뒀으며, 한국 예술의 세계화에 적지 않은 영향을 미쳤다. 백남준이 직접 참여한 ≪광주 비엔날레: 인포 아트 '95[92]≫는 크게 주목받았다.

백남준은 한국에서의 비엔날레를 위해 지금껏 자신이 만든 비디오 작품들을 가져와 전시했으며, 관객들 앞에서 직접 피아노를 연주하기도 했다.

그가 건반을 두드리면 무대에 설치된 대형 스크린에 어떤 이미지가 펼쳐졌는데, 처음에는 소형 비디오카메라로 건반을 치고 나중에는 코나 입으로 연주했다. 관객들은 그가 연주할 때마다 바뀌는 스크린을 보며 즐거워했다.

'샬롯, 여기서 함께 공연할 수 있었으면 얼마나 좋았을까.'

백남준은 뿌듯한 마음과 함께 깊은 슬픔을 느꼈다. 이런 날이면 항상 함께였던 샬롯 무어만이 지난해 암으로 세상을 떠났기 때문이었다.

---

[92] INFO Art '95

그 무렵 백남준은 베니스 비엔날레 국가 전시관 부문에서 한국관 설치에 결정적인 역할을 했다. 미국과 유럽이 예술의 중심으로 여겨지던 시절, 한국 미술의 세계 진출에 큰 노력을 기울인 것이다.

다만 한국관 설립 후에도 여러 난관은 있었다. 베니스는 도시 전체가 오랜 역사를 지닌 문화재였으며, 비엔날레가 열리는 '자르디니'라는 지역은 녹색 보호 구역으로 지정되어 있었다. 한국인 예술가와 건축가는 작품을 설치하고 꾸미는 과정에서 전반적인 어려움을 겪었다. 그들은 베니스 의회가 요구하는 까다롭고 복잡한 행정 절차에 혀를 내둘렀고, 백남준에게 도움을 요청할 수밖에 없었다.

"백 선생님, 제발 도와주십시오. 의회 관계자들이 대부분 선생님의 작품을 좋아한다면서요. 선생님께서 말씀 좀 잘 해주세요."

"내가 할 수 있는 일이라면 얼마든지 도와드리겠습니다. 말씀만 하세요."

그는 흔쾌히 그들을 위해 발 벗고 나섰고, 양국 정부 관계자들이 문제를 해결하는 데 많은 도움을 줬다. 예술가로서도 자신을 필요로 하는 곳이라면 어디든 달려가 전력을 쏟았다. 무대가 작건 크건, 사람들과 즐거움을 나누는 일이 그에겐 가장 큰 보람이었다.

"지금보다 더 신경 써서 관리해야 된다니까요."

백남준의 아내 구보타 시게코는 '당뇨'로 고생하면서도 예술에 대한 열정으로 건강 관리에 소홀한 남편을 걱정했다. 어느 날엔 심한 당뇨병 탓에 소변을 보러 자주 화장실을 가던 남편을 생각하며 〈오줌싸개 소년 Manneken Pis〉이라는 비디오 아트 작품을 제작하기도 했다.

백남준은 '편하면' 그만인 사람이었다. 헐렁한 멜빵바지는 일상이고, 끈 한쪽에는 시간에 맞춰 알람이 울리는 시계를 달았다. 당뇨약을 먹기 위해서였다. 물건을 자주 잃어버리는 탓에, 와이셔츠에 큰 주머니를 만들어 물병과 신문을 꽂고 다녔다.

어쩔 땐 점잖은 자리에 초대되고도 거지처럼 보이는 옷차림 때문에 안으로 들어가지 못하는 일이 허다했다. 이어령 문화부 장관과 약속을 잡고 청사로 향했는데, 문 앞의 경비가 백남준을 수상하게 보고 막아섰다.

"아, 저는 문화부 장관님과 만나기로 약속을 했습니다. 확인해 보세죠."

"죄송합니다만, 이런 차림으론 입장이 안 됩니다."

한동안 청사 앞에서 실랑이를 벌이던 중, 지인이 달려와 백남준의 신분을 증명했다.

"선생님, 본인이 '백남준이다'라고 말씀만 하셨으면 저분들이 저렇게 잡진 않았을 텐데요."

"그런가? 하여튼 이 일을 알면 장관님이 미안해하실 테니 비밀로 해 줘."

이처럼 백남준의 성격은 뒤끝이 없고 소탈했다. 그는 작품을 만들다 지치면 미술관 전시실이든 뒤뜰이든, 작업실 한 귀퉁이든 가리지 않고 잠을 잤다. 물질적 풍요나 안락, 타인의 시선에는 조금도 관심이 없었다. 그러나 이런 생활은 서서히 그의 건강을 악화시켰다.

1996년의 어느 날이었다. 여느 때처럼 전시회 준비에 힘을 쏟고 있던 백남준은 집에서 식사하던 중에 의식을 잃고 쓰러졌다. 다행히 곁에 아내가 있어 빠르게 응급실로 갈 수 있었지만, 몸의 왼쪽 신경이 마비되고 말았다. 부모님이 세상을 떠난 원인이었던 '뇌졸증', 그 무서운 병이 그에게도 찾아온 것이다.

"걱정하지 마, 오늘이 부활절이잖아. 예수가 부활한 날에 살아났으니 나는 절대 죽지 않을 거야."

가까스로 눈을 뜬 백남준은 아내와 친구들을 안심시켰다. 그러나 한쪽이 마비된 몸으로 누군가의 도움 없이 생활하기는 쉬운 일이 아니었다.

그해 10월, 백남준은 독일 『포쿠스^{Focus}』가 선정한 '올해의 100대 예술가' 중 한 명이 되었고, 독일 경제 월간지 『캐피탈^{Capital}』이 선정한 '세계의 작가 100인' 가운데 8위에 올랐다.

또 한국과 독일의 문화교류에 이바지한 공로를 인정받아, 독일 문화원이 비독일 국민에게 수여하는 독일 정부 훈장 '괴테 메달'을 받았다.

당시 괴테 메달을 받은 한국인은 작곡가 윤이상(1995년 수여)과 백남준 둘뿐이었다[93]. 예술가로서 정점을 찍었다고 볼 수 있는 시

---

[93] 세 번째는 가수 겸 작곡가 김민기(2007년 수여)이다.

점, 몸의 마비는 그에게 큰 시련으로 다가왔다.

'너무 일에 욕심을 부렸나 봐. 그래서 하늘에서 큰 벌을 내린 걸 수도 있어.'

백남준은 특유의 낙천적인 성격으로 치료와 재활 기간을 견뎌 냈다. 심심할 때마다 당시 TV로 방영된 드라마 〈대장금〉을 즐겨 봤고, 한 손으로 그림과 낙서, 일기를 쓰며 소소한 작품들을 만들었다.

"왼쪽을 못 쓰지만 내 몸의 오른쪽은 살아 있어.
이건 내가 아직 더 창작해야 한다는 계시야."

일어날 수 있다는 강한 의지 덕분일까, 백남준은 쓰러진 지 6개월 만에 신체적 장애를 극복하고 각지에서 전시회를 열기 시작했다. 비록 휠체어를 탄 상태였지만, 그의 유쾌한 웃음과 농담은 전시회를 찾은 많은 이들을 웃게 했다.

한민족의 호랑이 | 1997년, 백남준은 휠체어를 타고 참여한 ≪뮌스터 조각 프로젝트[94]≫에서 〈20세기를 위한 32대의 자동차: 모차르트의 진혼곡을 조용히 연주하라[95]〉라는 작품을 선보였다. 직후인 1998년, 그는 현대예술과 비디오를 접목한 공로를 인정받아

---

[94] 원문은 Sculpture Projects in Münster이다. 부품을 늘어낸 구형 자동차 안에 고물 텔레비전을 세우고, 모차르트의 장송곡이 울려 퍼지게 만든 장엄한 작품이다. 20세기 최고의 발명품이었던 은색 자동차들이 더는 달리지 못함으로써, 21세기가 시작된다는 의미가 담겨 있다.

[95] 32 Cars for the 20th century: Play Mozart's Requiem Quietly

'교토상'을 수상했다. 뉴욕의 미술전문대학인 프랫 인스티튜트Pratt Institute에서 미술 명예박사 학위를 받는 영광도 누렸다.

2000년 1월 1일 0시, 새천년[96]이 시작됐다. 백남준은 밀레니엄을 기념하는 작품 〈호랑이는 살아있다[97]〉를 77개국 방송국으로 송출했다. 낯선 이국땅으로 떠나 예술가로서 살아온 세월을 돌아보는 작품이었다. 작품 속 호랑이는 한국을 상징하는 동물인 동시에, 백남준 자신이기도 했다.

"한민족은 호랑이이다. 반만년 역사 속에서 한민족은 호랑이의 전설이나 호랑이의 의인화된 모습과 함께 살아왔다. 외국인들은 한반도에 호랑이가 없다고 하지만, 호랑이는 살아 있다. 백두산과 한라산에도, 그리고 금강산과 설악산에도 여전히 살아 남아 21세기에 다시 포효할 준비를 하고 있다."

백남준은 어두운 역사의 긴 터널을 지나온 '한국'이 세계에 분명한 존재를 알릴 때가 되었다고 생각했다. 영상 속 백두산 호랑이는 아프리카 사자와 싸워 이겼고[98], 백남준은 '금강에 살으리랏다'란 노래를 불렀다. 뒤로는 민화의 호랑이의 모습과 〈지구의 선〉이라는 작품이 이어지고, 맨 마지막에는 사람들이 불놀이하는 이미지가 흘러나왔다. 백남준 비디오 아트의 진수를 보여주는 작품이라고 할 수 있었다.

---

[96] 새롭게 시작되는 천 년, 2000년 이후를 이른다.
[97] Tiger is Alive
[98] 이 영상은 북한에서 제작한 비디오테이프였다.

"드디어 호랑이가 제대로 운다."

백남준은 미국에서 방송을 시청하며 즐거워했다. 당시의 그는 서양에서 서양인들과 어깨를 겨루며 살아가고 있는 '한 마리의 호랑이'라고 자신을 지칭했고, 앞으로도 당당하게 살아갈 것이라 다짐했다.

흥미롭게도 백남준과 오래 교류를 이어온 시인 엘렌 긴즈버그는 백남준의 초상화를 호랑이로 그려내며, 그를 '한국의 호랑이'로 표현했다.

한편, 한국에서 〈호랑이는 살아있다〉가 TV로 방송되었을 때, 뉴스 방송 진행자는 "시청자 여러분, 텔레비전이 고장 난 것이 아닙니다"라고 여러 차례 알렸다는 일화가 있다. 아무런 멘트가 없이 영상만 나오는 화면이 국내 시청자들에게 익숙하지 않아 벌어진 일이었다.

선구안과 전자고속도로 | 백남준은 몸이 불편한 와중에도 항상 새로움을 추구했다. 어느 날부터 레이저^{laser}에 매료된 그는 '어떻게 하면 이걸 예술의 영역으로 끌어들일까'를 고민했다. 레이저의 잠재성, 형형색색의 빛을 증폭시킨 광선으로 환상적인 분위기를 연출할 수 있으리라 확신했다.

"어떤 식으로 활용할 수 있을까?"

때는 2000년, 그는 레이저를 이용한 첫 작품을 발표했다. 〈동시

변조[99]〉라고 명명한 시리즈였다. 약 8m 높이, 지그재그 모양으로 레이저를 설치한 〈야곱의 사다리[100]〉, 그리고 천장으로 쏘아 올린 레이저 광선과 바닥에 설치된 50여 개의 텔레비전으로 구성된 〈달콤하고 우아한[101]〉으로 구성되었다. 제작비만 300만 달러가 투입된, 20세기 최대 규모의 전시회 중 하나였다.

"겉으로는 서양 기술부터 보이지만,
실은 한국적 철학을 담으려 했다."

그 시기, 1997년에 제작을 시작한 또 다른 레이저 작품 〈삼원소[102]〉도 완성이 되었다. 거울로 만든 구조물에 큐빅으로 빛을 반사해 여러 도형을 형상화했는데, 삼각형은 '불'을, 원형은 '물'을, 사각형은 '흙'을 상징했다. 전시관 전체는 '우주'였으며, 그는 '공기'와 '관람객(생명체의 역할)'까지 작품의 요소로 삼았다.

백남준이 남들이 생각하지도 못한 예술 세계를 펼칠 수 있었던 뿌리는 **변화를 감지하는 선견지명**(先見之明)[103]이었다. 1974년 그는 「후기 산업 시대를 위한 미디어 기획: 21세기까지 불과 26년을

---

[99] 원문은 Modulation in Sync으로 뉴욕 구겐하임 미술관의 전관을 장식한 작품이었다. 백남준의 태어남과 죽음에 대한 진지한 고민이 담겨 있다. 소용돌이와 태극무늬, 주역의 괘가 번갈아 그려지는 천장의 광선 이미지는 '하늘'을 의미하고, 다채로운 영상들이 나오는 50여 개의 텔레비전은 '땅'이었다. 물과 거울로 빛을 반사해 만든 사다리는 '사람'을 뜻했다. 하늘과 땅과 사람이 서로 손을 맞잡은 하나의 우주를 그려낸 것이다.
[100] Jacob's Ladder
[101] Sweet and sublime
[102] Three Elements
[103] 어떤 일이 일어나기 전에 미리 앞을 내다보고 아는 지혜

남겨두고[104]」라는 연구 논문에 한 단어를 언급했다.

전자 고속도로 Electronic Superhighway

그는 미국이 여러 사회적 문제를 해결하려면 '전자 고속도로'를 건설해야 한다고 제안했는데, 바로 '인터넷망'의 구축을 의미했다. '전자 고속도로야말로 에너지를 낭비하지 않으면서 진보하는 길'이라는 그의 주장은 곧, '인터넷 출현'의 예고와 같았다.

전자 고속도로 (타임지 표지 1993년 4월)

그로부터 30년 뒤, 미국 대선을 앞둔 빌 클린턴[105]이 '전자 고속도로'를 공약으로 내세웠고, 이를 알게 된 백남준은 후일 이렇게 회고했다.

"'전자 고속도로'라는 나의 아이디어를 빌 클린턴이 1992년 자신의 대선 공약에서 사용했지. 그는 나의 아이디어를 훔쳤다."

오늘날 인터넷은 인류의 일상에 없어서는 안 될 기술로 자리 잡았다. '예술가는 미래를 사유해야 한다'라고 강조한 백남준은 비디오디스크가 개발된 1977년 이런 말을 했다.

"인쇄되지 않은 뉴욕타임스나 슈피겔 출판사의 모든 작품을 저

104) Media Planning for the Postindustrial Age: The 21st Century is now only 26 years away
105) William Jefferson Clinton

장할 수 있을 것이다. (…중략…) 뉴욕 공공도서관의 책을 모두 소장할 수 있고, 쉬면서 마음대로 어느 곳이나 펼쳐서 읽을 수 있을 것이다[106]."

지금의 컴퓨터와 전자책의 쓰임을 정확하게 예언한 백남준은 '침묵의 TV 방송국'이라는 아이디어를 내기도 했다. 방송 내내 특정한 분위기(무드)를 조성하는 미술을 내보내는 채널, 오늘날의 'ASMR 방송'이나 '힐링 콘텐츠'와 유사했다.

"'침묵의 TV 방송국'은 비발디의 TV판 혹은 전자 안정제로서 모든 시청자를 위로하는 빛의 미술이 될 것이다."

또 백남준은 비디오와 레이저 다음으로 인류의 발전을 이끌 기술은 '텔레파시'라고 단언했다. 언뜻 공상과학소설에서나 등장할 법한 딘이지만, 놀랍게도 테슬라의 최고경영자 일론 머스크가 인간의 뇌에 칩을 이식하여 '생각'만으로 기기를 제어하고 의사소통을 할 수 있는 기술 연구[107]를 이어가고 있다. 백남준의 예언이 그리 먼 미래가 아니라는 의미였다.

구겐하임 회고전 | 2000년 뉴욕 구겐하임 미술관과 서울 삼성미술관이 협력하여 주최한 대규모 회고전이 열렸다.

---

106) 『나의 사랑 백남준 아내 구보타 시게코가 들려주는 백남준의 삶과 사랑 예술』, 구보타 시게코, 남정호, 이순, 2010, 197쪽
107) 미국 식품의약국(FDA)는 2023년에 연구와 관련해 인간을 대상으로 한 임상실험을 허가했다.

제목은 ≪백남준의 세계[108]≫.

현대미술의 메카[109]이자 중심축인 뉴욕 맨해튼, 그 위상이 절대적인 구겐하임 미술관에서 한 작가를 위한 개인전을 여는 일은 굉장히 이례적이었다.

백남준은 회고전을 위해 아픈 몸을 이끌고 스튜디오로 향했다. 새로운 작품을 준비하는 동시에, 지금까지의 작품들도 일일이 손보고 재작업했다. 그는 자신의 예술 철학을 회고전을 통해 다시금 알리고자 했다.

'과거에서 미래를, 지상에서 영원을 지향하겠다.'

그의 회고전은 곳곳에서 화제가 됐다. 뉴욕 지하철과 거리 어디를 가나 전시회 포스터를 볼 수 있었다. 전시회에 앞서 작품이 공개된 날에는 수많은 취재진이 몰려들었다. 『뉴욕타임스』는 두 페이지에 걸쳐 '백남준 특집 리뷰'를 실었고, CBS 방송국은 30분짜리 특집 방송을 편성했다.

"축하합니다!"

전시회 당일, 미술관에 모여든 사람들은 일제히 한 곳을 바라보며 손뼉을 쳤다. 초록빛 비단 한복을 입은 백남준이 휠체어를 타고 아내와 함께 입장했다.

그는 함박웃음을 지으며 사람들에게 오른손을 흔들었다. 회고전의 메인 작품은 '레이저 아트'였다. 심혈을 기울인 레이저 작품 〈동시 변조[110]〉 시리즈와 〈삼원소〉가 공개되자 관람객들은 환호

---

[108] The Worlds of NamJune Paik
[109] 어떤 분야의 중심이 되어 사람들의 동경·숭배의 대상이 되는 곳

를 쏟아냈다. 미술관 천장으로 쏘아진 레이저는 쉴 새 없이 변화하며 기하학적 형상을 그려냈다.

1970년대에 극찬을 받았던 〈TV 정원〉, 〈TV 부처〉, 그리고 1980년대의 위성 아트 〈굿모닝 미스터 오웰〉도 다시금 공개되어 관람객에게 깊은 감동을 줬다.

"나는 세계적인 예술가가 아닙니다.
세기(世紀)적인 예술가입니다."

대대적인 성공! 언론 매체의 호평이 이어지고 '백남준'의 비디오 아트는 하나의 상징처럼 굳어졌다. 회고전을 준비하는 3년간 급속도로 나빠진 건강은 열정적인 예술가를 멈추게 하지 못했다.

백남준, 2002
ⓒ 사진: 최춘일,
사진제공: 백남준아트센터

110) <달콤하고 우아한>, <야곱의 사다리>

백남준은 회고전 이후 2002년 한일월드컵 개막식을 위한 작품 〈동방으로부터〉 제작에 나섰고, 2004년에는 맨해튼 소호의 스튜디오에서 퍼포먼스 〈존 케이지에게 바치는 헌사[111]〉를 공연했다. 이날의 공연은 그의 조카가 함께 하였다. 그는 피아노, 조카의 옷과 모자에 흰 페인트칠을 하면 조카는 노래를 부르면서 악보를 찢었다. 그리고 관객들에게 함께 먹기를 권유했고, 피아노를 뒤엎으면서 퍼포먼스를 끝냈다.

"난 2012년까지 꼭 살아야겠어."

이 당시 백남준의 목표는 하나였다. 존 케이지가 태어난 지 100년이 되는 해인 2012년까지 건강히 살아서, '존 케이지 탄생 100주년 기념' 퍼포먼스를 하는 것이었다.

한국을 사랑한 미스터 백 | 2006년 1월, 백남준은 아내 구보타 시게코와 함께 미국 마이애미 자택에서 지내는 중이었다. 겨울이 되면 매서운 추위를 피해 머물던 거처였다. 그는 따뜻한 환경에서 한가로운 나날을 보내며, 저녁에는 아내가 만든 장어 덮밥을 먹으며 연신 "맛있어, 맛있어"라고 칭찬했다.

그날도 부부는 함께 만족스러운 식사를 마치고 잠자리에 들었다. 하지만 얼마 지나지 않아 아내는 거칠어진 남편의 숨소리를 듣고 잠에서 깼다.

"남준, 왜 그래요? 일어나 봐요!"

놀란 아내가 급하게 구급차를 불렀지만, 백남준은 끝내 그녀의

---

[111] A Tribute to John Cage

품에서 숨을 거두고 말았다. 2006년 1월 29일 새벽, 그의 나이 75세였다.

"예술계의 큰 별이 졌다."

『뉴욕타임스』는 백남준을 성공한 반란자라며 애도를 표했다. 어느 언론사는 그를 비디오 아트의 아버지이자 조지 워싱턴이라고 표현하기도 했다.

장례식 백남준 초상 (1985)
ⓒ Chris Felver.
All rights reserved 2024
/ Bridgeman Images

장례식 당일이 되자, 뉴욕에 있는 프랭크 캠벨 장례식장으로 조문객들의 발길이 모여들었다. 관 속의 백남준은 두 손을 다소 곳이 모으고 편안하게 누워 있었다. 목에는 피아노 건반 문양의 검은 목도리를 두르고 있었다. 아내 구보타 시게코의 목에는 하얀 목소리가 있었다. 고인의 피아노를 향한 애정을 두 목소리로 표현한 그녀는 관 앞에서 조문객들을 맞았다. 두 눈에서는 연신 눈물이 흘러내렸다.

조문객들의 얼굴은 다양했다. 백남준이 평생 교류해온 예술인들, 인간적으로 소통한 친구들, 그의 예술을 사랑하는 팬들과 후배 예술가들 등이었다.

그와 자주 작품을 함께한 머스 커닝햄은 휠체어를 타고 등장했다. 한국에 있던 전 서울시립미술관장 김홍희, 당시의 문화재청장 유홍준은 비행기를 타고 급히 날아왔고, 노무현 대통령을 비롯한 김대중 전 대통령, 이건희 삼성그룹 회장 등 정계와 재계 인사들의 조전(弔電)[112]과 조화가 줄이어 도착했다.

성과 — Result	1995~1997년	1998년
	▼	▼
	후쿠오카 문화상 수상	교토상 수상
		독일 정부 괴테 메달 수상
	제1회 광주 비엔날레의 공동 기획자로 참여	독일 캐피탈지 선정 '세계 100대 작가' 중 8위
	제5회 호암상 수상	아트뉴스지 '20세기 가장 영향력 있는 작가 25인' 선정
	세계무역기구 출범	
	IMF 사태	김대중 정부

112) 조문(弔問)의 뜻을 표시하기 위하여 보내는 전보

그때 장례식 사회를 맡은 백남준의 조카가 조문객들에게 갑작스러운 제안을 했다.

"여러분, 고인을 위해 마지막 퍼포먼스를 합시다. 옆 사람의 넥타이를 잘라 관 속에 넣어주십시오."

순간 조문객들의 웃음이 터져 나왔다. 백남준의 오랜 친구인 오노 요코가 먼저 일어나 조카의 넥타이를 잘랐고, 자연스럽게 백남준의 가슴 위에 올려놓았다. 그러자 여기저기서 싹둑싹둑, 넥타이 자르는 소리가 들려왔다. 조문객들은 잘린 넥타이 조각을 손에 들고 관 앞으로 향했다[113].

어느새 장례식장은 퍼포먼스 공연장이 되었고, 줄지어 순서를 기다리는 조문객들의 표정에서 유쾌함이 묻어났다. 삶과 예술의 경계를 허물던 고인에게 걸맞은 작별 인사였다.

2000~2002년	2006~2008년
뉴욕 구겐하임 미술관에서 대규모 회고전 개최	2006년 1월 30일 타계 (미국시간 1월 29일)
한국 금관문화훈장 수여	백남준 아트센터 착공 및 준공
뉴욕 록펠러센터 퍼포먼스 및 레이저 작품 전시	
노무현 정부	박경리 영면

---

[113] '넥타이 자르기'는 백남준이 1960년 그의 스승이자 동료인 전위음악가 존 케이지에게 했던 퍼포먼스였다.

장례식이 마무리되고, 백남준의 가족은 그의 유해를 어디에 묻을지 고심했다.

"당연히 고향에 묻어야지."

"그런데 남준의 고향은 한국인가? 아니면 40여 년간 지낸 미국인가?"

"그가 예술을 공부하고 예술가로서 살기 시작한 독일이 고향 아닐까?"

그들은 결국 세 곳 모두 백남준의 고향이라는 결론을 내렸고, 유해를 서울[114]과 독일, 뉴욕에 나눠서 안치했다.

"나는 한국에 대한 애정을 절대로 발설하지 않고 참는다.
한국을 선전하는 길은 내가 잘되면 저절로 이루어진다."

49재 당일, 백남준의 유해가 있는 봉은사로 1천여 명의 사람들이 모여들었다. 사람들로 북적이는 추모 현장, 여성 무속인이 시퍼런 작두에 맨발로 올라가 신들린 듯 춤을 췄다. 그 뒤로 조카가 백남준의 행위예술 〈땅에 끌리는 바이올린〉을 재연하기 위해 바이올린에 줄을 매달고 바닥에 이리저리 끌고 다녔다.

그런 다음 존 핸하트[115]와 100명의 추모객이 바이올린을 천천히 들어 올렸다가 단숨에 내리치는 단체 퍼포먼스를 했다. 〈바이올린 솔로를 위한 독주(1962)〉의 재연이었다. 또 일부 추모객들은 촛

---

114) 서울 봉은사에 '유작'인 〈내 손〉과 함께 안치되었다.
115) 뉴욕 구겐하임 미술관 수석 큐레이터이다. 백남준의 예술을 깊이 있게 연구했다.

불로 피아노 건반을 두드렸고, 〈다다익선〉을 본떠 만든 촛불 탑의 완성과 함께 추모식이 마무리됐다.

  2008년 10월, 경기도 용인시에 백남준을 기리기 위한 **백남준아트센터**가 문을 열었다. 건물은 백남준의 이니셜인 'P'와 피아노 모양을 본떠 건축되었다. 아트센터는 백남준이 '아들'이라 불렀던 〈로봇 K-456〉을 비롯한 여러 작품을 전시하며, 또 다른 이름을 지었는데, 바로 '백남준이 오래 사는 집'이었다.

백남준, 〈나는 이 곡을 1954년 도쿄에서 썼다〉, 1994.
© Nam June Paik Estate.
백남준아트센터 소장. 사진: 고혜경.

Nam June Paik, *I Wrote It in Tokyo in 1954*, 1994.
© Nam June Paik Estate.
Courtesy of Nam June Paik Art Center.
Photo by Go Hye-kyung

 백남준아트센터 유튜브 (작품 해설)

백남준, 〈달에 사는 토끼〉, 1996.
© Nam June Paik Estate. 백남준아트센터 소장. 사진: 고혜경.

Nam June Paik, *Rabbit Inhabits the Moon*, 1996.
© Nam June Paik Estate. Courtesy of Nam June Paik Art Center.
Photo by Go Hye-kyung

메모라빌리아: 백남준의 뉴욕 작업실 (백남준아트센터 소장. 사진: 고혜경)

Memorabilia: Nam June Paik's Studio in New York.
Courtesy of Nam June Paik Art Center.
Photo by Go Hye-kyung

가치 | Value |

"국내와 세계 예술계를 잇는
통로 역할을 자처한 애국 예술가!"

사람들은 백남준을 '비디오 아트의 창시자'로 기억한다. 하지만 그가 디지털로 연결된 세상을 내다본 선구자였으며, 인공위성을 예술의 소재로 활용한 과감하고 파격적인 아티스트였다는 사실은 좀처럼 알지 못한다.

ⓒ 강운구

그 시절 백남준은 새롭게 등장한 기술과 인간이 어떻게 공존해야 할지 고민하고, 이를 상상한 결과를 예술로 승화했다.

"첨단 기술과 인간이 공존할 방법을 예술로 표현했다."

다양한 기술을 발 빠르게 수용해 실험적이고 창의적으로 작업했던 혁신가였던 셈이다. 다른 예술가들이 텔레비전과 같은 새로운 매체에 부정적으로 반응하고 배척하거나 파괴하는 작업을 선보인 데 반해, 그는 전자 기술을 직접 터득하고 기술자와 협력하는 등 새로운 예술에의 도전에 적극적이었다.

당시 백남준은 예술 작품 활동 외에도 저술이나 이론 작업도 소홀히 하지 않았다. 첨단 기술의 발전을 주시하고 연구했으며, 1970년대에 인터넷을 예견한 것은 물론, 광주 비엔날레와 같은 대규모 행사도 주관하는 기획자로서의 면모도 드러냈다.

"예술가는 미래를 사유할 수 있어야 한다."

특히 예술가의 역할이 미래에 대한 사유라고 생각했다. 새로움을 받아들이고, 새로움을 만들어 가는데 거리낌이 없었다. 그래서 그의 곁에는 항상 새로움이 가득했다. 새로운 세계, 새로운 사람, 새로운 작품, 새로운 이야기!

그가 기성세대뿐만 아니라 젊은 세대와도 소통할 수 있었던 이

유다. 소리와 음악, 전자 기술이 어우러진 그의 작품은 두 세대를 이어지는 매개 역할을 했고, 음악과 춤으로 얼마든지 전 세계와 소통할 수 있다는 가능성을 보였다. 1973년 <글로벌 그루브>를 시작으로 위성 아트 3부작 <굿모닝 미스터 오웰>, <바이 바이 키플링>, <손에 손잡고>는 그의 이러한 신념이 담긴 작품 중 '하이라이트'라고 할 수 있다.

 백남준 작가 작품 리스트 (영문)

"존재 자체로 '예술이 무엇인지'를 알린 전 세계적 아티스트!"

백남준은 오랫동안 해외에서 살아오며 활동했다. 사후 그의 '국적'을 두고 여러 주장이 오간 것은 사실 굉장히 자연스러운 일이었다. 너도나도 '백남준은 우리나라의 아티스트다!'라고 주장하고 싶을 만큼, 그가 만든 업적과 성공은 너무도 엄청났다.

그러나 백남준은 무명 시절부터 자신이 태어난 한국을 많이 사랑했다. 그는 홍콩, 일본, 독일, 미국 등 여러 나라에서 유학하고 활동했지만, 어디서건 '백남준'이란 한국 이름을 고수했다. 그리고 동양적인 주제를 작품 활동에 많이 다뤘다.

1963년 독일에서 첫 번째 개인전을 열었을 때, 그는 한국에서 발행된 신문을 자신의 전시회 포스터로 활용했다. 그리고 1984년, 세계 최초로 위성 생중계 작품 <굿모닝 미스터 오웰>을 발표했을 때도 뉴욕, 파리, 베를린, 그리고 서울을 연결했다. 그때 한국은 국제적으로 많이 알려지지 않은 나라였다. 그가 주로 활동했던 일본이 아닌 한국을 선택함으로써 자신이 조국을 얼마나 사랑했는지를 증명했다.

또 2000년 밀레니엄을 기념한 작품 <호랑이는 살아있다>를 위성 생방송으로 77개국에 송출하면서 '호랑이는 한민족을 상징하며, 21세기에 다시 호랑이가 포효할 준비를 하고 있다'는 메시지를 전했다.

이름을 서양식으로 바꾸고, 서양의 예술과 문화를 쫓기에 급급한 일부 한국 유학생이나 예술인들에게 진정한 주체성이 무엇인지를 알려준 셈이었다.

백남준은 세계적인 예술가로 자리를 잡은 무렵부터 국내의 예술을 해외에 소개하거나 해외의 예술 경향을 국내에 알리는 등 '통로'의 역할을 자처했다. 국내에 머물며 해외 진출은 꿈꿔본 적 없던 예술가들은 그의 도움으로, 그가 닦아놓은 길을 따라 세계에 도전했다.

> "백남준이 세상에 남긴 가장 가치 있는 자산은 바로,
> 현대 예술사에 새겨진 깊고 큰 '획(흔적)'이다."

백남준은 개인적인 풍요보다는 인간과 사회 전체의 앞날에 더 관심이 많았다. 그리고 '이 작품이 세상에 어떤 영향을 줄지'를

고민했다. 사람들이 삶의 다양한 가치를 돌아보고 긍정적인 변화를 이룰 수 있는 작품에 대한 영감이 떠오르면 바로 작품을 제작했다.

고가의 전자제품인 텔레비전을 활용하려면 제작비가 많이 들었다. 특히 인공위성을 활용한 작품의 경우는 천문학적인 돈을 쏟아부어야 했다.

그러나 백남준은 조국을 알리기 위해, 세상의 변화를 이끌기 위해, 또 사람들의 인식을 바꾸기 위해 과감한 투자를 감행했고, 끝내 훌륭한 작품들과 예술정신을 낳았다. 개인의 영달을 포기하고 얻은 세계적이고 국제적인 성과였다.

◀ 백남준 작가의 인터뷰 영상을 보고 싶다면

참고자료

1장 오드리 헵번
본문
- 아름다운 인생, 오드리 헵번, 알렉산더 워커, 2005
- 오드리 헵번 : 스타일이 아름다움을 창조한다, 마틴 지틀린, 신원문화사, 2010
- 오드리 헵번처럼, 멜리사 헬스턴, 피카(FIKA), 2022
- 〈세기의 여성들 : 오드리 헵번(Extraordinary Women : Audrey Hepburn)〉, EBS 방영, 2011
- 유니세프 코리아 공식홈페이지

수록 사진
- ⓒ Bud Fraker · 21쪽
- ⓒ leumas_1974 / Flickr, ⓒ danperry.com, ⓒ twm1340 / Flickr · 22쪽
- ⓒ leumas_1974 / Flickr · 24쪽
- ⓒ Classic film scans · 55쪽
- ⓒ 1953 by Paramount Pictures Inc. · 61쪽
- ⓒ 1954 by Paramount Pictures Inc. · 64쪽
- ⓒ IISG / Flickr · 65쪽
- ⓒ twm1340 / Flickr · 75쪽
- ⓒ 1963 by Universal Pictures Co., Inc. · 77쪽
- ⓒ White House · 83쪽
- ⓒ KlaatuCarpenter · 90쪽
- ⓒ Alexandra Spürk · 103쪽, ⓒ Robert Sullivan · 104쪽
- ⓒ Riverarvi · 108쪽
- 출처 표기가 없는 사진은 자유저작권물(Public Domain)입니다.

QR코드 URL
- [유니세프] 세기의 연인, 오드리 헵번의 알려지지 않은 삶과 명언, 유니세프 코리아, 유튜브, 2020.05.29

2장 박경리

본문
- 버리고 갈 것만 남아서 참 홀가분하다, 박경리, 마로니에북스, 2008
- 시장과 전장, 박경리, 마로니에북스, 2013
- 박경리 이야기, 김형국, 나남출판, 2022
- 토지문화재단 공식홈페이지
- 박경리 뮤지엄 홈페이지(작가 박경리)
- 통영시 박경리기념관 공식홈페이지
- 박경리 문학공원 공식홈페이지
- 박경리문학관 공식홈페이지
- "김행도", 나무위키
- 정명숙, "박경리선생 숨결 고스란히 묻어나", 「강원일보」, 2007.08.21
- 박상준, "신인작가 박경리가 소원했던 것", 「한겨레」, 2016.10.17
- 이은선, "흙과 돌 틈, 자연 그대로의 삶이 오롯이…토지 생명력처럼 강인하고 든든한 품", 「서울신문」, 2020.03.23
- 이영관, "박경리 떠난지 15년… 집은 여전히 후배 작가들에 내주고 있다", 「조선일보」, 2023.07.19

수록 사진
- ⓒ 토지문화재단 제공 · 112~113쪽, 118쪽, 127쪽, 149쪽, 154쪽, 166쪽, 185쪽, 190쪽, 194~195쪽, 201쪽, 202쪽
- ⓒ 한국일보 · 197쪽
- 자유저작권(Public Domain) · 131쪽, 183쪽

QR코드 URL
- 소설 위해 "고향 통영, 친구..모든 인연 끊고 살았었다" [작가 박경리] 1~2부, 엠키타카 MKTK, 유튜브, 2019.02.19

3장 백남준

본문
- 백남준: 새로운 세계를 연 비디오 예술가, 김홍희, 나무숲, 2001
- 창조를 꿈꾸는 호랑이 백남준, 나정아, 씽크하우스, 2007
- 백남준 그 치열한 삶과 예술, 이용우, 열음사, 2008
- 나의 사랑 백남준: 아내 구보타 시게코가 들려주는 백남준의 삶과 사랑 예술, 구보타 시게코, 남정호, 아르테(arte), 2016
- 백남준아트센터 공식홈페이지
- "백남준", "참선", 두산백과
- "백남준", "카를 마르크스", "카를하인츠 슈토크하우젠", "해프닝", "콜라주", "요제프 보이스", "오브제", "아방가르드", "앨런 긴즈버그", "구보타 시게코" 위키백과
- "백남준", 존 케이지, 나무위키
- "공(空)", 한국민족문화대백과사전
- "다다익선", "예술사를 뒤흔든 백남준의 결정적 순간", 네이버 지식백과
- 「액션뮤직의 외상적 미학 : 백남준의 유년시절에서 독일 시기까지」, 안대웅, 한국미술이론학회, 2019
- 「백남준의 오디오비주얼아트 연구 : 음악적 공감각을 중심으로」, 윤지원, 한국멀티미디어학회논문지, 2020
- 이용우, "[백남준의 삶·예술]巨商의 삶 대신「巨匠의 길」로", 1999.05.07.
- 김창희, "'죽은 백남준'이 '산 윤이상'을 말하다", 「프레시안」, 2006.01.31
- 이지은, "백남준과 오노 요코, 그리고 여인들", 「조선일보」, 2006.02.07
- 조상인, "[인간 백남준을 만나다]기마민족 기상 담은 '전자 초고속도로'…동서 융합을 꿈꾸다", 「서울경제」, 2019.05.10.
- 임영균, "[백남준, 지금 여기⑬] 넥타이 잘린 신사로 가득 찬 백남준의 장례식", 「아트조선」, 2019.09.30
- 정재숙, "[한경에세이] 백남준의 선견지명", 「한국경제」, 2020.03.22
- 강현철, "'뇌에 칩 심어 AI와 통합'…머스크의 뉴럴링크, 첫 임상시험 참가자 모집", 「디지털타임스」, 2023.09.20.

수록 사진

- ⓒ 강운구 · 표지, 207쪽. 301쪽
- ⓒ Nam June Paik Estate · 208쪽, 210~211쪽, 213쪽, 216쪽, 218쪽
- ⓒ Tom Haar · 209쪽(왼쪽), 262쪽, 267쪽
- ⓒ 최춘일 / 백남준아트센터 · 209쪽(오른쪽), 295쪽
- ⓒ Nam June Paik Estate / 백남준아트센터 소장 / 사진: 고혜경 · 233쪽, 265쪽, 299~300쪽
- ⓒ KBS Archive · 271쪽
- ⓒ Chris Felver. All rights reserved 2024 / Bridgeman Images · 209쪽 (가운데), 295쪽
- ⓒ TIME · 290쪽
- 자유저작권(Public Domain) · 229쪽

QR코드 URL

- 〈로봇 K-456〉, 백남준아트센터 아카이브 · 245쪽
- [백남준의 위성예술 - 1984 굿모닝 미스터 오웰 1부(1984.01.02 KBS방송)], KBS Archive, 유튜브, 2022.07.19. · 271쪽
- 〈다다익선〉, 국립현대미술관 홈페이지 · 276쪽
- 큐레이터와 함께 1~4: 백남준, 백남준아트센터, 유튜브, 2021.03.25. · 299쪽
- 백남준 작품 사진, Medien Kunst Netz · 303쪽
- [백남준의 VIDEO ART - 백남준의 비디오아트세계 (1984.07.05. KBS방송)], KBS Archive, 유튜브, 2022.07.19. · 305쪽

출판사의 말

2021년 초는 코로나 유행으로 우울하고 희망이 보이지 않았던 시기였습니다. 그때 문득, 우리 모두에게 건강한 꿈과 희망, 아름답고 건강한 사회를 꿈꾸게 할 수 있는 인물의 인생을 책 속에 담자는 아이디어를 떠올렸습니다.

이 작지만 원대한 목표를 실현하기 위해 1년 가까이 노벨상을 비롯하여 각 국가와 세계를 빛낸 많은 인물을 조사하고, 선정위원회의 엄격한 기준을 적용하여 '멘토가 될 수 있는 인물'을 선정했습니다.

쉽지 않은 과정을 겪으며 많은 부족함을 느낀 시간이었습니다. 사명감으로 함께 해주신 분들에게 감사의 말씀을 드립니다. ―기획자의 말

"우리 인생에서 가장 가치 있는 성공이란 무엇일까?"

출판사의 선정위원들은 '책에 실릴 인물'을 선정하기 위해 다양한 사람들의 인생을 훑어봤다. '자신만의 재능과 노력으로 역경을 딛고 한 분야에서 성공한 사람'들을 찾아내어 리스트를 만들었다. 아주 길고 긴 리스트였다. 생각보다 드라마틱한 성공으로 부와 명예를 가진 사람은 많았다. 서점 책장에 나열된 '성공을 자랑'하는 책들, '나처럼 살아라'라고 외치는 책들처럼. 그러나 기뻐하긴 일렀다. 마지막 선정기준을 적용하자마자 리스트의 1/3이 잘리고 달랑 반 페이지가 남았다.

― 자신의 성공을 사회에 환원했다.

이 촘촘하고 까다로운 거름망을 가장 처음으로 통과한 이름은 '유일한' 세 글자였다. 유한양행의 창업자는 진정한 '노블레스 오블리주'가 무엇인지 보여주는 인물이었다. 인물 선정의 '기준'이 되기에 충분했다. 문제는 그처럼 '이상적인 인물'을 찾기가 어렵다는 부분이었다. 누가 내가 가진 모든 것을 '사회'를 위해 내어놓으려고 할까? 그런 사람이 굳이 세상에 자신의 선행을 자랑할까? 적지만 있었다. 이 책에는 그런 사람들의 출생과 성장, 성공이 시대적 상황과 함께 그려져 있다. 우리는 그들의 '성공한 뒤의 이야기'를 통해 현재의 나를 되돌아보고 조금 더 나은 내일이 될 기회를 찾을 수 있을 것이다. ―편집자의 말

지식의숲 출판사 발간 도서 구입 및 기부 신청서

신청자 이름		신청 구분	☐ 구입 ☐ 기부
연락처		이메일 주소	
기부 단체		수혜 단체	
대금 지급 방법	계좌이체 (국민은행) 790801-04-071818 (입금자명 :)	사업자등록번호 (대금 지급처)	
주소 (도서 배송지)			

	도서명	수량	정가	금액(단가)	총액
신청 도서		권	원	원	원
			전체 총액	원정 (₩)	

※ 신청서 회신 방법 및 문의처
(1) 신청서 회신 방법: kfbookmn@gmail.com (메일 발송)
(2) 문의처: 지식의숲 출판사 Tel. 02-407-7710 / Fax. 02-407-7740

※ 개인정보 수집·이용 동의서를 꼭 작성해 주세요.
〈개인정보 수집 · 이용 동의〉

지식의숲 출판사에서 도서 판매 및 기부 신청을 위해 「개인정보보호법」에 따라 본인의 개인정보 수집·이용에 대한 내용을 알려드리오니 동의하여 주시기 바랍니다.

법률근거	개인정보보호법 제15조 '개인정보의 수집·이용'에 관한 법률
수집·이용 목적	본인 식별 절차 등 도서 구매 절차에 사용
수집항목	기본 개인정보(이름, 연락처(휴대폰번호), 이메일, 주소)
보유 및 이용기간	도서 구입(기부) 신청 직후부터 1년간 개인정보 수집 및 이용 권리 일체를 지식의숲(주)에 부여한 것으로 본다.
동의거부 및 불이익	동의하지 않을 경우 참여 불가

[기본 개인정보 수집에 따른 동의]
　　기본 개인정보 수집에 동의하십니까?　　　　☐ 동의함　　☐ 동의하지 않음

지식의숲 출판사에서 도서 구입 및 기부하고자 신청서를 제출합니다. 위의 사실은 틀림이 없습니다.

　　　　　　　　　　　　　　　　　　　　　　　　년　　　월　　　일

　　　　　　　　　　　　　　　　　신청인　　＿＿＿＿＿＿＿＿(인)

　　지식의숲 출판사 귀하